アルチュセールの教え

ジャック・ランシエール

訳：市田良彦／伊吹浩一／箱田 徹／松本潤一郎／山家 歩

—

La leçon d'Althusser

Jacques Rancière

革命のアルケオロジー

1

航思社

アルチュセールの教え

目次

【凡例】

・訳文中、原則として以下のように示した。なお、（）と〔〕は原文どおり。

『』　書名、雑誌名、新聞名など

傍点　原文におけるイタリック体による強調

〈〉　原文において大文字で始まる語句

「」　原文の《》

〔〕　訳者による補足説明

・注釈は＊で示して傍注として左頁端に掲載した。原注と訳注をあわせて通し番号を付し、訳注は冒頭に「訳注――」と記して区別した。なお補遺では一九七四年版の原注は「一九七四年版の注――」と示した。

帯写真：西川長夫

アルチュセールの教え

Jaques Rancière
La leçon d'Althusser

Japanese translation published by arrangement with La fabrique éditions,
through The English Agency (Japan) Ltd.

新版へのまえがき

本書は一九七四年に刊行された。それを今日手にする読者は、当時書かれた序文に、刊行にいたる諸事情が説明されているのを目にするだろう。しかし今日ではおそらく、それらの事情そのものを述べ直す必要があるだろう。事情の筆頭は、ルイ・アルチュセールの名前と著作が代表していた理論的および政治的賭金である。アルチュセールは今日、構造主義パラダイムの短い歴史や二〇世紀マルクス主義理論の長い歴史における、数多の登場人物の一人であり、誰でも彼について、著作の全体を考慮に入れつつ、二つの伝統を代表する他の任意の人物と冷静に比較対照することができる。こうした認定はたしかに、思想家たちと彼らの仕事の発展について包括的でバランスの取れた評価を生みだすという利点をもっている。しかしそれは容易に、彼らの思想がそこで形成され、かつ効果をもった知的‐政治的文脈に固有のダイナミズムを忘却することにつながる。反対に本書は、きわめて限定された歴史的‐政治的な一場面のなかで思想の効果を測定しようとする企てであった。そこにはアルチュセール、サルトル、フーコーといった人物、欄外にはドゥルーズ、ガタリ、リオタールといった人物が登場する。彼らは、一九六八年の出来事、さらに五月後の運動と軋轢によって思想と行動に光が当てられて登場する。アルチュセールの名前を国家のイデオロギー装置の理論に結びつける読者は、本書において、彼のイデオロギー論ではこの概念がなんの役割も果たしていないと批判されているのを目の当たりにして驚くだろう。晩年に書かれた「偶然性唯物論」から刺激を受けた読者は、一九七四年のはじめに書かれた本書にはいっそう自分の関心からはずれたものを認めるだろう。しかし私は、この日付を喚起することで、それ以降にアルチュセールの名前とともにある諸著作が本書に登場しないことを詫びようとしているのではない。この新版にそれらにかんする考察を含めても意味はないだろう。私は実際、思想家の様々な理念を説明するモノグラフを書きたいと思ったのではなく、一つの思想の政治を探ろうとした。この思想が一つの時代から政治的な意義と争点を摑み取る仕方、またそれを通してこの思想が自分自身で、思想の政治的効力が働く特殊な場面と時間を規定する仕方を探ろうとした。

ことアルチュセールにかんしては、そのような効力が現れた時期を精確に位置づけることができる。その時期は、一九六〇年代のはじめ――『マルクスのために』[*1]に収められたテキスト群の出版と『資本論』をめぐるゼミの時期――と一九七三年の『ジョン・ルイスへの回答』[*2]の間として位置づけられる。アルチュセールはその後もあらゆる種類のテキストを刊行し、それらは様々な注意深い読解を呼び起こし、様々な思考を刺激した。しかし、特殊な効力場面を作り出す理論‐政治的介入の形式としてのアルチュセール主義は、この限定された一〇年のなかで展開された。この場面展開のなかで、アルチュセール主義は刷新されたマルクス主義全体のなかの主たる登場人物となった。そうしたマルクス主義は当時、新しい形態の労働者の闘い、反植民地主義の解放闘争、反帝国主義運動、若い学生たちの反乱、等々が作り出すダイナミズムに寄り添おうとしていた。そのときアルチュセール主義は、二つのやり方で際立ったのである。理論的には、マルクス主義を現代化しようとする思想に対し、マルクスに固有の思想に回帰するという逆の意図をぶつけた。政治的には、共産主義諸党派を揺さぶっていた多様な反対派を前に、下心なしというわけではない共産党への忠誠心をおおっぴらにした。目論まれていたのは、理論の自律を確保することである。この自律がマルクス主義に理論的な刃を取り戻させ、この刃がマルクス主義を政治的に復活させることができるだろう。この企図のもと、思想の構造主義革命と同時代のマルクス主義、という理念ができあがった。個人と集団、決定論と自由をめぐる昔からのアポリアを乗り越えることのできるマルクス主義、である。さらにこの企図のもと、マルクス主義的厳格さを反帝国主義闘争および文化大革命の刃と同一視する新しい活動家的エネルギーが育った。しかし、フランスの一九六八年五月の動乱のなかで砕け散ったのも、この企図である。当時、諸個人を自動的に支配秩序に従属させていく表象システムというアルチュセール的なイデオロギー把握は、一定層の人間にとり、急進的な文化革命の理念を支えるものであった。しかしその同じ把握がそれ以上に、インテリ層のなかに、学生反乱の動きへの非難を育てることにもなったのである。イデオロギーの犠牲者であるプチブルの運動

＊1　訳注――ルイ・アルチュセール『マルクスのために』河野健二・田村俶・西川長夫訳、平凡社ライブラリー、平凡社、一九九四年。
＊2　訳注――ルイ・アルチュセール『歴史・階級・人間――ジョン・ルイスへの回答』西川長夫訳、福村出版、一九七四年。

という見立てである。プチブルはイデオロギーをそれと知らずに呼吸しており、〈科学〉と〈党〉の権威によって再教育されねばならない、というわけだ。

本書がその系譜をたどり総括を得ようと考えたのは、この動くアルチュセール主義である。本書は、アルチュセールが断片を貼り合わせて出来事の裂け目を塞ごうとしていた時期に、それを試みた。明らかに、時期も関係していた。それは一九六八年の断絶を持続させようとするエネルギーが息切れした時期だったのである。味わわれた幻滅は、すすんで、戦闘性に対する根本的批判のかたちを取った。闘争内部の男性的で家父長的な権力形態、闘争の禁欲的厳格さがやり玉に上がった。祝祭と欲望の解放を求める声が溢れた。そこにドゥルーズとガタリの「欲望機械」と重なる言葉を見た、とやや性急に信じる者たちもいた。その少し後には「新哲学」派による攻撃がはじまるだろう。それは革命の歴史全体を、思想の首領たちの権力欲によって説明しようとするだろう。この息切れ現象はむろん、孤児となってしまったエネルギーを自分たちのものにしようとする公認マルクス主義組織の試みには追い風となった。動乱の時期に砕け散ったアルチュセール主義は、破綻の事実をなんとか取り繕おうとするが、糊塗の試みそれ自体が秩序回復という文脈に沿っていた。それゆえ、本書において展開される批判は、なんら個人的清算ではない。私はルイ・アルチュセールと、個人的な不満を抱くほど近しい関係をもったことは一度もない。「症例アルチュセール」をめぐる書物の賭金は、個人のテキストや態度の特異性を超えている。それは、個人のテキストや態度がマルクス主義的言説に担わせた政治的で理論的な役割にかかわるのである。こうした観点からは、本書は当時すでに、ある知的反革命の開始を正しく感じ取っていたように思える。この反革命は以来ずっと、その原理と効果を急進化させ続けている。一種の二正面作戦によってだ。一方では、あのころ「新哲学」と呼ばれたものがそうしたように、革命の伝統全体をマルクス主義の犯罪として告発する。他方ではもっとゆっくりかつ狡猾に、マルクス主義の伝統に属すテーゼのすべてを、支配秩序に役立つ武器として再利用する。[*4]これもまた、本書がアルチュセール批判を別の有効なマルクス主義――正されたマルクス主義であれ、なにか別の良き解放理論であれ――に続く道としない理由である。ある言説に反駁することが問題なのではない、と私は本書の結論部において述べた。問題はあくまで「言説が用いる論法を、抑圧の必要性と解放の希望がそこでこそ言語化されてきた発話の連鎖、今なお言語化されている連鎖のなかに挿入し直す」ことである。本書の書き方は実際、二つの拒否を証言してくれるだろう。まず、マルクス主義的であれ反マルクス主義的であれ、どこかへ「退却」する理論と戦略には与《くみ》しない、という政治的拒否。そして、一九六八年の出来事が開いた転覆

*3　訳注――「新哲学（派）」は一九七〇年代半ばに元毛沢東主義者の一部が名乗りはじめた自称。ナチとソ連を共に「全体主義」として批判して「マルクス葬送」の論陣を張り、現在までメディアや出版界に強い影響力を保つ。邦訳もある著名人としてベルナール＝アンリ・レヴィ、アラン・フィンケルクロート、アンドレ・グリュックスマンなど。「思想の首領たち」という表現は、グリュックスマンの一九七七年の著書のタイトル（邦訳『思想の首領たち』西永良成訳、中央公論社、一九八〇年）による。ランシエールの新哲学派批判も含めた一九七〇年代当時の理論状況については、クリスティン・ロス『六八年五月とその事後の生』（箱田徹訳、インスクリプト、二〇一三年刊行予定）を参照。

*4　私は『解放された観客』*Le Spectateur émancipé* (La Fabrique, 2008) という私の著作、とりわけその第三章「批判的思考の災難」において、この二つめの側面を体系化することを試みた。

的領野――思想と制度の実践の――を開いたままにしておく欲望、つまりそれについて決定を下すことの拒否である。言い換えれば、「理論」の領域、「主体批判」のレトリック、理論と実践の関係についての空しい議論は捨てる、と理論的に決断して、思考が社会体のなかに凝固し、そこで効果をもつ多様なやり方を研究するのである。思考はそこにまず、フーコー的考古学が明らかにしつつあった支配的思考の物質的形態――様々な決定、規則、機構、技術、さらに訓練――の集合体として凝固する。しかしまた、この集合体に立ち向かい、支配の言説に一言一句注釈を施し、その諸規則の向きを変え、その機械を狂わせ、その空間をひっくり返す人々の発話と実践の物質性としても凝固する。諸装置と諸制度に、活動する思考が固有の合理性をもって体現されていく。しかしその合理性はまた、闘争のなかでたえず交換され、敵から盗まれ、解釈され、変質させられ、向きを変えられる発話の合理性でもある。私にはこの合理性こそ、「唯物論哲学」と「観念論哲学」の影の争いに対置すべきものであると思えたのである。様々に可能な言説と立場の地勢図を作ること、私はそれを、歴史の進化にかんする目的論的見方に対置したかった。この見方は長く革命の希望を支えた後に、ユートピアの終わり、政治の終わり、さらに歴史の終わりをめぐる陰鬱な言説へと裏返ってしまった。

思考と発話を、それらが効果をもつところ、つまり社会的戦争のなかで研究すること。この戦争はまた、なにを知覚するか、それをどう名づけるかをめぐる一瞬一瞬の紛争でもある。さらに、可能なものの地勢図を様々な終わりの思想、歴史の終わりの思想に対置すること。私が続けてきたのはそうした努力であり、本書の論争枠組みとその限界自体のなかにもその努力のさまが素描されているのを見てとってもらえるだろう。テーゼ自体の内容を超えたところで、アルチュセールの諸テーゼはより大きな論理を目標としていた。その論理とは、転覆の思想を反転させて秩序の利益となす論理である。反転の原理は、支配を批判するつもりの言説が倦むことなく支配を運ぶ、という考え方に見いだせる。そうした言説は実際、一つの同じ前提から出発している。支配は隠蔽のメカニズムのおかげで機能する、という前提である。それに従えば、隠蔽のメカニズムは支配に従わせる人々に対し現実を裏返しに見せ、彼らに支配の法則を無視させる。誤認の社会学、「スペクタクル」論、消費社会とコミュニケーション社会への多種多様なかたちの批判は、被支配者が支配されるのは支配の法則を知らないからだという理念をアルチュセール主義と共有している。この単純な見方はまず、それを採用する人間たちに胸躍る任務を授ける。目を塞がれた大衆に自分たちの科学を供与するのだ。それは次に純粋なルサンチマン思想に変わる。己の幻想から治癒されない無知な人々の無力、つまりは、己の運命をけっしてわが手にできない大衆の無力を宣言するのだ。

本書は、様々に自称されるいわゆる支配批判の中心にある、こうした知性の不平等論に対し宣戦布告をした。それは、どんな革命思想も反対の前提、つまり被支配者たちの能力という前提にもとづくべきである、と宣言した。この能力の諸条件と諸形態を分析することに、以降の私は取り組んできた。地下に埋められた労働者の解放形態を明るみに出し、[*5] ジョゼフ・ジャコトが知性の解放を宣言した忘れられ

*5 訳注——ランシエールの主著の一つ、『プロレタリアの夜』（*La nuit des prolétaires*, Fayard, 1981）を指している。同書は公文書館の倉庫に眠っていた一九世紀労働運動の資料を掘り起こし、教義には還元されない労働者の思想、とりわけ彼らの思考する能力とその様態に光を当てた。

たテキストに再び光を当てることにより[*6]。しかし本書のころの私は、中国の文化大革命のスローガンと同一視しなければ、それを定式化することができなかった。本書は、文化大革命について当時流布していた捉え方、すなわち、国家と党の権力に大衆の能力を対置する反権威主義運動という捉え方を共有している。この捉え方は、毛沢東主義を国家的支配への、さらにロシア型共産主義の発展モデルへの根本的批判として解釈することと軌を一にしている。それは間違いなく、毛沢東的革命宣言を、スターリン的モデルとは根本的に異なる共産主義へのわれわれ自身の欲望にやや性急に折り重ねることであった。さらに疑いなく、現在の私は当時と同様に、文化大革命の大衆運動をたんなる毛沢東の陰謀――党機構において失地回復を図るための――に帰着させるテーゼに与するつもりはない。しかし、だからといって私は、文化大革命の公式イメージと公式言説を有効にするため当時傾けた自分の熱意を正当化することはできない。歴史のその後は、文化大革命の推進者たちがもっているとされた自律的発意能力の限界を判断させてくれた。それはまた、肉体労働によって知識人を再教育するというテーゼが覆い隠していた収容所的現実を理解させてくれた。このテーゼはある種の西欧的な分業批判と当時はみごとに共鳴していたのである。この点について本書は、抑圧の根拠にけっして加担することのない転覆の理論はない、というテーゼを苦い経験により確認する。

そう認めたからといって、ある人々の英知を尊敬するということにはまったくならない。彼らは今日、痛悔の念を滲ませながらこう自問する。本書に反響している類の法外な愚行が、良き批判的検証方法によって育てられたはずの頭脳にどうして芽生えたのか。ある時代の愚行は、その時代が思考可能にするもののバリエーションにすぎない。言い換えれば、時代のエネルギーが生みだす、可能なことをめぐる感覚のバリエーションに。そして、昨日の狂気をめぐるわが賢者たちの判断は、とりわけ、彼らがどれほど狭い範囲に自分たちにとって思考可能なものの領域を限定しえたかを示している。今日理性として通用するものは、支配者の秩序が現実として課し、信じることを要求するものへの隷従とさして変わらない。もちろん、私は忘れていない。この理性への同意は私が当時行動をともにした多くの人々によって共有されているし、逆に、当時の私が攻撃の的とした人々のなかには、それと闘っている者がいる。明らかに、私は今日、本書の主張と分析のいくつかにもはや同意しない。しかし私は、当時の私を導いていた敵味方を識別する原理を変えたことはない。すべての者に共通する能力を前提にすることだけが、思考の力と解放のダイナミズムを基礎づける、という理念だ。それゆえに、私の四〇年前の戦闘的な思想と言葉づかいが現在と出会うことに、私はそれほど不安を覚えてはいない。旧弊な語彙が用いられているものの、ここにある思想と言葉づかいは、不正義の世界的支配に異議を申し立てるため今日街頭を占拠している人々の渇望と闘いのほうにこそ、同時代的であるように思える。不可能なものを求めることを諦めたばかりか、可能なものを求める声に触れただけで震えあがるように見える一部の左翼思想の正直なリアリズムと同時代であるよりは。現在はたえまなく複数の時間に分割され、それ自体たえまなく見直される過去との紐帯にたえまなく自らを開いている。本書の激しい論争姿勢は、ものごとのノーマルなあり方に異議が唱えられたあの年月について、月並みな回顧よりも正しいイメージを提供してくれるだろう。そしてこの姿勢は、ほんのわずかな人間の利益が大多数の人間の利益と衝突するときに用

＊6　訳注――ジャック・ランシエール『無知な教師』梶田裕・堀容子訳、法政大学出版局、二〇一一年。

いられる暴力に対して、より見合っているように思える。
こうした理由により、私は一九七四年に書かれ、今日エリック・アザン[*7]により再版されるテキストに一切修正を加えなかった。フランス語初版との関係で唯一の変更点は、本書に補遺として収録されている「イデオロギー論について——アルチュセールの政治」というテキストにかかわる。本書より五年早く怒りのなかで書き上げられた、アルチュセール主義の政治を分析するこのテキストを、私は当時、そうするのが有益であろうと考え、付録として原著に収めた。書物が断片の寄せ集めとなることを好まない編集者は、一つの章にするよう求めたのであるが。そこで当時の私は、ちぐはぐな印象を弱めるために、注を書き加え、テキストが含むいくつかの命題について書物刊行時にもっていた留保を明確にした。この留保は状況的なものであり、それ自体が新しい留保を必要とする性質のものである。そのためこのテキストについては、当初の付録的な位置に戻してやることにし、一九六九年に書かれ、翌年スペイン語に翻訳されて刊行されたままのかたちで本書に収めることにした。

パリ、二〇一一年一二月

*7　訳注——エリック・アザン（一九三六-）は本書フランス語版を再刊したラ・ファブリック社の社長。

第一版序文（一九七四年）

本書はある教えについて注釈しようとする。ルイ・アルチュセールからジョン・ルイスに授けられたマルクス主義の教えである。[*1] この教えがわれわれに学ばせたいと思っていること、この教えがわれわれに実際に学ばせることについての注釈であり、マルクスの理論やマルクス主義の現状とは関係がない。一九七三年にある高名なマルクス主義哲学者の言説がどうなっているのか、この教えを説くことを可能にしている条件はどのようなものか、この教えが反響を生むことを可能にしている条件はどのようなものか。反響は知識人、政治家、「共産党員」と「左翼主義者」[*2] に及んでいる。

この注釈は、ある種の人々が理解する意味における客観性を主張するものではない。つまり、良い面と悪い面、好意的見解と否定的見解のバランスを保っているとは主張しない。この注釈は私の世代の多くの知識人が一九六八年になしえた経験を出発点にしている。その経験とは、われわれがアルチュセー

*1 *Réponse à John Lewis*, Paris, F. Maspero, 1973.〔前掲『歴史・階級・人間』〕

ルの学校で学んだマルクス主義は秩序の哲学であり、そのすべての原理が、ブルジョワ秩序を震撼させた反乱の運動からわれわれを遠ざける、というものである。

しかし大部分の者は、この経験を開かれた批判の原理とすることを拒んだ。それには少なからぬ理由があった。まずは一種の慎みである。アルチュセールはたしかにわれわれに道を誤らせたが、道そのものは、彼がいなければおそらくわれわれには開けなかったろう。一九六〇年代、当時哲学を支配していた現象学の霧からわれわれを救い出してくれたのは彼ではなかったか。ソヴィエト的国家理性の保証人でも、神学者やサロン哲学者のパートナーでもないマルクスへの接近をわれわれに可能にしてくれたのは、彼ではないのか。われわれは六八年五月のさなか、マルクス主義的厳格さが多義的であって、ブルジョワ的秩序のより直截な厳格さと連動している、と気づいたが、それでもわれわれのうちの少なからぬ人間は、この厳格さに導かれて粘り強い闘いへと赴いたのではなかったか。そもそも、実践がすでにその誤りを明らかにしてしまった哲学に、理論の駄馬の足蹴を食らわせてなんの役に立つのか。アルチュセール主義は過去の他の理念とともに五月のバリケードの上で死んだのだ。過去を暴くことより火急の任務がわれわれにはある。

アルチュセールが公刊した数少ないテキストは、われわれのこうした思いを確認させてくれただけだった。われわれがそこで目にする彼は、己の古い観念を出来事の教訓と和解させよう、なにか転覆的な観念を、そんなものは気にもかけない党に向かってつぶやこう、と汲々としていた。

一九七三年はわれわれに驚きを用意してくれていた。『ジョン・ルイスへの回答』をフランスで公刊することにより、アルチュセールは途切れた言説の糸を再び紡ぎはじめた。いっそう奇妙であったのは、沈黙を破った彼がなにをしたかというと、八年前〔『マルクスのために』刊行時〕と同じ理念――マルクス主義は理論的反人間主義である――に「大衆的」スタイルをまとわせること、そして、当時人口に膾炙していたスターリニズム論を彼なりになぞることであった。リップ[*3]の労働者たちが生産ラインを自分たちで動かす決意をしたこの七三年七月に、湿った爆竹が大騒ぎを引き起こすはずもなかった。

二つめの驚きがわれわれを待っていた。様々な哲学サークルからも大新聞からも、「左翼主義」業界周辺からも反左翼主義業界からも、同じざわめきが起こったのである。これは待望の本である、「第一級の政治的出来事」である、「この数年間で最高のマルクス主義文献」である。ときはブザンソンで「もはやなにも以前のようではないだろう」と歌われていたころである[*4]。われわれは己の幻想について

＊2　訳注――原語〔gauchisme〕は、歴史的文脈では「左翼反対派」と訳されることもある、主にトロツキストに対する蔑称であったが、次第にその意味が拡張され、共産党より「左」の「極左」一般を指すことが多い。当時のフランスでは日本語の「新左翼」ないし「左翼過激派」に近い意味で用いられ、主として（とりわけ本書では）様々な毛沢東派と無政府主義者の全体を指している。また、「左翼」性を主観的に過激化させるスターリニズムを指しても用いられる。フランス語の「新左翼 nouvelle gauche」はこれに対し「市民社会派」的ないし「構造改革派」的ニュアンスをもつので（六八年の反乱派から社会党に合流したような潮流）、本書では一種の歴史用語として直訳的な「左翼主義」を用いる。

＊3　訳注――一八〇七年創業のフランスの名門時計会社で、ブザンソンに工場などの拠点を置く。七〇年代前半、ストライキ中の労働者たちが工場を占拠し、生産工程を奪って自主管理を行った。ランシエールは本書でたびたび言及している。

反省せざるをえなかった。どうやらマルクス語が話される界隈では、すべてが以前のままであるらしい。われわれは六八年五月にアルチュセール主義の埋葬を宣言した。そのアルチュセール主義が、五月の断絶はなにも変えなかったと告げにやってきたのか。左翼連合の時代[*5]、左翼主義諸組織が衰退する時代、古い諸党派が力づくで復帰する時代に、左翼主義の理論的死亡証明に署名しにきたのか。

こうした問いが本書を誕生させた。つまり、本書はたんなる反駁の書とは別もののつもりである。本書は「主体のない過程」の代わりに置くべき概念や、アルチュセールが採用すべき政治的立場を指摘するつもりはない。経験はわれわれに、正常に戻そうという呼びかけが無益であることを充分に教えてくれた。統一戦線やプロレタリア独裁の名においてフランス共産党のテーゼを論難することより、党の機能の実定性を研究したほうがおそらくよい。アルチュセールはマルクス主義者では「ない」と示すより、アルチュセールのマルクス主義がなんであるかを分析しようとしたほうがよい。したがって、この注釈がアルチュセールの述べることをマルクスの述べることに突き合わせるとしても、それは裏切りを告発するためというより、両者の隔たりの機能を問うためである。そしてそれを通して、より一般的な問いにたどりつくためである。語のどのような使用、どのような推論様式、どのような知の形態が、今日、高名なマルクス主義的言説を特徴づけているのか。マルクス主義者として語るとは、今日要するにどういうことであるのか。

この探求は、現在の理論的-政治的状況においてなにがしかの利点をもつと思われる調査に貢献してくれるだろう。現在の状況とは以下のようなものである。古典的左翼主義の衰退、大左翼政党とある種のマルクス主義的な「理論的」言説の同時的人気回復、反乱諸形態の次第に大きくなっていく分散化傾向、それらを表現するはずの左翼主義者や左翼政党の不適応、理論においてはマルクス主義から、実践においては古典的左翼主義から距離を取る闘争形態と団結形態の発展（リップのストライキ、ラルザックの集会[*6]）。こうした状況によって提起される問いのなかには、次の問いが含まれているはずである。われわれの時代の反乱の意味について、われわれのマルクス主義はなにを理解させてくれ、なにを表現してくれるのか。それらの反乱を統一し、明日の反乱を準備するため、われわれのマルクス主義はどんな武器を与えてくれるのか。これはマルクス主義の基礎について反省することではない。その合理性の形式や適用条件の話でもない。マルクス主義の実践についての省察だ。マルクス主義者である、マルクスを読む、マルクスを教える、マルクスを適用する、「マルクス主義的」、「マルクス－レーニン主義的」、

＊4　ストライキ中の労働者たちの間で、という意味である。工場を占拠していた時計会社リップの労働者たちは、生産工程を「奪う」という決定をした。

＊5　訳注――一九七二年、フランス社会党のミッテラン（後のフランス大統領）主導により、同党とフランス共産党の間で「左翼政府共同綱領」が策定されて成立した二大左翼政党の連合体を指す。七四年にはミッテランが左翼連合の統一候補として大統領選に出馬し、敗れはしたもののジスカール・デスタンに僅差まで迫った。共同綱領にもとづく選挙協力により、両党は国会においても議席を伸ばしたが、社会党がはじめて共産党の議席数を上回る事態となり、それによって両方の側から共同綱領に反対する動きが生まれ、ここで言う左翼連合は同年には事実上解消された。

＊6　軍事基地拡張の脅威にさらされたラルザックの畜産業者を中心とした、一九七三年夏の左翼主義主導の大集会。

「毛沢東主義的」組織をつくる、そういったことは正しくなにを意味するのか。理論によってなにを行うことができるのか。それはなんの役に立つのか。誰に？　理論の擁護や理論の適用が覆い隠す実際的な政治的争点とはなんなのか。どのような現実的権力関係が「マルクス主義的」組織のなかで働いているのか。この一〇年、アルチュセール主義とＵＥＣ[*7]の危機を通して、とりわけ六八年五月と左翼主義の歴史を通して、マルクス主義の知識人たちはその点について熟考する素材をたっぷりと見つけた。

　ところで、この歴史の俳優たちがこの歴史から教訓を引き出すと主張しているとき、なにが起きているか。客観的な諸条件を分析する代わりに、彼らは自分たちの気分を理論化する。われわれに正当化の言説を示すのである。マルクス、レーニン、毛沢東を通して、あるいはニーチェ、フロイト、ドゥルーズを通して、彼らはわれわれに説明する。なぜそれを信奉したのか、なぜもうそれを信奉しないのか、なぜ正しかったのか、なぜ間違ったのか、なぜうまくいかなかったのか。そしてこの理論化を通じて、奇妙な場面移動が生じる。自分たちの歴史を考えようとする活動家や元活動家の代わりに、哲学の授業で覚えた古い教えを暗唱する小学生が現れるのである。彼らはわれわれに、自分は六八年五月や左翼主義について語っていると信じさせたがる。けれども彼らは、途切れた大学的言説の糸を再び紡いで、思弁の亡霊に「事実」の色をまとわせることしかしない。ドゥルーズの機械を自分なりに操作する疲れた左翼主義者をご覧あれ。マルクスを、古い幻想を、古い書物を捨てよ、と彼らは語る。この大胆さの褒美として、彼らはなにをしているか。『道徳の系譜学』[*8]をぐだぐだ語る。革命、プロレタリア、そんなものはすべて反動的リビドー、負債、ルサンチマンだ。頭の固いレーニン主義者は、一切を一つの概念に還元して、問題の一切を理解したと信じた。プチブルの動揺。疲れた左翼主義者のほうは、すべてをルサンチマンのカテゴリーに帰着させて、理解したと信じている。彼らは要するに作者の変更を提案しているのである。マルクスでうまくいかなければ、ニーチェをお試しあれ。アルチュセールに満足できないなら、ドゥルーズをお試しあれ。かくて無力の言説がこだまする。「すべては階級闘争である」とアルチュセールが言い、「すべてはリビドーである」とリオタール氏やCERFI[*9]の思想家が応答する。二方向から、結局同じことを言っているのである。「すべては虚しい。われわれは様々なやり方で世界を変えようとしてきた。今や解釈することが問題である」。

すべてはまるで、講義室の椅子に座って受けたり政治組織の仲間内で受けたりした教育が、われわれを思弁の幻想のなかでしか自分たちの歴史について語ることができないようにしてしまったかのようである。どうも「実践」の教えは、われわれが語ったほど容易には人の意識を変えなかったようである。おそらくは、この教育に少しばかり立ち戻って、そんなものは乗り越えたつもりになっていたわれわれが正しいのかどうか、たしかめてみるべきだろう。

本書の三つの目的は、こうした問いに関連して規定される。まず、マルクス主義哲学の高名な言説が

---

*7　共産主義学生同盟（Union des Étudiants Communistes）〔フランス共産党の学生組織〕。

*8　とりわけ以下を参照。« Généalogie du "Capital". 2 L'idéal historique », in *Recherches*, n° 14, janvier 1974.〔未邦訳、フランソワ・フーケ「『資本』の系譜学2——歴史的理想」（『ルシェルシュ』一四号、一九七四年一月）〕

*9　CERFIは「制度論的学習・研究・教育センター Centre d'études, de recherche et de formation institutionnelles」の略。中心人物はフェリックス・ガタリ。『ルシェルシュ』誌に掲載された同センター研究者による諸論文と、政府援助請願への彼らの応答は当時多くの論争を呼び起こした。

一九七三年にわれわれに語っていることを分析する。次に、マルクス主義のある種の現代的冒険の歴史を再現する。そして、ある世代の知識人がマルクス主義理論と大衆闘争の関係を考える仕方を学んだ学校〔学派〕の諸効果について省察する。

私は、アルチュセールがジョン・ルイスに授けた正統の教えの言表そのものから出発した。この正統教義はある者からは称賛され、ある者からは嘲笑されたが、私には非常に奇妙な姿をしているように見えた。そして、それがもつ様々な逆説のなかに、教えの現実的な政治的賭金、アルチュセール的な企図全体の中心にある理論と政治の関係を見いだすことができるように思えた。そこから出発して、私は目の前にあるこの言説の系譜学をつくろう、アルチュセールの試みが作動させる政治と理論の関係をその起源から捉え返そう、とした。それは、彼の著作を余すところなくたどるためではない。彼の言説の政治的立場の移動を、彼が語った二つの場――〈大学〉と〈党〉[*10]――における階級闘争の効果に関連させて確定するためである。こうした歴史を追うことで、私は『ジョン・ルイスへの回答』の現在に立ち戻ろうとした。

私が採用した順序について一言。アルチュセールの「正統教義」にその政治的意味を返してやるために、私はその問題構成の体系的な脱構築から出発するのが良いと考えた。その問題構成が、ブルジョワ、プチ・ブルジョワ、フォイエルバッハ、M. L.[*11]といった一定数の人物たちに担わせる役割の脱構築から、である。私は、この脱構築という「教育法」が一種の緩慢さを呈しており、『ジョン・ルイスへの回答』の多くの読者は「人間」と「大衆」の冒険譚を改めてたどる気にはなれないだろう、ということは承知している。そういう人たちに対しては、読み進む順番を変え、第二章からはじめて最後に第一章に戻ってくる――あるいは戻らない――ことをお勧めしたい。

本書の最後に、私は「イデオロギー論について」というより古いテキストを収めておいたが、これはアルゼンチンのある論文集のために一九六九年に書かれ、フランスでは一九七三年にはじめて『人間と社会』[*12]に公表された。このテキストには今日私自身いろいろと批判があるものの、六八年五月直後になされたアルチュセール主義の最初の批判的総括として、そこには興味深いものがあると思えた。

最後に、資料収集と考察と批判によって、私が本書を書くことを援けてくれたすべての人々に、まとめて謝意を表したい。

---

*10 私は本書のなかで、フランス共産党のイデオロギーと実践を指し示すために修正主義という概念を用いた。私はこの呼び方の不都合を自覚している。それは、政治装置の機能をその実定性において規定するのではなく、様々なテキストへの忠実さという曖昧な基準によって政治装置を特徴づける。しかし、革命の実践が別の呼び名を発明するまで、革命的左翼が中国と世界において、ソ連の国家装置とそれを支持する諸党の実践を指して用いるこの概念を維持することが、政治的立場をより鮮明にするように思える。とはいえ目下のところ、この呼び名はこのイデオロギーの中心的要素を指し示すのにもっとも適している。その要素とは、資本主義的諸関係の内部で権力を分担することを目指す政治を正当化するために、革命の言説を利用することである。

*11 訳注――『ジョン・ルイスへの回答』(邦訳、前掲『歴史・階級・人間』)に登場する「正統教義」を語る人物。イニシャルでしか表示されない。

*12 第二七号、一九七三年一・二・三月号。

第Ⅰ章

正統の教訓

M.L.はジョン・ルイスに大衆が歴史をつくることを教える

労働者たちが現場監督なしですませられると思うのは、子どもが教師なしで、あるいは病人が医者なしですませられると思うのと同じくらい愚かしい。

――ジョルジュ・セギィ[*1]

かつて困惑したジャーナリストがいた。『ジョン・ルイスへの回答』についての記事に添えるためジョン・ルイスの写真を手に入れようとしても、さっぱり見つからないのである。どうやらこのジャーナリストは哲学をかじったことがほとんどないようである。そうでなければ、彼はジョン・ルイスという名前に思い当たる人物がいたはずである。哲学のどんな教科書にも必ず載っている人物、いつも言ってはならないことを言う役目の人物である。哲学のジャンプ台になる人物、哲学の素朴なところを問題視させてくれる人物。普通の教科書では、ジョン・ルイスの名前はシンプルにこうなっている。常識。

彼の対話者はいっそう謎めいている。「M. L.」なるこの人物のなんと奇妙なことか。彼は多少なりとも「主体」に似たあらゆるものを倦むことなく狩り出すのだが、彼自身の身元が問われることはけっしてない。おそらく、そっけないイニシャルが彼を守っている。アルチュセールの方法がここでかなり格式ばっているのは、たんに良いテーゼと、彼がジョン・ルイスに責任ありとする悪いテーゼを学校風に並べているせいではないだろう。威圧的なイニシャルが、投げかけられるだろう問いの大部分を前もって払い除けているのである。それらの問いはすべて、マルクス-レーニン主義の看板のもとで主張されている諸テーゼの一貫性を問うたはずである。アルチュセールが守ろうとする「正統教義」の敵は、概してなにを言っているのだろうか。彼らはマルクスの歴史主義をエンゲルスの自然主義に対置する。レーニンの民主集中制をスターリンの恐怖政治に、生産諸関係の毛沢東的革命を生産諸力のレーニン的優位に、あるいはさらに、『国家と革命』の絶対自由主義的夢想をレーニン的権力の現実に、対置する。アルチュセールは当然のことながらこれらの対立をすべて退けることができるし、対立を無効とせずに消すことができる。哲学のなかで語るからである。異端のテーゼには、具体的状況の様々な分析ではなく、「正統派」テーゼを対置するからである。

しかし論争者たちの言うことを聞いてみよう。ジョン・ルイスはなにを言っているか？「歴史をつくるのは人間である」。「M. L.」はなにを言っているか？「歴史をつくるのは大衆である」。アルチュセールが言うように、誰にでも違いは分かる。一方には、ブルジョワジーがプチブルの固い頭に倦むことなく詰め込もうとするテーゼ、他方には、科学的、プロレタリア的なテーゼ。しかし一つの疑問が残る。たしかに言っていることとは違うのだが、それらははたして同じものについて語っているのだろうか。二つのテーゼ中の「歴史をつくる」は同じ意味をもっているのだろうか。言表の主体という問いにわれわれを差し向ける問いである。明らかにジョン・ルイスは名義人でしかなく、「M．L．」はより厳密な身元を必要とするだろう。知られざる哲学者と特定できない人物との対話の向こうで、誰が語り、なにが賭けられているのか。

歴史をつくるのは人間である、とジョン・ルイスに最初に吹き込んだのは誰なのか。アルチュセールはわれわれに名指してみせる。「偉大なブルジョワ・ヒューマニストたち」に代表される一八世紀の勃興期ブルジョワジー、フォイエルバッハやサルトルに代表される一九世紀以降没落していくプチ・ブルジョワジーである。まずは勝利したブルジョワジーがこのテーゼをどう理解していたか見てみよう。

当時、偉大なブルジョワ・ヒューマニストたちのように、歴史をつくるのは人間であると宣言することは、まだ革命的であったブルジョワの視点から、「歴史をつくるのは神である」という封建的イデオロギーの宗教的テーゼに対して闘うことであった。[*2]

＊1　一九六二年から一九八二年までのフランス労働総同盟（CGT）書記長〔CGTは当時フランス最大の労組ナショナルセンター。共産党と密接な関係にあり、六八年五月や当時の新左翼運動全般に敵対した〕。

＊2　*Réponse à John Lewis*, p. 25.〔前掲『歴史・階級・人間』九〇頁〕

明快である。人間が歴史をつくるとブルジョワジーが宣言するとすれば、それは封建体制の摂理主義イデオロギーに対抗してである。唯一の難点は、ブルジョワジーはそんなことをまったく宣言してはいない、ということだ。歴史のなかに人間精神の進歩を認めたからといって、人間が歴史をつくると述べたことにはならない。「人間精神の進歩」はカントに見られるように、摂理主義にうまい具合に統合されうるし、フランス革命で攻撃の的になった封建領主たちは用心から、歴史をつくるのは神であると言うのを控えた。そんなことを言えば、革命を正当化することになってしまうだろうから。彼らは逆に、自分たちの預言者〔エドマンド・〕バークとともに、社会は純然たる人間的作品であり、それゆえ社会に対し可能な理を与えるのは伝統であって、自然権など形而上学的夢想である、と主張する。封建派も革命派も歴史の主体にかんする問いなど提起していないのだ。この問いが意味をもつためには、当時はまだ存在していない歴史という概念を基礎にしなければならない。また、人間とは「誰が歴史をつくるのか」という問いに対する答えではない。人間とはそれ自体、「人間とはなにか」という問いの対象である。それを証言してくれるのが、アルチュセールにとってはブルジョワ・イデオロギー革命の鏡であるカントである。彼はわれわれの知、われわれの義務、われわれの運命にかんする三つの問いに、「人間とはなにか」という四番目の問いを付け加え、人間学を創始した。しかしこの問いに対するブルジョワジーのもっともラディカルな答えは、エルヴェシウスのような唯物論者の答えであり、それは以下のように言い表される。人間は物質的存在であり、感覚に応じて物質的に生みだされる印象によって思考し、行動するようできている。この答えを通じて、人間は即座に二重化されるだろう。私的利害の問題と、権力行使に必要な権力効果をいかに生産するかという問題とが原理的に結びつくのである。言い換えれば、〔ブルジョワジーという〕少数者の利益を実現することと、多数者の感覚に作用する効果を生みだすことをどう両立させるか、という問題が立てられる。人間とは物質的存在である。それゆえに支配の原理は私的利害とされるのだが、支配を実行する方法は以下のように言われることになる。感覚を従属させる手口を知ること。時間と場所とモノと言葉をうまく配置して、少数者に多数者をめぐる最大限の知と権力を確実に与えること。ベンサムのパノプティコンからまさに演繹される原理である。

一定数の人間に生じうるすべてのことを操れる手段、彼らを取り巻くすべてのことに思い通りの印象を与えて彼らを操作するやり方、彼らの行動、関係、生活状況のすべてを手中に収め、期待した効果を免れたり妨げたりするものがないようにする方策が見つかれば、この種の手段は政府にとり、疑いなく、最高度に重要な諸目標に適用できる非常に強力で非常に有用な道具となるだろう。[*3]

ブルジョワジーの人間は、背後に搾取を隠す大きな単一形象ではなく、原則そのものにおいて二重化

＊3 *Panoptique. Sur un nouveau principe pour construire des maisons d'inspection et notamment des maisons de force*, Paris, Imprimerie nationale, 1791, pp. 3-4〔J・ベンタム『民事および刑事立法論』長谷川正安訳、勁草書房、一九九八年、七一五頁〕。憲法制定会議のために書かれた英語著作の要約である。パノプティコンのアイデアは、円形の建築物を作り、中央の塔に配置された看守が、すべての個人をたえず自分の監視下に置けるようにする、というアイデアである。あらゆる種類の人間が監視下に置かれねばならない施設全般（監獄、工場、学校、収容所、救済院、等々）に「応用可能」な原理である。

されている。それは、ブルジョワ的権力関係の再生産と並行して形成される、ブルジョワジーの実践的イデオロギーなのである。そのようなものとして、このイデオロギーは自由人のイデオロギーではなく、歴史の創造者たる人間のイデオロギーでもなく、監視と扶助のイデオロギーにほかならない。ブルジョワジーの人間は基本的にはヒューマニズムを勝ち誇る主体ではなく、慈善、人道、そして人体測定の人間なのだ。育成し、扶助し、監視し、測定する人間である。[*4]

ブルジョワ・イデオロギーの核にあるのは、歴史の創造者としての人間ではなく、感覚的本性である。それゆえに、アルチュセールが想像するよりも少しばかり複雑な「封建主義」との関係が生まれ、この関係においては、神と人間の対立は決定的効果をもたない。それを証言しているのがベンサムの、あるいは彼の「翻訳者」の驚きであろう。彼が若きフランス共和国に提案する最適な制度モデルは、異端審問だというのである。

> すぐれた手本を提供しているのが、異端審問というもっとも恐るべき制度であるという点は、相当に特異なことだろう。想像力をゆさぶり、魂に話しかけるほんものの秘策を見つけだしたのは、壮麗な行列、象徴的服装、恐ろしい装飾をともなう異端審問だというのである。[*5]

もっとはっきり言えば、これこそ、「自由、平等、友愛、そしてベンサム」[*6]によって理解すべきことだろう。ヒューマニズムと経済主義の相補性とは確実に違うことがらである。ここに映し出されているブルジョワジーの姿は、次の世紀を通して労働者たちが告発するであろうこと、つまり、ブルジョワ支配と封建主義、賃労働と奴隷制を傾向的に同一視することをすでに行っている。それについては後に改めて論じることになるが、ここではマルクスとともに、ブルジョワジーにとって問題であったのは歴史の主体ではなく、人間の本性である、と指摘しておけば充分である。同時に強調しておくべきは、マルクスとブルジョワ・イデオロギーとの真の断絶であり、それを印しているのが「フォイエルバッハ・テーゼ」の言う新しい唯物論と古い唯物論の対立である。

人間は環境と教育の産物であるとする唯物論の学説、したがって、変革された人間は違う環境や改められた教育の産物である、と主張する学説は、環境を変革するのは人間であって、教育者自身が教育されねばならないことを忘れている。それゆえ、この学説は必然的に、社会を二つに分けることになり、その一方は社会の上に超然としているということになる。(たとえばロバート・オーウェンの場合)[*7]

＊4　こうした指摘が積極的なものをもちうるとすれば、そこにはコレージュ・ド・フランスにおけるミシェル・フーコーの講義の影響が認められるべきだろう。逆に、ここに講義の間違った使用があるとすれば、それは私の責任である。

＊5　*Panoptique. op. cit.*, p. 14.〔前掲『民事および刑事立法論』七二三頁〕

＊6　訳注──原文においてランシエールはマルクスの名前を挙げていないが、これは『資本論』第一巻第二編「貨幣の資本への転化」においてマルクスが述べている「自由、平等、所有、そしてベンサム」という有名なフレーズの間違った引用だろう。

古い唯物論の視点とは「教育」と「環境」の視点であり、必要な環境を整えることで諸個人の監視と育成を確実ならしめようとする上層階級の視点である。ここで環境とは、時間の割り振りであり、空間の配分であり、計画的教育である。すなわち、ベンサムのパノプティコンの発想であり、同時にオーウェンのコロニーやフーリエのファランステールの発想でもあり、それらは総じて、ブルジョワジーの改革実践のなかにそのモデルを、またブルジョワジーの哲学のなかにその原理を見いだしている。[*8]

　革命思想がブルジョワジーのヒエラルキー思想と決定的に切れるのはここである。この「フォイエルバッハ・テーゼ」第三を、『聖家族』が一八世紀唯物論について述べていることと比べてみよう。『聖家族』にあって、エルヴェシウスの学説は共産主義の基礎そのものとして登場する。すなわち、人間が環境と教育しだいであるなら、人間を変えるためには社会を変えればよく、「人間が真に人間的なものを経験してそれを習慣化するよう、経験的世界を組織する」[*9]だけで充分である、というわけだ。それに対し「フォイエルバッハ・テーゼ」は、ユニークかつ決定的な問いを提出する。では誰がこの世界を「組織」するのか、誰が教育者を教育するのか。教育者のヒエラルキー的視点に、世界の変革という革命的視点が対置される。

　しかし「人間が歴史をつくる」というテーゼは、少なくとも、史的唯物論を築くためにマルクスが縁を切らねばならなかったプチブルのテーゼではないのか。フォイエルバッハはこのプチブルの典型ではないのか。

共同体的でプチブル的で哲学的なフォイエルバッハ人間学（『四四年の草稿』のマルクスがいまだ

に尊敬している〉を直視すれば、ことは明瞭である。そこでは人間の本質が、歴史の起源であり原因であり目的なのである。[*10]

実際、明瞭である。誰もがそのことを「知っている」。わざわざたしかめようとする者もいないだろう。しかし、よく知られたこの「真理」は絶対的な反‐真理である。フォイエルバッハは人間の〈本

＊7　*L'idéologie allemande*, Éditions sociales, p. 32.〔マルクス「フォイエルバッハにかんするテーゼ」『マルクス＝エンゲルス全集』ドイツ社会主義統一党中央委員会付属マルクス＝レーニン主義研究所編、大内兵衛・細川嘉六監訳、第三巻、大月書店、一九六三年、五九二‐五九三頁〕

＊8　エルヴェシウスからベンサムを経由してオーウェンへ、という系譜は明白でありよく知られている。しかしここでの問いは「ユートピア社会主義」全体にかかわっている。彼らの問題構成はある一つの土地の上に立てられているのである。ブルジョワ的慈善思想という土地である。今日フーリエ主義的「転覆」にマルクス主義のある種の命運に対する回答を求めようとする人々がいるが、シャルル・ノワレは一八四一年に、首尾一貫した革命的プロレタリアートにとってファランステールがなにを表しているかを力説している。それ自体が奴隷制度のもっとも洗練された形態である資本‐労働関係の極限的形態である、と。「それぞれのファランステールはロシアの男爵領かアメリカのプランテーションとなるだろう」。*Deuxième Lettre aux travailleurs*, Rouen, 1841, p. 7.〔未邦訳、『労働者への第二の手紙』〕

＊9　*La Sainte Famille*, Éditions sociales, p. 157.〔マルクス「聖家族」『マルクス＝エンゲルス全集』第二巻、一九六〇年、一三六頁〕

＊10　*Réponse à John Lewis*, p. 73.〔前掲『歴史・階級・人間』一〇三‐一〇四頁〕

質〉が歴史の原理であるとは言っていないのだ。疎外された人間的本質が、ヘーゲル的な思弁的歴史の原理であると言っている。おまけにフォイエルバッハ的人間の本質は歴史的ではなく、自然との関係において規定される。つまり排他的時間性とは対立する空間的共存において、またつまり否定の時間的弁証法とは対立する〈我〉と〈汝〉のコミュニケーションにおいて（「否定の否定」と対立する哲学者がいるとすれば、それがフォイエルバッハである）。歴史は表象の事故を通してしかこの本質に到来しないのであり、本質を構築することも発展させることもない。そうであるからこそ、フォイエルバッハ的人間を歴史の原理にしようとするマルクスは、『一八四四年の草稿』で人間を二重化せざるをえない。「人間はただ自然存在であるばかりではなく、人間的な自然存在である」[*11]。フォイエルバッハ的人間はそれ自体としては、いかなる歴史の原因や目的ともなっていない。これこそマルクスがフォイエルバッハを非難する点である。いわく、フォイエルバッハ的人間の本質は非時間的関係（人間と対象の、〈我〉と〈汝〉の、男と女の関係）において規定され、感覚能力は彼にとって歴史の産物ではない。マルクスはフォイエルバッハを、彼の歴史が主体をもつと言って非難しているのではなく、彼の主体が歴史的ではないと非難しているのである。世界の観想と解釈のなかに閉じ込められたこの主体に、歴史は事故によってしか到来しない。フォイエルバッハにおいても、より一般的には青年ヘーゲル派においても、歴史は表象の歴史でしかない。

フォイエルバッハの哲学は、それゆえ、まさにヒューマニズムである。しかし、このヒューマニズムはいかなる歴史主義ともセットになっていない。そしてマルクスの方法は、この点において傑出している。彼はこの人間を主体のカテゴリーには関連づけないのである。ブルジョワ法を媒介に、人間なるものとブルジョワ的経済主義の結びつきを保証する主体のカテゴリーには。マルクスが言うには、フォイエルバッハの人間とはドイツ人である。これはよく言われるほど「過度な単純化」ではない指摘であるだろう。というのも、フォイエルバッハのヒューマニズムについて、それは階級闘争の当事者としてのブルジョワジーの哲学ではなく、階級闘争の大きな展開の傍らにいる者の哲学である、と示唆しているからである。ブルジョワ的慈善の不平等主義イデオロギーが「コミュニケーション」の牧歌に昇華しえたのは、政治的「低開発」国の「過度に進んだ」哲学においてなのだ。とすれば、こういうことになるのではないか。人間的本質の実現の理論としてのヒューマニズムは、一般的に、階級闘争によって生まれるある種のズレから出てくるマージナルなイデオロギーではないのか?

いずれにせよ、マルクスはヒューマニズムをそう理解している。フォイエルバッハへの批判も、歴史の悪い主体に良い主体を対置するものではなく、活発な現実的主体がいる歴史を、ドイツ・イデオロギーの観想的で解釈的な主体に対置している。「人間が歴史をつくる」という「悪い」テーゼに、「大衆が歴史をつくる」という「良い」テーゼを対置しているのではない。マルクスは〈人間〉に対し「経験的」諸個人を、つまり自らの生活を再生産する必要性ゆえに特定の社会関係のなかに入っていく人間たちを対置するだけである。歴史をつくるのは〈人間〉ではなく、人間たちであり、言い換えれば具体的な諸個人であり、自らの生活手段を生産する者たち、階級闘争において争う者たちである。マルクスは

＊11 *Manuscrits de 1844*, Éditions sociales, p. 138.〔マルクス「一八四四年の経済学・哲学手稿」『マルクス＝エンゲルス全集』第四〇巻、一九七六年、五〇一頁〕

フォイエルバッハへの批判において、それ以上先に進むことはない。彼には、フォイエルバッハが思弁的歴史批判の原理をそこに見た人間なるものは、肉体労働と精神労働の分裂が諸個人の歴史的実在をもとに生みだした様々な抽象化の一つである、と述べておけば充分なのである。

このような話をアルチュセールに思い起こさせる必要があるのだろうか。マルクスやフォイエルバッハや他の者たちが実際に述べたことを、忍耐力のなさや世評によってわれわれが彼らの思想だと思い込んでいるものから区別することをかつてわれわれに教えてくれたのはアルチュセールである。たしかにジョン・ルイスは素朴であるが、問題は、アルチュセールがマルクスの思想とその歴史を「知らなかった」と指摘することではない。たしかにアルチュセールは、カウツキーと同程度にマルクスのテキストを知っている。アルチュセールがここで、『一八四四年の草稿』の諸テーゼをフォイエルバッハに帰すことまでして、フォイエルバッハ－マルクスの対立の意味を移動させる必要があるとすれば、そしてこの移動がアルチュセールに、自分がフォイエルバッハについて知っていることまで分からなくさせるとすれば、そこには知と無知の対立以上に本質的な、彼には知りたくないなにかがある。まるでグラムシが語っている、眠りを妨げられた人のようだ。何匹かの蛍を殺せば、月光の煩わしい明りを消せると思い込んでいるのである。

ゆえにこの移動を通じ、なにが起きているのかを見てみよう。『資本論』にいたるまでマルクスが維持している基本的な対立関係は、ブルジョワジーの視点とは、歴史的な存在形態を表現する諸カテゴリーを本性の非時間的な所与に変えるものだ、ということである。アルチュセールにとっては、それこそが「歴史主義」だと疑われる対立である。そこでアルチュセールは、ボールをブルジョワジーの陣営に投げ返すつもりで言う、「人間が歴史をつくる」というイデオロギーは、ブルジョワのイデオロギーであるだろう。ボールを投げ返すために、彼はさらに直進する。「正統教義」を救うのにマルクスで足りないのであれば、足りない分は「M. L.」が補えばよい。アルチュセール的推論の決定的な点で行われる置き換えである。そこでは歴史の「主体」にかんする問いが、認識の対象にかんする問いと結びつけられる。

実際に行われているのは、「人は存在するものしか認識しない」という良いテーゼと「人は自分が行っていることとしか認識しない」という悪いテーゼを対立させることである。そしてそのときには、「弁証法的テーゼ」に対する「唯物論的テーゼ」の優位を確保するために、歴史に特権的地位を与える考え方が退けられねばならない。歴史は人間によってつくられるから、自然よりも「認識するのが簡単である」という考え方である。

「人は存在するものしか認識しない」。自然にかんしては、ほとんど問題は存在しないことになるだろう。「人間」は彼が認識している自然を「つくった」などと誰が主張しうるのだろうか！　ある種の観念論者、あるいは、人間に神の全能を与える錯乱した観念論者の類だけだろう。だが観念論者それ自身は一般にそれほど愚かではない。[*12]

＊12　*Réponse à John Lewis*, p. 36.〔前掲『歴史・階級・人間』四五頁〕

観念論者たちは実際、それほど愚かではない。彼らはさほど苦労せずに、アルチュセール的推論におけるもっとも雑な間違いを暴くことができるだろう。自然という観念が定義上、人間がつくらなかったものについての観念とされている点である。認識の人為性を擁護する人々はなにも、「人間」は自分が知っている自然を「つくった」と言っているのではない。彼らが言っているのは、科学者たちは自分が生みだした実験結果のなかに、自分が実験前に仮説のなかに置いたものを再び見いだす、ということであり、彼らが手にする結果は測定機器等々に左右される、ということだ。彼らはそこから、「自然」とは観念的存在であるか、それとも自然としては認識しえない、ということを言おうとする。するとこうしたお喋りの一切が、アルチュセールにあっては一つの目標に収斂していく。歴史にかんしては哲学の介入を必要とする幻想がある、との見方を、偽の対称性を導入することによって準備することである。

しかし歴史にかんしてはどうであろうか？　われわれは、「歴史をつくるのは人間である」というテーゼがもはや意味をなさないということを知っている。とはいえ、このテーゼの幻想が跡をとどめる考え方があることも知っている。歴史においてはすべてが「人間的」であるがゆえに、歴史は自然よりも認識しやすい、という考え方である。G・ヴィーコの考え方である。

ところで、この点にかんするM. L. の立場は断固としている。歴史もまた自然と同様に認識するのが難しい、いやおそらく、自然よりもいっそう認識するのが難しい。なぜか？　なぜなら「大衆」は歴史に対して、自然に対するのと同じ直接的な実践的関係（生産労働における）をもっていないからである。なぜなら「大衆」はつねに、歴史を知っているという幻想によって歴史から切り離されているからである。実際、それぞれの支配的搾取階級が、歴史にかんする「彼らの」説明を大衆に与えている。搾取階級の階級的利益に役立ち、彼らの団結を固め、大衆を彼らの搾取下に置き続ける、彼らの支配的なイデオロギーのかたちをとった説明を。[*13]

たしかに「M.L.」は「断固としている」。というのも、この問いにかんしてはマルクスが、まったく同じように――特にヴィーコも――断固としているからである。しかしマルクスの場合には、精確に反対のことを言うためである。

ダーウィンは、自然的技術の歴史に、すなわち動植物の生活のための生産用具としての動植物の諸器官の形成に、関心を向けた。社会的人間の生産的諸器官の形成史、それぞれの特殊な社会組織の物質的基礎の形成史も、同じ注意に値するのではないか？　そしてこのほうがもっと容易に提供されるのではないか？　というのは、ヴィーコも言っているように、人間の歴史が自然の歴史から区別されるのは、前者はわれわれがつくったものであるが、後者はそうでないということによるものだからである。技術学は、自然に対する人間の能動的な態度をあらわに示しており、人間の生活の、したがってまた人間の社会的生活関係やそこから生ずる精神的諸観念の直接的生産過程をあらわに示している。[*14]

---

*13　*Ibid.*, p. 36.〔同前、四五－四六頁〕

引用はなにも立証しておらず、われわれの立論も、テキストを尊重するようアルチュセールに注意喚起することが目的であるのなら、取るに足らないであろう。誰もマルクスの文言を墨守するよう強制されないし、アルチュセールには、マルクスの諸概念は理論と革命実践の利益にもとづき批判され、捨てられ、あるいは改良されるべきである、と述べる権利がある。しかしそんなことが問題なのではない。アルチュセールは正統教義の獰猛な擁護者――彼のほのめかしによれば、殉教者でさえあるだろう――であり、お宝の一片たりとも手放すつもりはない。ではマルクスを支持するふりをして墓穴を掘らせるこのマルクス‐レーニン主義の正統教義とはなんなのか？[*15]

続く議論はその点を充分に示している。アルチュセールが言うには、大衆は歴史より自然をよく認識しているのだが、それは大衆が生産において自然との直接的関係をもっているからである。しかし歴史にかんしては、大衆は、支配階級が彼らに課すイデオロギーによって、歴史から切り離されている。

ほんとうのところ、支配階級が「自然」について被搾取者たちに、直接的関係の自明性を曇らせる説明を提示しない理由のほうこそよく分からない。有史以来、支配階級が大衆にそんな説明を提示する術を心得ていたのをわれわれは知っている、とさえわれわれは思う。フォイエルバッハが喚起するように、宗教は象のためにつくられたのではない。しかしとりわけ、大衆は「歴史」ともある種の「直接的関係」をもっていないか？　領主、徴税吏、現場監督、警官といった人物との関係において、つまり賦役と嫌がらせ、搾取と抑圧といった実践的経験において、大衆は「歴史」とある種の「直接的関係」をもっているのではないか。どんな生産も同時に社会的諸関係の再生産であるというのが、マルクス主義的「正統教義」のイロハではないのか。そこにこそ、ブルジョワ的あるいはプチブル的「実利主義」からマルクス主義を分ける試金石があるのではないのか。

プルードン氏は、人間が毛織物やリンネルや絹布をつくることを非常によく理解しました。そして、こんなつまらないことを理解したという大きな功績！　プルードン氏が理解しなかったのは、人間は彼らの能力に応じて社会的諸関係をも生産し、そのなかで毛織物やリンネルを生産する、ということです。[*16]

またしても「人間たち」……。マルクスは確信犯的に石頭である。そうである理由が彼にはあった。

＊14　*Le Capital*, Éditions sociales, t. II, p. 59.〔マルクス「資本論 第一巻」『マルクス＝エンゲルス全集』第二三巻a、一九六五年、四八七頁〕。強調は引用者。引用文に続けて、ここで定置された唯物論をマルクスがどのように「自然科学の抽象的唯物論」に対立させているかが読める。

＊15　かつて、言わねばならないはずのことと正反対のことをマルクスのテキストが勢い余って言っているとき、われわれはそれを説明するために大いに努力したものである。あるときには、それは概念と見なすべきではない単語であった。概念そのものが怪しいと感じたときには、「概念の指標」だとした。最後の手段として、マルクスは自分が「生産した」概念を分かっておらず、その誤認が生産物そのものを台無しにしてしまった、と見なした。「理論主義」が否定された今、方法はより手っ取り早い。マルクスを相手にしないで、M．L．に発言させること。

＊16　Lettre à Annenkov, *Correspondance*, Éditions sociales, t. I, p. 455.〔マルクス「一八四六年一二月一八日付アンネンコフあてのマルクスの手紙」『マルクス＝エンゲルス全集』第四巻、一九六〇年、五六九－五七〇頁〕

彼は革命を信じていたのである。そのおかげでマルクスはわれわれに、アルチュセールが歌う「自然との直接的関係」の唄について理解させてくれる。そんなものは古いブルジョワの唄にほかならない、と。大衆には「自然」を。職人労働の気高さ、素材の具体的手触り、田園生活の魅力を。われわれには、組織化し思考する過酷な仕事を。[*17] アルチュセール氏がわれわれに思い出させるのは、毛沢東の兵士たちよりも、あの労働者たちである。フルールヴィル家やロスブール家の令嬢たちが森の散歩の道すがら出会いたいと望んだ、薄汚れてはいても実直な顔をした労働者たちである。[*18]

今やこの忠実ならざる正統教義の意図がさらによく分かる。アルチュセールは自然の「単純さ」と歴史の「複雑さ」の対立を必要としているのである。生産が労働者の仕事であるなら、歴史は彼らにとってあまりに複雑であり、専門家の手に委ねねばならない。〈党〉の専門家と〈理論〉の専門家の手に。大衆は自分自身を生産することができる。できなければ、それを引き受けねばならないのはわれわれ学者であるだけにいっそう、大衆を生産するのは大衆の仕事である。ではわれわれは、いかにして「ものを知るわれわれの権利と義務[*19]」を守ることができるのだろうか？ 歴史をつくるために自らを組織することにかんしては、大衆はそれを〈党〉の管轄に委ねねばならない。歴史を認識することにかんしては、大衆はマルクス主義の専門家たちが大衆のためにつくる「テーゼ」を待たねばならない。腕まくりをして自然を変えよう、しかし歴史にかんしては、われわれに助けを求めよ。

ここでは「理性の秩序」が明確である。「正統教義」がマルクスに「不実」であるのは、古い唯物論を復活させるためである。そしてこの復活は、ブルジョワジーの視点の復活である。社会を二つに分割して、「自然」を担う生産者たちを下に、歴史をめぐる生産者たちの幻想を一掃する任を負う「暇人たち」を上に置く視点である。ルイ・フィリップ治世下で言われたところでは、政治とは「暇人たち」の仕事である。アルチュセールの教えるところでは、歴史とは学者の媒介があってはじめて認識可能で「つくりうる」ものである。「大衆」はたしかに歴史をつくるのだが、どんな大衆でも、というわけではなく、われわれが教育し組織する大衆が歴史をつくる。[*20] 大衆は、歴史から切り離されないうちに歴史をよく理解するという条件においてのみ、歴史をつくるのである。彼らを歴史から切り離すのは、「支配

---

*17 温情たっぷりなモンファルコン〔ジャン＝バティスト・モンファルコン（一七九三－一八七四）はリヨンの医師・郷土史家〕の甘い唄。「事物と人間にかんするこの科学はすべての科学のなかでもっとも難しくもっとも重大である。〔…〕統治の諸原則や次世代の体制や、最高に有能な人々が長い論争を経ても解決にいたらなかった諸々の立場について、いったい労働者が自分の見解をもつことなどできるのか」（*Code moral des ateliers*, Paris et Lyon, 1835, p. 83〔未邦訳、ジャン＝バティスト・モンファルコン『工房の倫理規範』一八三五年〕）。「民主的」銀行家にして未来の大臣、さらに一八四八年の銃殺刑執行者グショーのシニカルな唄〔ミシェル・グショー（一七九七－一八六二）は第二共和制期の政治家〕。「産業と労働が問題であるとき、あなたがたは知性と力によってすべてである。あなたがたの器用な手のなかで、鉱石の一片は一〇〇エキュの価値をもつようになる。しかしわれわれは、あなたがたには自らを統治する能力がないと信じる。われわれとて、そんな統治は望んでいないのであるが」（オーギュスト・デムーランによる引用。Auguste Desmoulins, « Le Capital et les Associations partielles », *Almanach des Corporations nouvelles*, Paris, 1851.〔未邦訳、オーギュスト・デムーラン「資本と部分連合」『新団体名鑑』一八五一年〕）。

*18 訳注――セギュール夫人の童話『ちっちゃな淑女たち』*Les petites filles modeles*（一八五八年）を指す。

*19 *Pour Marx*, F. Maspero, 1965. p. 13.〔前掲『マルクスのために』三〇頁〕

的イデオロギー」の分厚い層であり、ブルジョワジーが彼らに語り聞かせるあらゆる物語であり、われわれが良いテーゼと悪いテーゼを彼らに教えなければ彼らがいつも早飲み込みしてしまう物語である。〈党〉を離れて大衆の救いはなく、哲学を離れて〈党〉の救いはない。

一九六四年、アルチュセールは大学秩序を正当化するために、「労働の技術的分業」という「マルクス主義的」概念を発見した（マルクス主義理論には、探したいと思って「見つからない」概念はない証拠である）。それにより、工場におけるあらゆるヒエラルキー、肉体労働と精神労働の分離、教師の権威が「理論的に」保証された[*21]。文化大革命の後、六八年五月の後、アルチュセールはもっと慎重である。彼はもはや学生たちに、先生の言うことをよく聞きなさいとか、技術者や一般工員はいつまでも存在するだろう、とは言わない。正反対のこともまた言わない。彼の「軌道修正」は、歴史は自然よりも認識するのが難しいという同じテーゼを、「認識のための」命題という穏健な装いで繰り返すところにある。しかしこのテーゼは、その真実の語彙により定式化されなければ、テーゼとして確定しない。すなわち、政治は生産「よりも難しい」。認識のためのテーゼ、「学者」のためのテーゼである。

賭けられているものははっきりしている。哲学を救うこと、とりわけ「マルクス主義哲学」を救うことである。それも、大学の専門家の仕事として。哲学にしかるべき場を維持する分業を認証しなければならない。マルクスの目標とは事実上反対の目標である。この逆転を理論において翻訳すると、「古い唯物論」の復活、と表現される。教育者たちの唯物論であり、大衆に代わって考え、「認識のための」テーゼをつくる者たちの唯物論である。ヒューマニズムという蛍の追い出し作業はまやかしであって、このまやかしのもとで、ブルジョワ的慈善の哲学的形態が再建されるのだ。労働者たちはわれわれの科学を必要としている。アルチュセールにつきまとう月の光、精華大学やソルボンヌ大学の暑い夜の明るさは、しかし別のことを告げている。労働者はわれわれの科学ではなく、われわれの反乱を必要としている。哲学市場における重大な雇用危機でもって、脅しているのである。

この脅しが理論的に表現されてから一三〇年経つ。「フォイエルバッハ・テーゼ」のなかの、アルチュセールがつねに謎めいていると見なすテーゼのことである。それは宣言する。哲学者や慈善家や善意の改革者や世界の解釈者の時代は終わった。現実世界の研究と変革の時である。衒学ではない知性の時である。アルチュセールはそこに閲兵式を見た。「哲学の新たな実践」――『ジョン・ルイスへの回答』がわれわれに実践してみせる、理論的言表の全般的取り締まりに勤《いそ》しむ新たな実践を見た。「フォイエルバッハ・テーゼ」が告げるのは、もちろん別のことである。哲学のそとへの脱出であり、同時に、

＊20　それと響き合うものとして、アルチュセールの「同志」による二つの宣言がある。まずジッセルブレヒト先生の「大衆ってなに？」という論文〔アンドレ・ジッセルブレヒト（一九二七－二〇〇六）は共産党系のドイツ文学者で当時パリ第八大学（ヴァンセンヌ）教授〕。彼はこの反左翼主義的かつきわめて誹謗的な論文について、一九六九年のヴァンセンヌで大衆の前で説明することを求められた。もう一つは共産主義学生同盟（UEC）に所属するヴァンセンヌの学生の宣言である。「ヴァンセンヌに大衆はいない」。この宣言は、学生大衆によって拒否された大学選挙を強制するために「共産党の」警備隊が投入された後に出された。ほんの一握りの学生しかUECに加入していない、という意味である。

＊21　«Problèmes étudiants», *La Nouvelle Critique*, janvier 1964〔未邦訳、「学生問題」『ヌーヴェル・クリティック』一九六四年一月号〕。本書の巻末補遺「イデオロギー論について――アルチュセールの政治」を参照。

アルチュセールの政治とはまったく異なる理論的言表の政治である。マルクスは、科学の領域に属し、政治実践を拘束する言表を守るべきときには妥協しない。たとえば「賃金鉄則」に対抗して剰余価値概念を守るとき、あるいはワーグナーに対抗して、自分の出発点は「人間」ではなく生産の社会的時代である、と主張するときである。実際そこで問題になっているのは『資本論』の出発点であって、歴史の起源ではない。しかし同時に、彼はヴィーコとともに、人間は自然の歴史よりも自分の歴史をよく知っているが、それは人間がそれをつくったからであり、社会的諸関係の起源は「自然に直面する人間の行動様式」のなかにある、と主張することもできる。このとき問題になっているのはまた別のことである。生産の人間的歴史に基礎を置く新しい唯物論と、「自然諸科学から抽象される唯物論[*22]」、古い唯物論との対比である。マルクスはまた、「人間たち」が歴史をつくると言うこともできる――「人間」がそれをつくるとさえ。プロレタリアートの言論統制局を関与させることなく、そして、そんな恐ろしい言葉を吐く人々に向かってアルチュセールが予言する、科学と政治の破局にはけっして遭遇することなく。もはや哲学のなかでは語らないがゆえに、マルクスは、人間が歴史をつくると述べることができ、かつ、歴史の「主体」にかんするテーゼを述べないでいることができる。「抽象的な唯物論」に対抗して「人間が歴史をつくる」と述べるマルクスは、アルチュセールの問い――「弁証法的」テーゼに対する「唯物論的」テーゼの優位――が意味をもたない視点に身を置いているのである。「人は存在するものしか認識しない」、とアルチュセールは宣言する。マルクスはまったく別のことを宣言する。「社会的存在であること」が意識を決定する。そして、「存在」への「認識」の関係という視点は、古い唯物論の非弁証法的な思考、ブルジョワジーの視点を表現する思考を特徴づける、と。マルクスにとっては、分離できない二つの用語の間にはどんなヒエラルキーも存在しない。それはまた、観念論の伝統と対立しつつ、弁証法的唯物論を下位区分とするような唯物論の伝統などない、ということである。古い唯物論と観念論は同じ理論的布置に属しており、新しい唯物論はこの布置に、世界を解釈するという視点に対立する世界を変革するという視点として、対立する。この対立により、アルチュセールが良いテーゼと悪いテーゼを分離する些細な哲学法廷は破綻する。彼がその法廷で哲学の自立を追求するのは、哲学には自立を言いたてる資格がそれだけ欠けているからにほかならない。実際、哲学はわれわれになにを言うのか。「大衆が歴史をつくる」ということか。そんなことを知るためにわれわれは哲学を必要とするのか。「哲学的論争の文脈のなかでは科学の命題も『哲学的に機能』することがある、ということは一考の価値がある」、とアルチュセールは言う。[*23] この問いは、裏返したほうが正しくはないか？　一考の価値があるのはむしろ、史的唯物論にとって必要と判定される哲学のほうではないのか。言表に裏書きを与える以上のことはできない哲学のほうではないのか。裏返してみれば、問いの様相は変わりうる。たとえば、賃労働の剰余価値が同時に賃金として「機能する」ことができるのはいかにしてか。その答えは、労働者の労働は同時に剰余価値を生産する労働であるという事実によって与えられるだろう。哲学の「労働」も同種のなにかではないのか。つまり史的唯物論の諸概念と階級闘争のスローガンを自分のものにすることで、一種の「剰余価値」を生産しているのではないか。この領有を熱心に補佐する者の姿

*22 *Le Capital, op. cit.*, t. II, p. 59.〔前掲「資本論　第一巻」四八七頁〕
*23 *Réponse à John Lewis*, p. 46.〔前掲『歴史・階級・人間』九三頁〕

に、匿名でいたるところに出没するM. L. は、剰余価値の強奪に欠かせない半 - 労働者、半 - ブルジョワの人物の影を認めることはないのだろうか。工場現場監督の影を。

もっと近寄って見てみよう。ここでの「M. L.」はなんと言っているか。「大衆が歴史をつくる」。それによってアルチュセールは、「人間が歴史をつくる」という観念論的命題への応答をM. L. に行わせている。すでに見たように、マルクスにはそのような応答は存在しない。彼にとっての基本的な対立は、「自然」の視点と歴史の視点の間にあるからであり、[*24] そのためには具体的人間たちを——さらには人間を——古い唯物論の人間に対立させれば充分だからである。「大衆」という概念はマルクスにおいては定義された理論的地位をまったく有しておらず、マルクス主義の伝統においてこの概念がそうした地位を獲得するにはまだ時間がかかる。レーニンが一九〇五年と一九一七年に大衆の創造的自発性を称えたとき、彼は同時に「大衆」という概念を疑ってもいた。「大衆」と「リーダー」の対立そのものがメンシェヴィキ的かつローザ・ルクセンブルク的であったからである。「大衆」が高い地位を受け取るのは、主として毛沢東主義からである。「大衆が歴史をつくる」というテーゼは「マルクス - レーニン主義の哲学テーゼ」ではなく、本質的に毛沢東主義的な政治テーゼである——たとえこの公式を考案したのが毛沢東ではなかったとしても。毛沢東は精確にはなんと言っているか。「人民、人民のみが普遍的歴史の原動力であり、創造者である」。[*25] ここでもアルチュセールは「M. L.」にこう言わせたがるだろう、ということは分かる。「普遍的歴史」とは少しばかりヘーゲル主義的ではないか、「創造性」とは少しばかりヒューマニズム的ではないか。しかし毛沢東はそう述べているのであり、「歴史を創造するのは人民大衆である」[*26] という文化大革命を象徴するフレーズの具合悪さをすべて翻訳者のせいにすることはできない。事実、問題は歴史の主体ではまったくなく、あくまでも大衆の権能である。一九四五年に人民は普遍的歴史の唯一の創造者であると述べることは、直接的には、ファシズムの敗北は近いと主張することだったのである。それは、被抑圧者の知性によって鍛えられた闘争手段は、世界帝国主義に支えられた蒋介石の軍事力が行使する手段に勝る、と未来に向かって告げることであった。毛沢東のテーゼは

---

*24 もう一度言えば、ここで私は「古マルクス主義」を擁護しているのではない。マルクスが間違っている可能性はたしかにあるし、アルチュセールがそれを正すのは正しい。ただ、マルクスに正面から立ち向かわずにそれをするのは間違っている。しかし歴史がアルチュセールに、マルクスのことは放っておくのがよいと教えたのである。マルクスに手をつけるとなにが起きるか分からない、と。そこから、アルチュセールの前方への逃走がはじまる。マルクスよりもグラムシについて、グラムシよりもルカーチについて、ルカーチよりもガロディ〔第Ⅱ章注54参照〕について、ガロディよりもジョン・ルイスについて語るほうがいいだろう。前方への逃走は、つねにもっと遠くへ、と行われ、挙げ句の果てに問題そのものより遠くまで行ってしまう。問題とは、マルクスとわれわれの関係は今どうなっているのか、である。つまり最終的には、われわれと革命の関係はどうなっているのか、である。

*25 *Du gouvernement de coalition*, Éditions de Pékin, 1968, p. 4.〔これは日本語では「人民、ただ人民のみが世界の歴史を創造する原動力である」（毛沢東「連合政府について（一九四五年四月二四日）」『毛沢東選集』第三巻、外交出版社、一九六八年、二九五頁）として知られる有名な箇所だが、フランス語版では「世界史」ではなく「普遍的歴史」という表現が採用されている〕

*26 *La Grande Révolution culturelle prolétarienne*, Recueil de documents importants, Éditions de Pékin, 1970, p. 28.〔未邦訳、『プロレタリア文化大革命──重要文献選』一九七〇年〕

こう言っているのだ。知性的であるのは被抑圧者であり、彼らの知性からこそ、彼らを解放する武器は生まれる（例証としては、スノーとミュルダールが集めた感嘆すべき物語を参照せよ）[*27]。二重の優越を規定するテーゼである。まず帝国主義と封建主義の軍隊に対する人民の兵士の優位、そして彼らに階級闘争のやり方、マルクス主義を生産し、育て、研究するやり方を教えようとする専門家たちに対する、大寨の農民たち、上海の労働者たち、精華大学の学生たちの優位である[*28]。「大衆は真の英雄である」、これはそのまま「マルクス－レーニン主義のテーゼ」であるのではない。むしろかなりの点で新しいテーゼであり、いずれにせよ、大衆には賃金を増やす方策以上のレベルに自分たちの知性を引き上げることができないということを基礎に置いたカウツキー主義の伝統全体とは対立するテーゼである。これは、生産諸力の発展と共産主義的指導方法の両方について新しい考え方を包含した政治テーゼである。すなわち、階級間の戦争における知性は、そして生産にかんする知性もまた、専門家には属さないというテーゼだ。歴史を創造するのは新しい機械を考案する労働者たちであり、灌漑の効率的方法を発見する農民たちであり、それは、強大な敵軍を罠によって怯えさせた、武器をもたない村人たちが歴史を創造してきたのと同じである。勤労者の「義務」は生産ノルマを達成することではなく、無数の微細な身振りにより新たな世界を発明することにある、というテーゼである。こうしたかたちで、マルクス主義のある捉え方、つまり「生産諸力の発展」を技術的に捉え、「民主集中制」と「プロレタリア独裁」[*29]を権威主義的に捉えるやり方を総括した新しいテーゼである。

大衆だけが歴史の創造者であるという主張に賭けられているのは、こうしたことすべてであり、そのすべてが明らかに、「党員知識人」の「マルクス主義哲学」に対しなんらかの問いを投げかけている。

そこではっきりと言われているのは、大衆は自然とも歴史とも同じように「直接的」な「関係」をもち、「自然との直接的関係」は逆に彼らの教育者たちのほうに、幻想のいくつかを払い除けさせてくれる、ということだ。このテーゼは、「単純な」主体である人間なるものに対し、より複雑で、主体の概念を木端微塵にしてくれる主体を対立させる哲学テーゼではない。それはもちろんブルジョワ・イデオロ

＊27　Edgar Snow, *Étoile rouge sur la Chine*, Paris, Stock, 1965〔エドガー・スノー『中国の赤い星』松岡洋子訳、エドガー・スノー著作集第二巻、筑摩書房、一九七二年〕et *La Longue Révolution*, Paris, Stock, 1973〔エドガー・スノー『革命はつづく』松岡洋子訳、エドガー・スノー著作集第七巻、筑摩書房、一九七四年〕. Jan Myrdal, *Un village de la Chine communiste*, Paris, Gallimard, 1964.〔ヤン・ミュルダル『中国農村からの報告』三浦朱門・鶴羽伸子訳、中央公論社、一九七三年〕

＊28　訳注――山西省大寨は一九六四年以降、「農業は大寨に学べ」というスローガンのもと農業集団化のモデルとなった地域。「上海の労働者たち」は文革初期に起きた一九六七年の上海一月革命とコミューン建設を、「精華大学の学生」は精華大学が文革初期の拠点だったことを踏まえている。

＊29　勝利の必然を語るこのテーゼがマルクスに存在しないのは、その場が別のテーゼによって占められているからである。生産諸力の発展とそれが生みだす諸矛盾は必然的にプロレタリア独裁に到達する、というテーゼである。マルクスは勝利の必然を人類史の「科学」に基礎づける。それが示すところによれば、上部構造の形式は必然的に下部構造の形式の発展から生まれる。マルクスの子孫が「フォイエルバッハ・テーゼ」にたどらせた運命はよく知られている。「大衆が歴史をつくる」というテーゼもまた、生産諸力の発展についての機械論的把握をベースにした理論と実践の結果であり、この把握はその支えを「フォイエルバッハ・テーゼ」に見いだした。

ギーに対立している。しかし、まったく別の意味においてである。被抑圧者は扶助される必要がある、という理念に対立しているのである。彼らの悲惨を軽くする慈善家の慈悲による扶助であれ、彼らの幻想を払い除ける哲学者の科学による扶助であれ。その意味において、このテーゼは「フォイエルバッハ・テーゼ」によって指し示された大地に根を下ろす。新しい知性という大地、闘争のなかで形成される知性、搾取者から奪い返される知の大地である。[*30] そこで鍛え上げられる新しい知性は、ここでは「マルクス主義哲学者」の一人一人に、自らの実践と自らの知を問い直すよう強いる。ブルジョワ支配を再生産する権力と知の場所が配分されるとき、自分はどんな位置を占めるのかと反省するよう強いる。厄介な問いであり、ときどき水から頭を出して水位を変えるジョン・ルイス「坊や」についてのありきたりな冗談の背後で、問われているのは「科学」とは正反対の現象ではないのかと予感させる問いである。山を移動させる問い、天に攻め上る労働者の問いではないのか、と。われわれはいつになったらこんな無駄話と手が切れるのだろうか。

問いに対するアルチュセールの対応はもっとも古典的な部類に属する。大衆実践に固有の表現を、理論の「英雄たち」によって守られた哲学テーゼに変えることである。文化大革命が問題であると信じられていたが、ほんとうは「主体のない過程」だけが問題だったのだ。哲学の地位を問う実践を反映したテーゼを、哲学は自らの装置の一部品に仕立て、自らの言表行為については、哲学はそれを自らの権力の認証とする。毛沢東の乞食軍による強大な国民党軍への挑戦、ソ連のエキスパートたちから「無能」の烙印を押されて見捨てられた中国の農民と労働者に引き継がれた挑戦が、ここではどうなっているか。「カントの遺産」の清算という古い内輪の問題を審理する哲学法廷の議論となっているのだ。アルチュセールはわれわれに、主体の批判こそ「マルクス主義的理論革命」であると信じさせたがる。あたかも、主体の清算から哲学がこの二世紀、甘い汁を吸ってこなかったかのように。この二世紀の哲学は主体を純化し、コギトの実体性や能力の有限性と闘うことではじまった。その後、哲学は主体それ自体に襲いかかった。ニーチェ的文献学は主体に文法的幻想を見いだし、ハイデッガーはそのニーチェ的文献学を、西欧形而上学の古い「主体」による隠蔽行為の最後の形象として告発した。シェリングからフォイエルバッハへ、フォイエルバッハからニーチェへ、ニーチェからハイデッガーへ、ハイデッガーから構造主義へ、すでにかなりの期間にわたり、われわれは主体が地獄に落ちる話を聞かされてきた。ならば、主体はいないという以外のことを語れるとは思えないこの「主体なき過程」は、なんの役に立つのか。いかに主体と手を切るのかという古い問題について、新しいレシピを哲学者に提供することには役立つだろう。アルチュセール主義が哲学者共同体にいとも簡単に受け入れられたのは、そこには共同体にとっての問題があると共同体に認知させることに成功したからだ。この問題はたしかにある種の緊急性を

＊30　科学と労働者の資本主義的関係とは、労働者の抑圧のために科学を利用することだけではないし、科学の特権は剰余価値の再分配で生活する人々に都合がよいというだけでもない。それは労働者の知と発明を領有することでもある。資本主義は科学的労働方法を、天下り式に労働者の「手工業的」方法と置き換えることはしなかった。資本主義は、労働者の実践から生まれた発明をたえず自分のものにすることによって、科学的労働方法を打ち立てたのだ。労働者たちの発明を称える中国の諸テキストの射程をつかむために、『ガスパールの財産』*Fortune de Gaspard*を読み直しても無駄ではないだろう〔セギュール夫人が一八六六年に発表した小説。農民出の主人公ガスパールの産業界での立身出世を描く〕。

もっていたのだが、その理由についてはやがて立ち戻って論じることになるだろう。
実際には、内輪話は階級闘争から離れて展開されるわけではない。それは政治的争点をもっている。しかし、その争点を摑むためには、言表を政治的かつ理論的な文脈から切り離す思弁的実践を放棄しなければならない。思弁的実践はある言表を、実践がけっしてその言表に出会わせることのない別の言表に空想的階級闘争のなかで対立させるのである。対立させねばならないのは実践が対立させるものどうしであり、分析しなければならないのは、然々《しかじか》のテーゼの確認しうる政治的効果にほかならない。例として、「人間たちが歴史をつくる」という主張の「政治的効果」を検討してみよう。

「歴史をつくるのは人間たちである」とプロレタリアに言ってきかせるとき、人は多少とも長期にわたって彼らに道を迷わせ、武装解除させるのに貢献している。それを理解するには大した学者である必要はない。そのとき人はプロレタリアに、自分たちは人間として全能であると信じさせたいわけだが、プロレタリアのほうは、ブルジョワジーの真の全能を前にして、まさにプロレタリアとして武装解除されている。全能であるのは、歴史を支配する物質的・政治的諸条件（生産手段と国家）を所有しているブルジョワジーである。プロレタリアにヒューマニズムの唄を聞かせるのは、彼らを階級闘争から遠ざけ、彼らに自由にできる唯一の力を彼らが獲得し、行使するのを阻むことになる。唯一の力とは、階級としての組織化と階級的組織——労働組合と〈党〉——の力である。[*31]
方法は変わらない。理論において「ヒューマニズム」に反駁することが問題であるとき、発言するのは「M.L.」である。実践においてそれに反駁することが問題であるとき、舞台に登場するのは「〔誰でもよい〕人 on」である。[*32]「人」がプロレタリアに、人間たちが歴史をつくると語るとき、「人」は彼らを武装解除し、道に迷わせる（全能であるのはブルジワジーだと言い聞かせれば、どの程度人がプロレタリアを武装させ、彼らに正しい道を歩ませることになるのかはまったく別問題である。その点については後に論じる）。アルチュセールは「政治を語り」、政治について語らないとジョン・ルイスを非難する。しかし、ジョン・ルイスの諸テーゼをめぐるアルチュセールの政治的議論の要点は、ありそうな効果を記述することだ。ジョン・ルイスが所属する組織（イギリス共産党）はおそらく、組織の理論誌で表明されたテーゼの効果について議論できるほどめぼしい実践を行ったことがない。だからアルチュセールは、大したリスクを冒すことなく件《くだん》の効果について診断を下すことができるのである。しかし、ジョン・ルイスと同種のテーゼを表明し、かつそのテーゼの政治的効果を検証可能なぐらい生みだした共産主義者はいないだろうか。たとえば、グラムシは？　ところがアルチュセールは、党の指導者たちに関係すると

＊31　*Réponse à John Lewis*, pp. 48-49.〔前掲『歴史・階級・人間』六二頁〕

＊32　思弁哲学が「人 on」のような位格を利用する仕方については、たとえば、マルクスが『ドイツ・イデオロギー』において述べていることを参照されたい。「『人！』二番目の非人称位格である。それは『それ cela』以上に、シュティルナーに役立つ。彼に代わってもっとも辛い仕事を行わねばならない。シュティルナーにあって、『人』と『それ』が互いに助け合う習慣をもっていることが見てとれる。〔…〕『それ』が合図をし、ただちに『人』が大きな声で唱和する。分業は古典的規範に従って行われる」（*L'Idéologie allemande*, *op. cit.*, pp. 144-145.〔マルクス「ドイツ・イデオロギー」『マルクス＝エンゲルス全集』第三巻、一〇五頁〕）。

なるや、彼らのテーゼを哲学的に批判することしかしない。政治実践はせいぜい、彼らの理論的誤りに対する言い訳の資格で登場するにすぎない。たとえば『資本論を読む』[*33]においては、グラムシとルカーチは第二インターナショナルの破産のおかげで彼らの左翼主義を許してもらっている。しかしグラムシの諸テーゼは、理論にかんしてはクローチェ、実践にかんしてはカウツキー主義の破産にだけ支えられていたのではなく、特定の労働者実践（工場評議会）にも支えられていたのであり、確認可能な政治的効果を生んでいる。『資本論を読む』にあっては「理論主義」が政治的効果を云々できなくさせていたのであれば、「軌道修正」を実践するよい機会ではないのか？

だが、そこまで遡らなくとも、アルチュセールはジョン・ルイスをサルトルのイギリスにおける分身にほかならないと思っていたはずである。そうであるからアルチュセールには、教養深い批判者たちを魅了してきた「ユーモア」をもって、「未来－に－投企する－人間の」哲学と、その哲学にいつも期待される道徳とを皮肉れば事足りた。しかし、サルトルの諸テーゼの政治的効果を議論してもよいところではないのか？　というのもサルトルにあって、歴史をつくる「人間たち」という問題構成には、知識人の政治的役割にかんする完全に明確な政治問題が反映されているのである。党なき知識人は革命的政治闘争にどのように参加するのか。理論の「輸入業者」でも党官僚でもないとすれば、彼らはどのような関係を労働者階級と結びうるのか。自分たちの実践がはらむ諸要求（研究の「客観性」、真理の「普遍性」……）を、彼らはどのように組織的政治闘争の諸要求と和解させるのか。「プチブル」の懊悩と不安は階級闘争の規律に服すべしという理由で、知っていることやほんとうだと思うことに口を噤《つぐ》むのは正しいことなのか。階級闘争の規律にどんな地位を与えて、国家理性の古い制約が継承されないようにすればいいのか。こうした問いの素朴さを笑うのは、分担というかたちで問題に決着をつけたわれわれ世代の「党員」知識人だけであろう。すなわち、政治向きのことは党に任せ、認識論と他の理論的実践についてては、党はわれわれに任せる。

こうした問いのすべてが、歴史をつくる人間たちをめぐる実存主義的問題構成のなかにはあった。それらの根底にあったのは、ソヴィエト革命の歴史をめぐる大きな問い、つまり十月革命から強制収容所群へと向かう軌跡である。そして実存主義とマルクス主義の間には、現実的な衝突があった。一九四六－四七年の論争である。当時は共産党のほうが実存主義を反ヒューマニズムであると非難し、サルトルは自らのヒューマニズムを証明しなければならなかった。[*34] さらに『レ・タン・モデルヌ』におけるメルロ＝ポンティとサルトルの諸論文があった。歴史における、また自然における弁証法をめぐる一九六一年の論争である。これらの論争を分析することは、豊かな教訓をもたらさないか？[*35] サルトル的諸テーゼは、厳密な政治的効果を生みだしてもいる。アルジェリア戦争の時代には、不服従のためのプロパガ

*33 Louis Althusser, Étienne Balibar, Roger Establet, Pierre Macherey et Jacques Rancière, *Lire « le Capital »*, F. Maspero, coll. « Théorie », 1965.〔ルイ・アルチュセールほか『資本論を読む』今村仁司訳、ちくま学芸文庫、筑摩書房、一九九六－七年〕

*34 「正統教義」は当時サルトルを、その「不透明な」意識ゆえに、反ヒューマニズム的であると非難した。今日ではその「透明な」実践ゆえに、ヒューマニズム的であると非難している。唯物論的歴史分析の領域を離れて修辞的なもっともらしさの法廷に入るや、なんでも言うことができる、ということはかくも真実である。

ンダとＦＬＮ〔アルジェリア民族解放戦線〕支援のネットワーク。一九六八年五月には、学生反乱への彼自身の参加。一九六八年の後には、毛沢東派活動家たちとの連携、『人民の大義』[*36]、ランス裁判[*37]、知識人と人民大衆を結合する新たな形態の模索、新しい新聞（『リベラシオン』）の創刊。こうした政治実践のすべてが、目に入ってこないか？　それらは、サルトルによって提起された理論的問題と文化大革命によって喚起された問題とのある種の出会いを示していないか？　サルトル的諸テーゼの政治的効果を論じるのであれば、語らねばならないのはそれである。しかしまた、政治選択を行うことなくそれについて語ることは不可能である。アルジェリアの闘争への直接的支援という政治が検討されるときには、共産党の政治について語らねばならないだろう。共産党は、ギィ・モレ政権への全権委任に賛成票を投じたのである[*38]。全権委任投票とは、歴史をつくるのは大衆である、ということを一定の仕方で受け入れることだろう。アルチュセールの政治もまた同じ仕方でそれを受け入れるのか？　そして、六八年五月ないしその後について語るのであれば、まさに選択しなければならないだろう。五月のはじまりの時点で正しかったのはマルシェ[*39]なのか学生たちなのかを語らねばならず、大学秩序回復への共産党の関与について論評しなければならず、サルトルは挑発者の一団と結びついていたのか、自由報道の企ては夢想なのかどうかを語らねばならないだろう。これらすべてについて語ることは必然的に、政治的立場をとることである。最終審級においては、共産党の政治に賛成するか反対するかである。明らかに、アルチュセールにはそれが耐えられない。反対することがほぼできないし、それ以上に、「左の」読者を考慮して、党の政治的立場を正当化することができない。党がアルチュセール的雑言を黙認するのは、害を及ぼさないからという以上に、左翼主義の一定部分を党に引き戻す引力をもっているからである。しかしこの効果が得られるのは、一つの条件のもとにおいてのみである。すなわち、「左の」読者が、アルチュセールは自分たちと政治的に一致しており、弄ばれているのは党のほうであると信じる、あるいは信じるふりをすることができる、ということ。「左の」読者は、アルチュセールが党の立場を政治的に

＊35　例として、意味深長な事実を一つ。一九六一年の論争において、自然弁証法にかんする「正統」の立場を擁護したのはヴィジエとガロディである。彼らは二人とも、やがて「背教者」となった。〔ガロディと物理学者のジャン＝ピエール・ヴィジエ（一九二〇－二〇〇四）が「修正主義者」として党から除名されたことを指す。ヴィジェはレジスタンス期からの共産党員で一九五九年に党中央委員に選出されるが、六一年に路線対立により失脚。六八年五月には『アクション』紙の発行代表者を引き受け、最終的に除名された。ガロディについては第Ⅱ章注54を参照〕

＊36　訳注――もともとは独立した左翼系新聞であったが、サルトルの財政支援のもとで毛沢東派組織「プロレタリア左派」（第Ⅱ章注7参照）の実質的機関紙となり、それが衣替えすることで、現在まで続く日刊紙『リベラシオン』となった。

＊37　炭鉱会社を「裁く」ためにプロレタリア左派によって組織された民衆法廷。当時、何人かの毛沢東派活動家がこの会社へのテロの嫌疑で訴追されていた。民衆法廷ではジャン＝ポール・サルトルが検察官となった。

＊38　一九五六年三月一二日、フランス共産党は、アルジェリア戦争遂行のためギィ・モレ社会党政権が求めた全権委任投票に賛成票を投じた。

＊39　訳注――ジョルジュ・マルシェ（一九二〇－九七）。六八年五月では、学生運動を主導した三月二二日運動を激しく攻撃した。後にフランス共産党書記長（一九七二－九四）として左翼連合、ユーロコミュニズム路線を推進する。左翼連合については第一版序文注5を参照。

正当化しないという条件で、彼がフランス共産党にいることを容認する。[*40]

この二重のゲームは、アルチュセール主義が「左」に受け入れられるのに必須であるというだけではない。それは彼の理論的地位にとっても不可欠である。地位の全体が、二重の役割にかかっているのである。上手では党の活動家を、下手では反修正主義の毛沢東派理論家を演じる、という二重性である。もし『ジョン・ルイスへの回答』の諸テーゼが孤立した知識人か小集団の理論家から発せられていたなら、誰が注意を払っただろうか？　それゆえに、ただ一つの解決は、「哲学的」テーゼが投じられる現実的な政治実践についてはなにも語らないことである。文脈抜きで、言表の想像的な政治的効果のみを語ることである。

それゆえ、これは政治選択でもある非政治性なのである。アルチュセールは意図的に、自分がそれと闘う諸テーゼの政治的効果についてなにも語らないのであるが、意図せずに、自分の政治的原則について大いに語っている。すなわち、「人」がプロレタリアに語るのである。「『歴史をつくるのは人間たちである』とプロレタリアに言ってきかせるとき、人は多少とも長期にわたって彼らに道を迷わせ、武装解除させるのに貢献している。それを理解するには大した学者である必要はない。そのとき人はプロレタリアに、自分たちは人間として全能であると信じさせたいわけだが、プロレタリアのほうは、ブルジョワジーの真の全能を前にして、まさにプロレタリアとして武装解除されている。全能であるのは、歴史を支配する物質的・政治的諸条件（生産手段と国家）を所有しているブルジョワジーである」[*41]。「大衆が歴史をつくる」という毛沢東主義の主張は、こういう意味なのだろうか。逆ではないのか。最終審級では、歴史の「司令官」は、生産手段とブルジョワ国家を握る張子の虎ではなく、反乱であり、また被抑圧者たちの知性ではないのか。「人は彼らを階級闘争から遠ざけ、彼らに自由にできる唯一の力を彼らが獲得し、行使するのを阻む。唯一の力とは、階級としての組織化と階級的組織——労働組合と〈党〉——の力である。それらが彼らの階級闘争を彼らのものにする」。語るに落ちた。プロレタリアの

＊40　彼がそれを望もうと望むまいと、アルチュセールは「党員」知識人たちの任務配置においてはっきり決められた役に就いている。彼は同僚が納得させられない人間たちに向けて書くのである。党の媒体に書くときには、彼は異議申し立て者として登場し、自分の諸テーゼを「左旋回」させる必要がある。われわれは、同じ日〔一九六九年五月一五日〕に書かれた六八年五月にかんするアルチュセールの二つのテキストをもっている。イタリア向けのテキストは、マルシェの考えとスタイルを破廉恥に真似ている。労働者階級は自分たちの問題に自分たちだけで取り組む。学生たちは「学んで決める」必要がある。プチブルは適切な治療を施せば矯正できる。手紙の最後には、それでも問題が現れている。党は青年たちとの接点を失ったのである〔M・A・マッチオッキ『イタリア共産党内からルイ・アルチュセールに送る手紙』に収録されたアルチュセールのマッチオッキ宛書簡〔マッチオッキについては第Ⅲ章注1参照〕〕。『パンセ』〔フランス共産党の理論機関誌〕においてはトーンが変わる〔「ミシェル・ヴェレ『学生の五月』論文について」一九六九年六月〕。学生たちには勉学に専念する「決心」は必要ない。そんなことは、〔ピエール・〕ジュカン〔一九三〇－〕六七年に共産党中央委員。第Ⅲ章注42参照〕とその一味に任せておけばいい。アルチュセールは党と学生たちとの間に穿たれた溝を前面に押し出して、〔ミシェル・〕ヴェレ〔一九二七－〕共産党系の社会学者〕の攻撃を批判し、学生運動の進歩的性格を強調する。そのようにアルチュセールは両刃の剣をふるう。外国に対しては、マルシェのテーゼに自分のラベルを貼る。そうでもしなければ輸出が難しいテーゼに。フランスに対しては、別のことを述べなくてはならない。右への賛意が満杯であるから、左に訴える必要がある。

＊41　訳注——この引用と次の引用はともに「ジョン・ルイスへの回答」から〔前掲『歴史・階級・人間』六二頁〕。

唯一の力が組織だというのである。誤解なきよう願いたいが、組合と〈党〉だ。[42]愚かな多数者は数と組織を頼りにするほかなく、組織は、周知の通り、工場という学校で獲得される。[43]だから彼らが自分たちの比類なき力をあえて批判したりしませんよう。そのこととは別に、アルチュセールは文化大革命の熱烈な支持者である。[44]「歴史をつくる〈人間〉とは誰なのか」と彼は問う。「謎である」。いずれにしても、

---

*42 もちろん、アルチュセールのテーゼはお墨付きである。これは「レーニン主義的」テーゼである——そして他の多くの「レーニン主義的」テーゼと同じように、レーニン自身がテーゼの父を教えている。カール・カウツキーである。次を参照。*Un pas en avant, deux pas en arrière*, Éditions de Moscou, p. 172.〔レーニン「一歩前進、二歩後退（わが党内の危機）」『レーニン全集』ソ同盟共産党中央委員会付属マルクス＝エンゲルス＝レーニン研究所編、マルクス＝レーニン主義研究所訳、第七巻、二七一－二七二頁〕

*43 六八年五月はアルチュセールにとってどのように規定されるのか。史上最大のストライキである。なぜ、最大なのか。九〇〇万のスト参加者がいたからである。九〇〇万人のなかに少なからぬしぶしぶ参加した者、付和雷同で参加した者がいたことは、彼にとっては与《あずか》り知らぬことのようである。重要なことは、働いていなかった者たちの数なのだ。寄せ集まりが、彼にとっての「労働者階級」なのである（サルトルが自分のグループや系列グループとの間で瑣末なことに大いに疲れている、とアルチュセールが見ていた点も関係していよう）。五月のストライキにおける新しさとはなんだったのか。どのような種別的矛盾がその展開に作用したのか。どうでもいいことだ。重要なのは数である。

*44 「あなたは読み方を知らないのだ」、とアルチュセールの人間は書くだろう。「アルチュセールは党と書く。しかし彼はどの党のことかは述べていない。フランス共産党について話しているように見える。だが、実際には、フランス共産党とは混同されない真の共産党について語っているのである」。ここに術策はあるだろう。しかしそれほど目新しいものではない。エリック・ヴェイユも説いていたではない

か。ヘーゲルが語った国家は実際には彼の目の前にあるプロイセン国家ではなく、『法哲学』は擁護を装った批判である、と〔著名なヘーゲル研究者ヴェイルのヘーゲル論への言及〕。政治にかんする哲学者のこうした術策については、若きマルクスの見事な分析に立ち返らねばならない。彼は『ヘーゲル国法論批判』において、経験と思弁の哲学的駆け引きを丸裸にしている。哲学がひとたび観念としての主権の現実性を二重化して、それを経験的実在（君主）に化肉させようとすれば、哲学はつねに自らの信念を化肉のところで停止させ、理念性のことだけを考えることができる。現実を褒めそやしているようにしか見えなくとも。この懐疑主義の可能性そのものは、権力と自分の関係を規定する際の「実証主義」にもとづいている。思弁の核心とは、概念の直接的定在として措定された現実の一点の実在である。

その点は講壇マルクス主義者の弁証法の秘密でもある。彼らがひとたび、自らを組織する労働者階級の必然性、労働者階級、その党、プロレタリア・イデオロギー等々の「指導的役割」を衒学的に規定すれば、彼らは、そうした抽象物を任意の経験的現実に化肉させるもさせないも完璧に自由である。そのようにして、「共産党」の理論家であれ彼の「マルクス－レーニン主義派」の同僚たちであれ、同じ言説――なんでも正当化しうる――によって異なる政治的立場を正当化することができる。

若きマルクスをプチブル・イデオロギーの蒙昧のなかに捨てることが、これらの理論家にとってなぜ死活問題であるのかもよく分かる。彼らの言説は徹頭徹尾、若きマルクスがヘーゲル的神秘化の核心であると規定した、経験的なものを思弁へと送り返す操作によって支配されている。例証のために、ソヴィエト中央執行委員会に帰属すべき権力をボリシェヴィキが没収したことをベトレームが正当化している様子（『ソ連における階級闘争』*Les Luttes des classes en U. R. S. S.*, Seuil-Maspero, pp. 94-95〔シャルル・ベトレーム『ソ連の階級闘争　１９１７－１９２３』高橋武智・天羽均・杉村昌昭訳、第三書館、一九八七年、九六－九九頁〕）を、世襲王政をヘーゲルが演繹する様子（Hegel, *Principes de la philosophie du droit*, Gallimard, p. 221.〔ヘーゲル『法の哲学』下巻、上妻精・佐藤康邦・山田忠彰訳、ヘーゲル全集９ｂ、岩波書店、二〇〇一年、四八九－四九二頁〕）と比べてみてもいい。

彼にあって歴史をつくる秩序ある「大衆」は、われわれにとっては謎ではない。シャンピニー綱領[*45]のおかげで、「労働者階級の党」の周りに結集した「非独占社会諸階層」である。

そんな結末にいたるために、大騒動のすべてが必要だったのだ。ブルジョワジーには、彼らが知らない問題構成（誰が歴史をつくるのか）を考案してやる。フォイエルバッハには、若きマルクスのものであるテーゼを帰属させてやる。マルクスのテーゼには、それをブルジョワ・イデオロギーの核にする。M.L.には、彼に「ブルジョワ・イデオロギー」を反駁させる。このM.L.たるや俗流唯物論を復活させ、金持ちの古い知恵を叫んでいるだけであるというのに。「人は存在するものしか認識しない。風呂に浸かっているとき、人は水位を変えることはできない。歴史を認識するのは難しい」。かくて毛沢東の軍隊の兵士たちが、左翼連合の選挙人に変えられる。

逆説的正統主義の迂路が導くのはそこである。毛沢東をマルシェのもとに連れ戻すため、哲学を介する必要があったのだ。しかしまた、マルシェという媒介も必要であった。中国人民の闘争スローガンを哲学書の襞のなかに連れ戻すため、文化大革命を流行（認識論、切断、主体のない過程、エクリチュール等々）の支持者と昔の流行（志向性、批判、実践、解釈学等々）の支持者が対立する一大学術論争に連れ戻すため。争点のない論争に？　もちろん違う。争点は外部にあるのだ。大学的イデオロギーの生産者たちと彼らの消費者たちとの関係のなかに。アルチュセールが彼の批判する「ヒューマニズム」をほとんど厳密に定義しないのは、さらに、その批判がジョン・ルイスよりもマルクスに打撃を浴びせざるをえないのは、この「修正主義的」ヒューマニズムに対する闘争と言われるものが煙幕でしかない、ということである（今日レジス・ドゥブレがミッテランの溢れかえるヒューマニズムに役立てるため、いかにアルチュセール的レトリックを駆使しているかを見ればよい)。衰退しつつある実存主義に対する哲学者アルチュセールの闘争、ブルジョワ・ヒューマニズムに買収された「同志たち」に対する「共産党員」アルチュセールの闘争の背後には、もっと重要なものが賭けられている。彼の党と彼の哲学の権威を同時に脅かすものに対する「共産党員哲学者」の闘争である。脅かすものとは、世界的規模における文化大革命であり、ローカルには、知の権威への学生たちの異議申し立てである。

＊45　一九六八年一二月シャンピニーで開かれたフランス共産党中央委員会で採択された綱領であり、すべての中間的社会諸階級との広範な連合を謳っている。

第II章

政治の教訓

哲学者たちはいかにして王とならなかったか

そしてわたしは、言明せざるをえませんでした。正しい意味において、真実に哲学している部類のひとたちが政治上の元首の地位につくか、それとも、現に国々において権力をもっている部類のひとたちが、天与の配分ともいうべき条件に恵まれて、真実に哲学するようになるかの、どちらかが実現されないかぎり、人類が禍《わざわ》いから免れることはあるまい、と。

——プラトン*1

青年には熱狂と献身に向かう本性的資質がある。青年は行動を好み、新しさに飢え、鷹揚である。だが、こうしたきわめて豊かな資質は、あらゆる問題に自発的に取り組む能力を青年に与えない〔…〕。青年のこうした本性的資質が青年自身の幸福に資するためには、青年は確実な仕方で領導されねばならない。

——ロラン・ルロワ*2

一九六八年二月、アルチュセールの声を通し、座席のフランス哲学会会員たちの視線を集めつつ、レーニンがソルボンヌ大学に登場した。[*3] 続く五月一三日には、数千人の学生たちがもう少し無作法に、蜂起の旗を立てるために大学に入った。「階級闘争」が大学敷地内に入ったこれら二つの事態の近さをヒントに、われわれは、アルチュセール主義の政治史が演じられた空間を定義しうるかもしれない。しかし奇妙なことに、アルチュセールが哲学における「党派性」[*4]の必要を宣言したあの「自己批判」において、この政治史は完全に忘却されている。「自己批判」はアルチュセール主義の歴史を次のように描いてみせた。いわく、この主義は第二〇回大会[*5]に端を発する修正主義的な哲学傾向と闘おうとする意志から出発し、マルクス主義に科学の地位を取り戻させる必要と、「理論主義」的に偏向した「構造主義的」な時代の雰囲気とにより導かれていた。理論主義的偏向とは、マルクス主義哲学を科学的認識の生産についての理論に仕立て、マルクス主義哲学に科学の地位を与える偏向である。この科学は、己の真理性を確認する諸規範を自らのうちに保持し、そのことにより政治実践から切り離されていた。しかし『レーニンと哲学』以降、この偏向は、哲学における「党派性」という構想によって漸進的に修正されていくであろう。哲学はもはや科学の科学ではなく、政治的介入であり、諸科学に向かって階級闘争を代表し、階級闘争に向かって諸科学を代表するであろう。諸科学に対する自らの関係のなかに政治的分割線を引くであろう。すなわち、科学的諸実践を観念論的に搾取するのか、それとも唯物論的に開発するのか。かくして事態は明瞭である。「理論主義」は政治を忘却していたが、「哲学における党派性」[*6]が政治を再び司令塔の地位に就かせるのである。

この弁明的なストーリーは、しかし、たった一つのことを忘れている。『マルクスのために』と『資本論を読む』のまさに「理論主義」的言説こそが、共産主義諸組織の実践と学生たちの闘争において政治的効果を生んだのである。それらの効果は矛盾したものだった。「理論主義」は一方において、学生党員向きの科学とマルクス主義的「厳格さ」を梃子に、共産党系組織を強固にした。しかしそれは他方において、毛沢東派学生たちが同じ科学と同じ厳格さを支えに、フランスにおける最初の学生毛沢東主義組織、UJC(M-L)[*7]を創設する突破口にもなったのである。「理論主義」はたんに政治的に広く拡散した効果をもっただけではなく、共産主義学生同盟(UEC)〔前出、フランス共産党の学生組織〕の内部にもはっきりした政治的動きをもたらした。下剋上、権力の再掌握、分派形成、分裂である。そし

*1 訳注──「書簡集〔第七書簡〕」長坂公一訳、『プラトン全集』第一四巻、岩波書店、一九七五年、一一一-一一二頁〔326a-326b〕。

*2 当時の共産党の序列二位。特に知識人と青年の担当責任者。〔ロラン・ルロワ(一九二六-)はフランス共産党の書記局員(一九六〇-七九)、中央委員(一九五六-九四)、政治局員(一九六四-九四)を歴任。『ユマニテ』紙編集主幹(一九七四-九四)も務めた〕

*3 *Lénine et la philosophie*, F. Maspéro, Paris, 1968.〔ルイ・アルチュセール「レーニンと哲学」『マキャヴェリの孤独』福井和美訳、藤原書店、二〇〇一年、一三五-一八四頁〕

*4 訳注──同前、一七七頁。

*5 ソ連共産党の大会を指す。一九五六年二月、モスクワで開催された〔フルシチョフによるスターリン批判演説(フルシチョフ秘密報告)が行われ、平和共存・平和競争・平和移行の新路線が採択された。中国共産党はこの方針に反発し、修正主義として批判。六〇年代には中ソ論争に発展する〕。

*6 訳注──前掲「レーニンと哲学」一七七頁。

て六八年五月の後では、アルチュセールが理論主義批判により「五月」の現実性問題に果敢に取り組む階級闘争を遂行する一方、共産党系大学人は、大学秩序の再建に役立つものとして「理論主義」的テキスト群を振りかざしたのである。

　こうした政治的効果は、理論主義にもかかわらず生みだされたものではない。理論主義のかたわらに産み落とされたものでもない。そこにはまさしくアルチュセールの政治と、アルチュセール主義の政治があったのである。たとえアルチュセールがそこから距離を取っていたとしても、である。距離を取ることもまた一つの政治であった。いわゆる「理論主義」はひとときも政治を忘れたことがなく、それは一つの党派性であり、しかもたんに「哲学における」党派性であるのではなかった。あるいはむしろ、「理論主義」とは複数の政治的矛盾の結び目だったのであり、それら諸矛盾は、矛盾した政治的効果がありうることを規定していた。だが肝要なことは、これらすべての矛盾が結合したということであり、またこれらすべての効果が一つの概念の解釈を通じて生まれたという点にある。すなわち理論的実践の自律なる概念である。この自律宣言を通じて、さらにその論理的帰結とその政治的効果を通じて、アルチュセール主義の政治は作用していたのだ。

　アルチュセールの理論的にして政治的な企て、「若きマルクスについて」という論文が刊行された一九六一年にはじまる企ては、一つの賭けにもとづいていた。マルクスの思考を復元する理論的作業によって、共産党を政治的に変えることができるという賭けである。〈党〉のそとに政治的解法はなく（というのも共産党は労働者階級全体の、たった一つの党であったから）、イタリア共産党を引き合いに出しつつ反対派知識人の希望を代表していた自由主義的改革《アジョルナメント》に向かう〈党〉のなかにも、解法などない。

この自由主義はジダーノフ流テロリズムの裏面にすぎない。マルクス主義的弁証法を主体主義的に抑圧するという同じ原理の表現にすぎない。スターリン主義の清算が理論上の折衷主義と実践上の修正主義とならないための道が、一つだけあるだろう。それがマルクスの理論の復元だ。マルクスの理論を、新たな政治問題をめぐる議論の科学的基礎として復活させることだ。つまり必要不可欠な仕事が、「マルクスの哲学思想の探究」だったのである。[*8] 少なくとも、二〇回大会から生じた状況にも良き点はあったということを利用しなければならない。良き点とは、スターリン主義の終焉によってマルクス主義研究に開かれた、相対的に自由な領域である。そこでなら、マルクスについて再び語ることができるようになるはずだ。偉大なテキスト群に積もった埃を払い除け、おびただしい引用の周辺にあったものを読み取り、それらの引用をそれらが置かれていた理論的かつ政治的な文脈に置き直し、新たな視線で偉大な哲学者の系譜（ヘーゲル、フォイエルバッハ、マルクス）を見直し、テキスト群を裸形に戻し、施された諸々の解釈をそれぞれの来歴に帰してやることができるようになるはずだ。これを政治に背を向けた古

＊7　青年共産主義者同盟（マルクス－レーニン主義派）〔一九六六年一二月に結成。六八年六月に当局により強制解散。後継組織は六八年五月で活躍した「三月二二日運動」の活動家とともに結成された「プロレタリア左派」（GP）と、同派の方針に強く反発したロラン・カストロらの「革命万歳！」派（VLR）。それぞれ七三年と七一年に解散〕。この同盟が最初の学生毛沢東主義組織であるが、フランスにはすでに中国共産党支持を明確にする組織がいくつか存在していた。マルクス－レーニン主義サークル連合を母体とするMCF（フランス共産主義運動）とCMLF（フランス・マルクス－レーニン主義センター）である。

＊8　*Pour Marx, op. cit.*, p. 11.〔前掲『マルクスのために』二七頁〕

文書学的細心さと見るのは誤りだろう。この作業の最後の任務は『資本論』という科学的実践のなかに、あるいはレーニンの政治的実践のなかに、様々な政治問題を立てるための基礎を再発見することである。そこにおいて諸問題が定義されうる場所、それを用いて諸問題を解くことを試みることのできる道具を、見つけだすことである。問題はたんに、正しい政治的立場を認識させてくれるはずのテキスト群へ回帰することではなかった。マルクスのテキストなりレーニンの活動のなかで実践された弁証法を見つけだすことだったのだ。この点でミュリーとの論争は意義深い。[*9] 歴史家たちの遡及的後知恵に、アルチュセールは、「現時点[*10]」を規定する諸矛盾の組み合わせを政治的に決定している弁証法を対置する。当時のテキストの注記やほのめかしには、探求を支える政治的企図が感じられる。すなわちフランスにおける理論的かつ政治的な貧困にもとづいた「諸観念の諍い」(アルチュセールはしばしば「田舎者根性[*11]」と言っている)に、中国やキューバで進行中の革命の政治的合理性を対置することである。

してみると政治は忘却されていない。そうではなく、マルクス主義的政治の種別性を見つけだすための迂回なのだ。すべてが迂路のなかで行われる。理論と実践や夢と現実といった単純な対立のなかにおいて、ではまったくない。そうではなく、迂路が含む、政治に対する哲学の二重の関係において、である。このとき政治とは、出口を見つけださねばならない現在の政治(「フランス的貧困[*12]」)であると同時に、その弁証法的種別性を思考せねばならない遠方にある政治(かつてのまたは他所の諸革命)である。一切がこの二重の関係のなかで行われる。つまり、教条主義と日和見主義の対立に閉じ込められた現状の政治から脱出しようと欲するなら、われわれは解決を他所に探しに行かねばならないのだ。他所に探すとは、現に起きている革命政治の合理性をアップデートすることである。一九一七年のレーニンの合理性、一九三七年の毛沢東の合理性を。このとき政治は、経験的盲従の政治と合理的政治に分割される。しかしまた、合理的政治はその合理性の原理原則をわれわれに引き渡してはくれなかった。マルクスが『資本論』の〈論理学〉を書かなかったのと同様、レーニンと毛沢東はわれわれに、彼らの政治の論理（学）を、切れ切れにしか与えてくれなかった。哲学は彼らの実践のなかから、そこに作用している弁証法を引き出さねばならないのだ。哲学はそこに己の必要性を見いだす。すなわち、非合理な政治と、自らの合理性についてはなにも告げない合理的な政治との関係のなかに、である。一つの頑迷と一つの沈黙の関係のなかに、である。さらにこの必要性の根底には、一つの根源的な沈黙がある。大衆の沈黙である。

哲学のこうした身分は、一九六五年のあるテキストに明瞭に見てとれる。『マルクスのために』序文〔「今日的時点」〕である。そこにはアルチュセールの頭を悩ませた政治的非合理性の歴史的姿が示されているのだが、それはアルチュセールと同世代のすべての共産党系知識人にとりついた姿をしていた。ジダーノフ主義である。当時の哲学者たちには、沈黙か「プロレタリア科学」[*13]の錯乱かのいずれかしか選択の余地はなかったのである。マルクスの哲学について考慮することは、この時代経験への応答である。

＊9　« Sur la dialectique matérialiste », *La Pensée*, août 1963.〔アルチュセール「唯物弁証法について」、前掲『マルクスのために』二八三－三九〇頁。なおジルベール・ミュリーについては注34参照〕

＊10　訳注——同前、三〇九、三五二、三五三、三五八頁。

＊11　訳注——同前、三六、四四頁。

＊12　訳注——同前、三〇頁。

＊13　*Pour Marx, op. cit.*, 1965, p. 13.〔同前、二八頁〕

哲学者の自己弁明に帰着するものと政治的直観に帰着するものとを、このテキストにおいてはおそらく区別する必要があるだろう。前者については、「同輩の間に聴衆をもたなかった」[*14]「著作なき〔…〕哲学者」[*15]たちに浴びせられた侮蔑、「われわれに面と向かって、お前たちは政治屋にすぎないという非難を投げかけた」[*16]敵からの屈辱への怨嗟、「ものを知る〔…〕われわれの権利と義務」[*17]を充分に擁護できなかった後悔、といったものの喚起を強調することができるだろう。大学的名声の要求をたぶん少しばかり強く響かせているこれらすべての言葉を。アルチュセール主義の著しい効果の一つが、大学エリート集団のなかで党員知識人たちに与えた玉座であったというのはまさしく真実である。アルチュセール以降、〈党〉の知識人たちは、同輩へのあらゆる配慮を享有する。とはいえこの側面にのみ拘泥し、歴史的喚起の根底にある政治的意味を誤認することはできないだろう。アルチュセールのテーゼはこうである。史的唯物論のなかにマルクスの哲学を吸収してしまえば、それはまた、政治の気まぐれに理論を従属させることにもなる。主体主義の気まぐれに直面しては、理論のある種の退却姿勢を鮮明にするだけでは不充分であり、この退却を、科学と哲学の差異に裏打ちさせることが必要である（弁証法的唯物論なき史的唯物論は、理論を一種のイデオロギーに還元する危険をはらんでおり、「科学という資格は、あたかも最初に現れるイデオロギーであるかのように、マルクスの著作さえも覆っていたのである」[*18]）。

この分析は、それが告発するマルクス主義の倒錯に左翼主義という名称を与える。「幹部たちは、当時ルイセンコの『生物学』で危ない橋を渡っていたマルクス主義を、ブルジョワの激しい攻撃から護るために、かつてボグダーノフとプロレトクルト〔ソヴィエトにおけるイデオロギー中心の文学運動〕の合言葉であった、あの左翼主義の古い公式[*19]を再び取りだした」[*20]。すべてはここで演じられる。すなわち、

「プロレタリア科学」への公式的自己批判に「左翼主義」を見てとる感性である。すべては左翼主義的誤謬にすぎなかった、というわけである。ルイセンコとジダーノフの背後に、ボグダーノフの存在を認めなければならない。ソ連の国家理性がもたらす諸々の冷酷な厳格さの背後にあるのは、真理をまるごと歴史と政治という規準に服従させようと欲する老いさらばえた左翼主義の狂気にすぎなかった、と。このような事態に直面するや、マルクス主義哲学の自律を肯定するしか救いはないのだ。自律のための最初の作業は、政治と歴史をめぐる新たな概念を練り上げて自らを基礎づけることだろう。それが重層的決定の概念であり、歴史的時間の異質性という概念である。この基礎づけにより、左翼主義という概念を、悪しき全体性の概念として一般化することができる。哲学の自律、時間の異質性、社会的全体の諸審級の区分といったものを否定する悪しき全体性である。

論考「若きマルクスについて」から『マルクスのために』序文にいたる道程のなかに、この左翼主義という概念の構成を追っていくことができる。当初、アルチュセールは依然として『ドイツ・イデオロ

＊14 訳注——同前、三八頁。
＊15 訳注——同前、二八頁。
＊16 訳注——同前、三八頁。
＊17 訳注——同前、三〇頁。
＊18 *Ibid.*, pp. 12-13.〔同前、二九頁〕
＊19 「ブルジョワ科学、プロレタリア科学」〔同前、二八頁〕。
＊20 訳注——同前、二八頁。引用中の〔 〕は日本語訳版に付された訳者補筆。

ギー』の諸範疇のなかで考えていた。すなわち哲学の廃棄、史的唯物論の優位、イデオローグたちの幻想に抗う歴史の現実への復帰、である。「矛盾と重層的決定」〔一九六二年〕を端緒として、この「歴史」への依拠は、政治の種別性（重層的決定）の名において疑問に付されるようになった。その際の標的は経済主義である。一九六五年のテキスト群では、政治の標的は悪しき全体性の一般形態としての左翼主義となり、ジダーノフ主義の歴史的経験は、哲学の自己同一性の喪失によって特徴づけられる左翼主義的偏向の特殊形態と解されることになる。この特殊形態は、理論にかんしてはこう述べた。哲学は史的唯物論に属す一つのイデオロギーである。政治についてはこうであった。政治とは実現された哲学にほかならない。偏向の数々の現れを、アルチュセールは追跡していくことになる――真理とは一つのイデオロギー形態である（ボグダーノフ）、万人が哲学者である（グラムシ）、マルクス主義はプロレタリアートの自己意識である（ルカーチ）、一切は階級闘争において決せられる（ジダーノフ）。そして一九六三年、産声を上げつつあった学生たちの異議申し立てのテーゼのなかにも、アルチュセールは依然として左翼主義的偏向の効果を見いだしている。学生は生産的労働者であり、教師たちの知を管理せねばならない、というテーゼのなかにもである。

アルチュセールにとって本質的なことは、こうした政治的立場のいずれもが、ある単一のモデルに帰着するということである。すなわち主体主義（主意主義、歴史主義、左翼主義）モデルである。本質的なことは、この左翼主義が経済主義的な右翼偏向の別の顔として、同じ土壌の産物として、連続的で同質的な歴史の産物としてのみ現れるという点である。修正主義と左翼主義、アルチュセールにとってそれらは同じものなのだ。だが第一の敵は左翼主義である。というのも左翼主義は偏向の哲学的形態だからである。それは理論的なものを政治的なものへ還元し、一つの連続的で同質的な時間を肯定する。だから『資本論を読む』では、「左翼主義者」のグラムシとルカーチが理論上の主要敵なのだ。修正主義に対抗する政治闘争は、左翼主義に対抗する哲学的闘争を経由する。哲学的傾向にすぎなかった左翼主義が一個の政治勢力と化すとき、この原則はいくつかの政治的帰結を導きださずにはいないだろう。

ジダーノフ主義が吹き荒れた恐るべき時代を喚起することで、アルチュセールは自らの中心的直観をわれわれに示している。日々の政治における予期せざる右往左往に理論の生成が翻弄されるとすれば、また、歴史が一つの同質的環境であり、そこで言われ書かれることがことごとく史的唯物論の唯一の権威に服すとすれば、マルクス主義的政治の可能なる合理性などない。ボグダーノフからカウツキーへ、カウツキーからルカーチへ、ルカーチからスターリンへ、スターリンからガロディへと、われわれはつねに右から左へ、カリュブディスからスキュラへ〔ともにギリシャ神話でメッシーナ海峡に棲むとされる海の怪物〕、似たものから同じものへ、進んでいくだろう。ここから抜けだすには、理論を練り上げる時間が選挙キャンペーンや冷戦下の駆け引きの時間と同じものであってはならず、理論的真理の諸規範が党の規律の諸規範であってはならない。アルチュセール理論の土台の全体、彼が機能させる諸々の差異からなるシステムの全体が、この点に根づいている。諸審級の区分、各審級に固有の時間の構成、科学とイデオロギーの切断、マルクスの個人的前史に散見される左翼主義的主体主義のあらゆるテーマを拒絶する認識論的切断、等々である。この異質なもののシステムは、言わば古き悪夢の回帰に対する保障である。アルチュセールはこのシステムによって、困難な時代を生き延びた多くの知識人にとって唯一の出口を表していた単純な自由主義を免れる。だが保障は代用品でもあった。ある政治、ある時間、ある歴史から、他の政治、他の時間、他の歴史へとアルチュセールは己を差し向け、政治実践のなかに、現働状態にあるマルクス主義哲学を探しに行くのである。しかし、そこには二重の排除が代償としてともなっていた。レーニンに依拠しつつ、二重の抑圧が行われた。大衆の抱く諸観念の体系化としての政治、一つの権力の諸戦略の集合としての政治が抑圧されたのである。二重の抑圧はジダーノフ時代の分析において典型である。幹部たちの狂気——権力作動の仕組みをボグダーノフ流主体主義に帰着させる——が理論の欠如との間でもった関係のなかで、すべては演じられる。われわれの幹部たちがかくも狂っていられたのは、彼らに「理論的伝統」[*21]が欠落していたからだ、というわけである。

　かくして欠如あるいは空虚の作用だけにより、「あの時代の狂気」が説明される。「戯画化してしまえば、たった一言で要約できる時代である。ブルジョワ科学、プロレタリア科学という旗が高く掲げられ、虚空でばたばた鳴っていた」[*22]。虚空でばたばた鳴る旗という言い方は偶然ではない。それは奇妙なことに、アルチュセールが一九六三年一一月の学生ストライキのスローガン（「ソルボンヌを学生たちに」）を愚弄する言い方と同じなのだ。アルチュセールはストライキの際にひるがえっていた無数の旗について、「空《そら》のなかを、つまりユートピアのなかを、そして空虚のなかを」[*23]ひるがえっていたと書いた。イデオロギーの場所は空虚の場所であり、科学の欠落した場所であり、政治的雷雨にざわめく空《そら》にひるがえるすべてのものは必然的に、イデオロギーを充填された空虚のなかにひるがえるのである。

　だが、生物学にかんしてどれほど脆弱であろうとも、「プロレタリア科学」は物理的には脆弱ではなかった。「プロレタリア科学」の旗が空虚のなかで折れることはなかった。旗がきわめて強く風の音を響かせえたとすれば、それはスターリングラードの勝者たちの掲げていた旗や南京に向けて行軍する毛沢東の人民解放軍が掲げていた旗と同じ風にひるがえっていたからだ。つまりとりわけ「プロレタリア科学」の旗は、ストライキ中の炭鉱夫のスローガンとジュール・モック[*24]がスト鎮圧に派遣した軍の一斉射撃の音が響きあう空《そら》にひるがえっていたのである。当時のテキスト群、特に『ヌーヴェル・クリティック』第一号を再読してほしい。そこで問題とされていたのが空虚などではなく、闘いへの明白な感覚がもたらす肯定性であったことが強く感じとられるだろう。一九四八年の炭鉱夫たちによる大規模ストライキとその抑圧のすさまじさは、党の知識人たちの良心にも作用した。しかし錯乱を称える熱狂がそれを決定づけたのではない。そうではなく、ある二重の明証の生産がそれをもたらしたのだ。すなわち……

——炭鉱夫たちの世界とジュール・モックの世界の間には共通のものなどありえなかったし、まして、プロレタリア科学と、炭鉱夫たちがその遺産を継承すると宣言していた文化との間に共通のものなどありえなかった。

——階級的闘いの弁証法そのものが、諸階級を超える必然などないと主張していた。すなわち一九四五年に「石炭闘争[*25]」を引き受けた炭鉱夫たちは、一九四八年にはフランス国民に暖房を提供する必然＝

＊21　訳注——同前、三〇頁。

＊22　*Pour Marx, op. cit.*, p. 12.〔同前、二八頁〕

＊23　Lettre à Bruno Queysanne. Texte ronétypé.〔未邦訳、ブリュノー・ケザンヌへの書簡、タイプ原稿〕

＊24　ジュール・モックは社会党〔アンドレ・マリー首相時（一九四八年七月二六日－同年九月五日）の急進社会党（共和主義急進派との連立政権）を指す〕政権時の内相。一九四八年、炭鉱夫たちが組織したストライキを鎮圧するために軍隊と機動隊を現地に派遣した。

必要を拒否し、基礎的経済活動の保証を階級的闘いの上位に置くことを拒否した。彼らは自らの実践を通してこう主張したのだ。階級間戦争の上位にあるような生産の必然などない、と。なぜ知識人たちは自分の「生産」についても彼らと同じように考えなかったのか？　知識人たちは自分が真理を検証する様式の絶対的必然について自問しなかったのだろうか？　炭鉱夫たちの実践は、「プロレタリア科学」なる理念を知識人たちが受け入れるようにするイデオロギー的マトリクスを提供した。労働者にとって階級の上位に位置する生産はないのと同様、知識人たちにとって階級の上位に置かれるべき科学はない、というわけである。このマトリクスが「プロレタリア科学」を受け入れさせた。受け入れたのは、いずれにせよ知識人たちはそれを受け入れねばならなかったからである。なぜなら、彼らは「プチブル」だったからである。「プチブル」が党の権威に対置するのはただ知識人の「懊悩」にすぎず、それは「労働者階級の立場に」身を置くことに対する彼らの階級的抵抗を証している。そこでの問題は、科学あるいは「理論的文化」の「欠落」とはまったく別の問題であった。遊戯に使われたすべての駒を分析する必要があるだろう。大衆の諸観念および諸実践の体系化、組織の権力によるこれらの観念および実践の簒奪、プチブルであることの罪の意識に囚われた知識人たちが党に服従するメカニズム、そして、哲学の政治的機能（ミチューリン流生物学[*26]を救済するという生物学者たちが拒絶した使命は、哲学者たちのもとに戻ってきたのだ）。こうしたことの一切が、不在の科学と、無教養ゆえの錯乱との単純な対立図式のなかでは消滅する。この図式は言う、もし幹部たちが知っていたなら……さらに言う、この怪物たちを生んだのは理性のまどろみにすぎず、経験的歴史そのものがこのまどろみである。主体性のありか、幹部たちの錯乱と虚空にひるがえる旗の場所、喧騒と凄惨の歴史。諸水準の区別にもとづいて鮮明になった政治は、これらすべてに対立するだろう。つまり、マルクス主義的弁証法が再発見されるべきである、ということだ。一九六〇年代のフランスの現実のなかには、大衆反乱の諸観念と諸実践を体系化することによって正しい政治が練り上げられていくどんな希望もない。解決は、他所に探しに行かねばならない。そしてどうやら、「大衆」とはそれを考えれば充分であるような魔法の治療薬ではないらしい。当時のフランスの現実には、アルチュセールがはるか遠方に探しに行った脱出口を示していたかもしれない大衆の実践は、ほとんど見られなかったようである。それでもこの客観状況は、アルチュセールの企てをある種の道程に巻き込んでいった。政治的実践の合理性は実践のそとに見つけださねばならず、政治的実践がいかなる解法も示さなかった諸問題への理論的解決を、発明しなければならない。それがマルクスへの回帰であり、理論的実践の自律であり、諸審級の自律の理論であり、これらすべてが修正主義の危機に対する高みからの解決の探求だったのだ。諸審級の自律とは、大衆の自律の代替物だったのである。つまるところユートピアの新たな形象である。このユートピアはもはや、労働者たちをもてなす準備を整えたファランステールや〔エチエンヌ・カベのいう〕イカリアを描きだすことはない。そのか

＊25 実際にはこの引き受けは自発的なものではまったくなかった。炭鉱夫たちの要求（特にパージをめぐる）を放棄させるべく共産党および労働総同盟（CGT）の幹部たちが彼らを巻き込んでいったこの闘争については *Mineurs en lutte*, éd. Gilles Tautin, 1972.〔未邦訳、『闘う炭鉱夫たち』〕を参照。

＊26 訳注――イヴァン・ヴラジーミロヴィッチ・ミチューリン（一八五五―一九三五）は果樹園芸家。独自の育成法や品種改良法がルイセンコにより推奨され、「ミチューリニズム」は一時期、ソ連生物学の公式理論とされた。

わりに、現実の運動が解決策を教えてくれそうにないところで、思想家流の解決をまたしても与える。マルクスがユートピア社会主義を前思考として、つまり労働者たち自身が受け入れた搾取にまだ解決策が出現していない時期の思考として描いたとすれば、歴史をめぐるアルチュセールの理論は、おそらくユートピアの近代的形態として描くことができるだろう。もはや信じられなくなった自己解放の代替物として。だとすれば、野心に満ちた諸々の研究計画が本質的にはスコラ的継ぎ接ぎ細工しか生まなかったのも当然かもしれない。おそらく、その本質的効果はそれを表明すること自体のなかにあったのである。つまり、問題とされているのは依然として、世界変革のための武器ではなく、世界を解釈するための処方箋であった。

　だとすれば、主体なき歴史をめぐる諸カテゴリーを構成しようとするアルチュセールの省察に、特異性へのたえざる着目がともなっていたとしてもなんら驚くべきことではない。レーニン主義的政治の捉え方そのものがこの着目を経由しているのである。レーニン主義が現働状態のマルクス主義的弁証法を見せてくれるとしても、それは矛盾をめぐる特異な科学と考えられるかぎりでのことである。この科学にあっては、大衆との関係は一人の英雄の仕事の背後に完全に消え失せる。「歴史の平原に一人で立つ小柄な男」(「唯物弁証法について」)から『何をなすべきか?』の「教条主義的な小インテリ」(『ジョン・ルイスへの回答』)にいたるまで、奇妙な姿をしたレーニンが繰り返し現れる。それは、一つの政治的行為としての理論が己に向かって差し出した鏡像である。[*27] そこでは実践の定義そのものが、鏡像的関係のなかに捉われている。哲学が実践——理論的かつ政治的な——の合理性を告げうるために、実践が対象との関係によって定義される必要があり、この対象は研究者による発見というモデルにしたがって思考されうるのである。新たな領土の探検家マルクスによる発見という事態への固執、ブルジョワ・イデオロギーから解放されるために、さらに「どこかに生まれる」ことを彼に強いた偶然性から逃れるためにマルクス個人が成就した、巨大な個人的事業への固執がここから出てくる。レーニン主義者の孤独というあの驚くべき形象も、ここから出てくる。学生たちによる批判に直面するや、探求の個人主義的理解を断固として擁護した事実も、ここから出てくる。[*28] いたるところに転がっている特異性・切断・発見といったものへの着目は、五月後のテキスト群のなかにその戯画化された表現を見いだすだろう。アルチュセールはそこで、大衆の行動が万人の目にさらしたものを、自分の探求過程において偶然発見し

*27 Cf. « Sur la dialectique matérialiste », *La Pensée*, août 1963, p. 17〔前掲「唯物弁証法について」三一一頁〕. *Réponse à John Lewis*, p. 63.〔前掲『歴史・階級・人間』八一頁〕

*28 「労働のなんらかの集合的形態がひょっとして発見への障害をなしているかもしれない、とあらかじめ問うこともなく（これは時折見かける事例であり、そのなかに誰もが囚われている圧倒的重圧としてのイデオロギー的幻想を解明し、批判することのできる新たな科学的認識が問題となるときには、一般的に見られることである――こうした条件において、マルクスは必然的に孤独だったのであり、レーニンは例えば『四月テーゼ』のころ、必然的に孤独だった。そしてエンゲルスも『ゴータ綱領批判』刊行の時期には必然的に孤独だった）、学生たちの集団を足で立たせること〔…〕――これは大きな努力を落胆させる幻滅のリスクを冒すことである」（« Problèmes étudiants », *La Nouvelle Critique*, janvier 1964, p. 87.〔未邦訳、「学生問題」『ヌーヴェル・クリティック』一九六四年一月号〕）。ここできわめてよく見てとれるのは、アルチュセールがどのように経験的考察（最低限の基礎なしに共同の探求作業を組織する困難）から哲学的テーゼへと飛躍するのかということである。すなわち誰もが幻想のなかに存在し、解決はただ理論における英雄たちからのみやってくるというテーゼへの飛躍である。

たふりを装い、まるで危険な仮説でもあるかのように提示している。国家のイデオロギー装置としての学校の機能である。これらすべてのテキストを通して見えてくるのは、大衆の創造的な行動をすべて抑圧する傾向とも関連するが、一種の理論的ヒロイズムである。すなわち大衆が歴史をつくりだせるのは、英雄たちが歴史の理論をつくっているからだというのである。

錯乱の政治と明晰な政治がこのように二重写しとなって、切り離された諸要素が結合しあうはずの政治的実践に、つまりアルチュセール主義の政治的介入に、ある種の地位を与えた。狡猾という地位である。アルチュセール主義の論理は、政治的判断の一種の停止へといたりつく。政治的諸問題を解決するにはまずそれらの問いを立てる仕方を学ぶ必要があり、理論の自律した時間をもつ必要があった。しかしまた、古いデカルト主義の定式を用いるなら、たとえ判断において宙吊り状態にあっても、行動においては未決断状態にとどまっていてはならなかった。暫定的な道徳が必要なのである。[*29] 党がとってきた様々な立場が正しかったのかどうか、われわれは知らない。われわれはそれらが正しくなかったのではないかという疑いを抱いている。しかしわれわれは、自分がそのことをいまだ知るものではないと見積もった。ここからアルチュセール主義の処方する解決が出てくる。アルチュセール主義を政治闘争で試そうとするアルチュセール派の人間も、その策を採用した。つまり党の立場を、正しいからではなく、党の立場であるから擁護する、という策である。またつまり、党の立場を擁護するが、それらを正当化しないし、理論的に基礎づけようともしない、という策である。このような態度は言ってみれば、党員知識人たちのかつての態度を転倒させたものだった。かつての党員知識人たちにとって、政治は確信の領域を代表しており、理論は不確定で二次的なことがらを代表していた。そして党は彼らを、理論の平面、知的活動の平面で共謀させねばならなかった。知識人たちは、政治的確信の行く末を知的活動とは切り離したのである。プロレタリア科学の聖歌隊員たちは、自分の目には正しさが自明である政治に奉仕するため、自分が怪しいと考える理論化作業に身を投じたわけである。ところが、アルチュセール主義とともに事態は逆転する。政治闘争の正しさにかんするいかなる自明性も、もはやなくなったのである。アルジェリア戦争――それとの闘いがわれわれを共産主義学生同盟（UEC）へと導いていった[*30]――が終わったとき、ド・ゴールのフランスが無風状態にあるなか、党はわれわれに、選挙日程とランジュヴァン゠ワロン計画[*31]を実施させる闘いしか提示しなかった。以後、唯一の確実性は理論の側に属することとなり、われわれと党との関係はもはや闘争の実定性によっては維持されなくなった。われわれと党との関係は、暫定的道徳の次元の問題となったのである[*32]。

＊29　訳注――「暫定的道徳」はデカルト『方法序説』第三部に出現する。

＊30　訳注――アルジェリア戦争に社共両党は賛成したが、UECは途中から党執行部の方針に反対し、UNEF〔フランス学生連合〕とともに戦争反対の立場をとった。

＊31　フランス解放〔終戦〕のころ、共産党の影響力が強く、物理学者ポール・ランジュヴァンと心理学者アンリ・ワロンが代表を務めた政府機関「国民教育改革研究委員会」が起草した計画。

＊32　これらの言葉の曖昧さを少し訂正する必要があるだろう。この狡知は変装した敵対者たちによる偽装ではなかったし、この暫定的道徳は打算的待機主義ではなかった。それは政治の現実的二重化であった。要するに、闘争の実定性が欠けていた代わりに、「労働者階級の党」の実定性と、党と合流するために踏破すべき道の実定性があったのである。

とはいえ、理論的企てが政治的効果を長期にわたって生産しうるには、その権利を承認させる必要がある。党の指導機関に受け入れさせる必要がある。ところが根本的なところで、共産党にはアルチュセールの企図に対し好意的にふるまうどんな理由もなかったのである。「マルクスに帰る」必要があるという理念は相当に胡散臭いものであり、マルクスをそのブルジョワ的解釈者たちから奪還するというだけでは、それを正当化することはできなかった。党において認められた理念によれば、マルクスの思想は政治的経験と労働運動の文化にすでに受肉されているのである。マルクス主義の理論的権威は「労働者階級の党」の政治的権威のなかに吸収されている。自律した地位をマルクスのテキスト群に与える理由はないのであり、マルクス主義哲学に少しばかり自律した地位を与えようと望んだルフェーヴルのような人たちは、その点にかんして、英雄時代にすでに自己批判していた。一九六〇年代、マルクスに回帰するというのは党に復帰した者たちのことを指すのか、それとも、党の外側から、哲学上のマルクス主義をマルクス主義の政治的体現者と対立させようとする者たちのことだった。マルクスへの回帰が意味しえたのは、党の政治的権威とは異なる権威への依拠にすぎなかった。党の権威に満足していない者たち以外のいったい誰が、マルクスへの回帰を必要とするのだ？　党の知識人たちに割り振られる役目は、伝統的には三つの領界に属していた。同輩たちに役立つよう党の政策を正当化すること、マルクス主義的方法の卓越性を彼らの領分で説明すること、彼らの知的栄光によって党に威信を与えること、である。労働者たちに彼らの実践に必要な哲学をもたらす、などという傲岸は問題外であった。労働者階級内部への意識性の「注入」というカウツキー理論は認められていたにせよ、過去のものとしてそうであったにすぎない。自然発生性への批判は組織の必要を理屈づけたわけだが、知識人がもたらす科学の必要とは関係がなかった。カウツキー・テーゼは当時、UEC指導部に利用されていた。彼らはカウツキーのテーゼに依拠することで、政治的自律の意志、党の政治的立場を自由に討論する意志を根拠づけていたのである。党がアルチュセールの企図を受け入れるには、それがUECの企てとは一線を画しているものでなければならなかった。そしてそれ以上に、アルチュセールの企図がまさしくこの種の悪癖への批判として出現する必要があった。

ここで二〇回大会がもたらした効果という点に戻らねばならない。この効果は、アルチュセールが言及していないもう少し込み入った政治ゲームを規定しているからである。真の批判なしに行われたスターリニズムの放棄は、必然的に一連の自由主義型諸要求（複数政党制、分派する権利、自由に研究する権利）や近代主義型のそれら（旧弊な教義を揺さぶるべし。新たな現実を考慮に入れるべし、とりわけ労働者階級の変容を。イデオロギーの新たなスタイルが必要である、云々）に道を開いた。平和共存および社会主義への平和的移行にかんして提出された新たなテーゼ群は、それらを怪しい方向に理論化して基礎づけようとする者たちを勢いづかせた。フランス共産党はソ連のテーゼ群（「個人崇拝」批判、平和共存、社会主義への平和的移行）を、それらを深めようともそれらについて討議するリスクを冒そうともせずに導入しただけになおさら、理論的かつ政治的な迷走に直面することになった。自らが取ってきた政治的立場を理論化することへのこの拒否により、党は恒常的な放埓の危険にさらされていた。より精確に言えば、修正主義はそれ自体のなかに、党を解消させる二重の芽を抱えていたのである。まず、「社会主義への平和的移行」を理論化し、そこから政治的帰結を引き出そうとした人々による、右からの解消である。これがUECの「イタリア派」指導部たちのケースである。彼らは、平和的移行にかんする深い分析を行わねばならないと言っていた。そこからあらゆる実践的帰結を引き出さねばならない、と主張していた。マジョリティを説得する手段をもたねばならず、彼らを党に結集させねばならず、そのためには、全員が犠牲者である共通の疎外のイメージを彼らに見せねばならない、と。一切の「教条主義」を捨てよ。人々は人々がいるところに探しに行かねばならない。ヒューマニズムと疎外克服にかんするマルクス主義的テーマを活用せよ。獲得すべきマジョリティを恐怖させる共産主義の不快な顔を破壊し、「大衆組織」にもっと自律性を与え、党内に政治問題を自由に討論する場を設けよ。

この「右への」逸脱（カーンとフォルネルの「親イタリア路線[*33]」、さらに後にはガロディのヒューマニズム）はそれ自体として厄介であっただけではない。フルシチョフの諸テーゼから帰結を得ようとしたために、この逸脱が左翼的反発を生むのは必然だった。それが修正主義批判である。この批判は、中国共産党によって公然となされたソ連修正主義批判をよりどころにすることができたし、学生運動の場では、新たな「質的」諸要求と党の大学政策の間の抗争が、批判の裏側にはあったろう。修正主義それ自体のなかに、特に知識人たちの間に、党を解消させる二重の効果があったのである。そして党は、この動向に抗う理論的武器をほとんどもち合わせていなかった。ジダーノフの旧弊な教義はもはや使えない。教義を再び発明しなければならない。

このような状況が、アルチュセール主義に場を与えたのだった。ジダーノフ流軽機関銃に代わる防護柵を置く新たな正統教義の場である。それは「イタリア的」渇望と教条的に対立するものではなく、そこに含まれている哲学を批判した。もはやスターリンの言葉にではなく、マルクスのテキストに依拠した正統教義である。アルチュセール的迂回は党の政策を理論において基礎づけることを禁じていた。しかし精確に言えば、そもそも政治を基礎づけようとはしていなかった。政治の基礎づけなど、やりすぎに終わるほかない問題であった。問題は、党の政治への異議申し立てをできなくすることだったのである。アルチュセールの企図が党に奉仕しうるのはまさしくここである。彼の企図が論証したのは、性急な理論化がはらむ危険、帰結を引き出す前に問題を立てる仕方を学ぶ必要性、マルクス主義を「近代化する」ことを望んでブルジョワ・ヒューマニズムの諸傾向を復活させるリスクだった。

だが、アルチュセール主義にこのような政治的利用法があると党機関の一部が気づくには、一定の時間が必要だった。アルチュセールの企てが党の知識人部局の者たちに引き起こしたのは、まずは困惑であった。ベス、ガロディ、そしてミュリーらのアルチュセール批判を見ていると、[*34]問題に与えるべき意味にかんして彼らがどこか躊躇しているのに気づく。現在から振り返って強調しておいてよいのは、アルチュセールの企てに対するもっとも強い反応が、やがて党にとって異端となるヒューマニスト、ガロディとマルクス－レーニン主義者ミュリーからもたらされたことである。つまり、党は自らの実践について理論をもつべきであり、その理論を実践するのも党である、と考えていた人間たちからである。し

*33 一九六二年から六四年にかけてUEC書記長を務めたアラン・フォルネルの次に同職に就いたのは、『クラルテ』〔一九五六－六五年まで発行されていたUECの機関紙（その後名前を変えて発行は継続される）〕前編集長ピエール・カーンである。

*34 ギィ・ベスはフランス共産党中央委員会メンバーの哲学者。ジルベール・ミュリー〔一九二〇－七五〕はマルクス主義研究センター所長で、一九六六年、親中国派として共産党から除名された。

かし彼らは当時、同僚たちの共通見解をいっそう強調することしかほとんどしていない。党機関の一分派がマルクスへの回帰と「理論的なものの自律」のもたらす利点に気づくのは、特に一九六五年以降のことであり、われわれの行動がUECの只中で後に見る効果を生みはじめてからのことである。ギィ・ベスと『ヌーヴェル・クリティック』の若い編集部に代表されるこの分派は、ガロディのヒューマニズムがはらむ危険と、厳格なマルクス主義に回帰することの効用に気づいた。知識人たちの間で党の権威を復活させるには、ガロディ流ヒューマニズムの見え透いた企てが危地に陥れている「マルクス主義」の顔を塗り替えねばならない。さらに知識人たちには、彼らを惹きつけ党にとどまらせるにふさわしい自由と討議の領野を与えねばならない、と。[*35]

一九六三年一二月には、いまだこのような同盟が結ばれるにはほど遠かった。だがまさしくこの日付で、二つの出来事、理論と政治の二つの出会いが、アルチュセールの歩みをその方向に曲げたのである。理論の一般的利益と党の個別利益とを和解させる理論的目標を、アルチュセールに選択させたのである。彼の論考「唯物弁証法について」に対して浴びせられた攻撃、そして左派学生自治会と党の抗争である。

この論考でアルチュセールは、中ソ論争が熾烈をきわめていた時期に、あえて長々と毛沢東に言及しただけではない。彼はとりわけ「矛盾の移動」[*36]という概念を強調した。中国の共産主義者たちが、「暴風域」の被抑圧人民による反帝闘争を前面に押し立てていた時期に、である。この情勢との関連でリュシアン・セーヴ[*37]がアルチュセールの論考を問題視し、アルチュセールは『パンセ』（同論考掲載誌（一九六三年八月号））編集委員の前で弁明を余儀なくされる。その抗弁は、やがてアルチュセールの修辞に頻繁に見いだされるようになる転倒の仕掛けをすでに働かせていた。いわく、自分の理論的立場と中国人たちの政治的議論の間にはなんの関係もない。セーヴがこの関係を信じたとすれば、それはセーヴが中国人たちのぺてんに引っかかったということである。論考において私は、『矛盾論』に含まれているマルクス主義的原理を発展させたのであって、中国人たちのほうは、そのマルクス主義的原理を適用したふりを装っている。彼らは政治的推論を行っているだけなのに、そこに科学的証明であるという幻想を付与した。[*38] セーヴは罠に嵌ったのだ。彼は経験的政治しかないところに理論的なものを見ている（アル

---

*35 この政治は成果を得た。すなわち五月以後、『ヌーヴェル・クリティック』から「解放された」知識人たち（ジッセルブレヒト、プレヴォ、ヴェレ）が、ヒステリックな反左翼主義と大学秩序再建のもっとも熱心なイデオロギー的補佐を務めたのである。彼らは政治との関係においてある種の自由を党内で獲得し、目覚めた学生たちの能天気な要求を受け入れる姿勢をまったく見せなかった。理論活動を政治問題に従属させよ、という要求である〔クロード・プレヴォはフランス共産党系の文芸批評家。様々な党機関紙誌で文化欄を担当した。一九九二年没〕。

*36 訳注――前掲「唯物弁証法について」（三五九頁）では「置換」と訳されているが、ここは同論考をめぐる「査問」の詳細をたどった市田良彦「解説――理論主義と真空の概念――『マルクスのために』の頃のアルチュセール」（前掲『マルクスのために』所収）により「移動」（同前、四九六頁）とする。

*37 リュシアン・セーヴ（一九二六－）は哲学者、フランス共産党中央委員会メンバー。

*38 Cf. les extraits publiés par Patrick Kessel, *Le Mouvement maoïste en France*, U. G. E., 1972, pp. 64-66.〔未邦訳、パトリック・ケセル『フランスの毛沢東主義運動』（一九七二年）所収の抜粋を参照（このテキストは同書初版に収録されたものの、アルチュセールからの抗議により、再版以降は削除された。しかしその後、「批判に答える」というタイトルで、アルチュセール『哲学・政治著作集Ⅱ』〔市田良彦・福井和美ほか訳、藤原書店、一九九九年〕に収録された）〕

チュセールによるマルクス読解の本質的な部品である失態 *bévue* という概念の語用論的起源がここにある。理論的言説がはらむ政治的含意を否認しようとして、彼はそれを用いたのである)。

このようにアルチュセールは、君は毛沢東派ではないのかという嫌疑に、毛沢東理論と毛沢東主義的実践とを切り離すことで応えた。だが彼が受けた譴責処分は、彼の目標選択を一つの決まった方向に導いていかざるをえなかったはずである。すなわち、理論の(したがって合理的政治の)長期的利益を党の直近の利益に一致させるという方向である。理論的関心と、党の政治が生み出した壊滅的効果に対する闘争とを一致させるという方向である。この点において、戦略的大構想と戦術的計算は一致可能となるだろう。例えばヒューマニズム批判である。戦略的に言えば、アルチュセールにとってヒューマニズムとは政治的主体主義の一形象であり、それに対抗して彼は理論の復権を望んだのだった。マルクス主義的ヒューマニズムと青年期マルクスからの数々の引用は、理論の抑圧とジダーノフ的錯乱に多大なる貢献をしたのである。しかしこの批判は戦術的には、一部の党内知識人に見られる「右翼的」ヒューマニズムへの批判として受け入れられる体裁を取っており、右サイドへの党の解消に抗う武器であった。この戦略‐戦術のゲームは、アルチュセールによる救済の企てをある逆説的な立場に置く。病人を救うために病気を救わねばならない医者の立場である。政治的実践(アルジェリア戦争、中ソ論争、学生闘争)が知識人における修正主義の権威に傷をつけ、傷口を広げつつあったときに、理論は傷口を埋めてやり、病がもたらす客観的崩壊効果を妨げる必要があった。病の名は少しずつ明らかとなっていく。修正主義である。下のほうから期待すべきことはなにもなく、解決は理論の医学を経由していたから、病の効果を防ぎながらも病そのものは維持する必要があった。[*39] それが、病と医者の連帯が出現するという逆説である。そこにはたんに医者の利益があるだけではなく、それ自体が医者の「病」でもある。マルクス主義の語彙で分かりやすく言い換えれば、教育者の教育が「病」の正体である。[*40]

それが「病」であるのは、この逆説においてこそ連帯が結ばれていくからである。アルチュセール派がどんな変革よりも重視した教育においてだ。この教育は大学教育と党の活動家教育という二重の教育に結びついており、そこにおいて医者と病は連帯する。その点を、学生たちの最初の異議申し立てが様々なかたちで教師たちに突如突きつけたことがらは問題にしていた。理論が共産党幹部たちの政治との事実上の連帯を遂げる様子は、一九六三年末の学生問題におけるアルチュセールの立場設定のなかに見てとれるだろう。彼はそのとき、左翼自治会派を攻撃したのである。[*41] この立場設定が表明されるテキスト「学生問題」は、情勢への政治的介入を目論んではおらず、苛立ちや日和見主義をその特徴としている。しかし、アルチュセールが厳密な意味での政治的介入を果たしたのは唯一このテキストによってのみであるという事実が、テキストの決定的性格をすでに充分示しており、テキストは、アルチュセー

＊39　後に「理論的なものの自律」そのものが修正主義の権威に傷口を開けたとき、理論は自分がもたらした効果を妨害する必要があった。アルチュセール主義の働きはこのとき、ペネロペの織物〔絶えず行っているが決して完成しないものの意〕と化した。すなわち、おそらく最初からヴィジョンが決まっていた作品である。そのヴィジョンは大衆ならぬ英雄たちによる解決を期待していたのだが、英雄の不在ゆえに、ことは自称英雄たちの利益にしかならなかった。

＊40　訳注——マルクスの「フォイエルバッハ・テーゼ」第三に出てくる。

＊41　« Problèmes étudiants », *La Nouvelle Critique*, janvier 1964.

ル哲学が自発的に党の政治と合流する微妙な点を暴きだしている。左翼自治会派を攻撃するという介入は、たんに学生活動家集団こそ、先述した崩壊効果をもっとも明瞭に示した集団であったという事実によって正当化されていたのではない。効果の本性そのものが、その「悪しき」側面、左翼主義の側面を攻撃するアルチュセールの企図を告発していたのである。教育者たちの知およびこの知が既成秩序の維持と結びついている点を告発することによって。知識人共同体のなかに新たな分割要因をもち込むことによって。すなわち、知の生産者と消費者という分割である。

アルジェリア戦争は終わった。党の意に反して学生たちを街頭反戦闘争に動員すべく挺身していた学生党員たちは、このとき事実上、ある種の独立性を獲得した。UECの「イタリア派」指導部が独自綱領を作って認めさせようとしていた独立性である。だが戦争の終結は、学生自治会運動を新たな道に入らせることにもなる。フランス学生連合(UNEF)やUECのなかで反戦闘争によって鍛え上げられた左翼学生は、獲得された力を独自の闘争を遂行するために利用しようとした。経済的諸要求に限定された自治会運動と、他人の闘いへの支持に限定された政治との対立を超えようとしたのである。学生の労働という問題を立て、知の獲得の諸様態およびその目的を問おうとした。この路線はとりわけUEC内「左翼自治会派」のものである。そこで告発されたのは以下のことがらであった。ブルジョワジーの未来の補佐官を育てる大学的知の最終目的、この最終目的と結合した知の伝達諸形態(「教育的関係」)。言い換えると、学生の従順を習慣化する、教授が喋るだけの講義。さらに、学習作業における個人主義(UNEFはそれに対して、「大学学習集団」〔GTU〕による集団学習を対置した)、そして試験の恣意性。大学生の置かれた状況は総じて、学生特有の疎外や依存といったカテゴリーにより把握された(教育上の依存が家族に対する経済的依存を強化する）。このような援助状況への告発に呼応した要求が、学生に賃金を、だった。この要求は共産党が求めた、恵まれない学生たちのための奨学金とは対立した。

　こうした熱望の数々を今日再評価することはほとんど重要ではない。そこに六八年五月の先駆を見てとるのも、いささか性急だろう。それらは当時、大衆運動のはじまりというよりは、学生自治会運動の専門家たちによる模索であった。彼らの言葉づかいが混乱していたというだけではなく、体系化されてみれば、諸要求はかなり改良主義的だった（当時、対抗プランや「オルタナティヴ」といったイデオロギーはイタリアから輸入されたばかりで、特に統一社会党[*42]〔ＰＳＵ〕がそれを真似ていたのだが、ある種の威光を放ってはいた）。とはいえそこではある重要なことがらが生じており、それがアルチュセール主義――そして他の諸イデオロギーもまた――を「構造主義」と呼ばれたもののほうに方向転換させることになるだろう。知識人世界におけるある崩壊のはじまりである。新たななにかが賭けられていた。問題はもはや、相互に対立する見解と実践をもった知識人どうしの対立（教師と学生の対立）ではなく、知そのもの、その伝達諸形態、そこに含まれる権力諸関係であり、そうした権力関係と、階級的搾取と抑圧の再生産を調整する権力関係の結びつきだった。学生の闘いが、民衆の正義と自由を求める左翼知識人たちの大らかな闘争に自らを同一化していた時は去った。大学内に投げ込まれた権力関係が発見され、進歩

＊42　統一社会党はフランス社会党ＳＦＩＯ（労働者インターナショナル・フランス支部）からの左派の分裂により結成された。この時期、資本主義の新たな諸形態に左翼とマルクス主義を適合させることを目指した分析が大量に出回っており、統一社会党はこうした動向を牽引した。

派知識人の前線は、知の生産者と消費者の対立に引き裂かれたのである。おそらく「構造主義」のイデオロギーは、それに敵対する者たちがこのイデオロギーと関連づけたド・ゴール的「テクノクラート支配」よりも、この崩壊のはじまりに関係していただろう。知の大学的交換の諸規則が、相互にたいした関係などないばかりかそもそも「構造」ともたいして関係がなかった諸々の問題構成（フーコー、ラカン、アルチュセール）をいかに通じ合わせたかを調べれば、そこには、崩壊に直面したある種の大学「エリート」の反応が確認されるだろう。他の諸々の構造的決定因とならんで、である。人間の死、シニフィアンの法則への主体の服属、生産諸関係による主体の演出、科学とイデオロギーの対立、といった当時盛んに論じられた主題は、ある種の仕方で、終わった戦争（アルジェリア戦争）を反映していたのである。その終わりとともに終わった、政治と格闘する知識人の古い諸問題（知的責任、知識人の政治参加、歴史証言）もまた。それだけではない。政治が新しい形態を取って現れた、ということもまたそこには反映されていたのである。知の問題、知の権力の問題、そして知と政治権力の関係といった問題に現れていたのは、新しい形態の政治だったのだ。それは、知識人たちの間で繰り広げられる「内戦」の先触れであり、この戦争においてはもはや、参加すべきかどうかは問題にならないであろう。

　この理論‐政治状況は、左翼自治会派に対するアルチュセールの介入によって結晶化されることになる。介入を引き起こしたのは二つの出来事である。一つは文学部学生連合[43]（ＦＧＥＬ）が推進した一九六三年一一月の学生ストで、そこでは特に「ソルボンヌを学生たちに」というスローガンが唱えられた。もう一つはＦＧＥＬ書記ブリュノー・ケザンヌによる高等師範学校（ＥＮＳ）でのブルデューとパスロンのゼミ第一回への介入である。[44]学術における権威主義的分業を助長している高等教育機関を研究しようという社会学研究はいったいどんな政治的意味をもつのか、とブルデューとパスロンに問うたこの介入に、アルチュセールは己の敵を再発見する。左翼主義である。政治への科学の従属、無知な政治家による研究者への攻撃である。知の特権に対する学生の異議申し立ては、アルチュセールにとって、プロレタリア科学の蒙昧主義を再開するものだったのである。これに対しては単刀直入に、対象の科学的認識はその対象の政治的変革とはなんの関係もないと断言する必要がある。[*45] 長期的視点で党の権威から戦略的に身を守るためには、同じ権威に奉仕するという戦術的介入を即座に行わねばならない。だからアルチュセールは『ヌーヴェル・クリティック』のために「学生問題」[*46] という論考を書き、左翼自治会派

*43 フランス学生連合（UNEF）内の組織。左翼自治会派の党員学生が推進。

*44 訳注——ジャン＝クロード・パスロン（一九三〇-）は一九六〇年代にブルデューと共著で『遺産相続者たち』（一九六四年）や『再生産』（一九七〇年）を刊行。パリ第八大学（ヴァンセンヌ）設立にも中心的に関与した。このゼミは、ブルデュー『教師と学生のコミュニケーション』（安田尚訳、藤原書店、一九九九年。原著一九六五年）のもとになった。

*45 「大学の構造（そのあらゆる含意における）にかんする科学的（理論的）実践（すなわち探求）は、いかなる場合にも、他の形態の実践とは混同されえない。そうした混同を行えば、理論的にも政治的にも重大な誤りを犯すことになるだろう。たとえ対象を同じくしても、とりわけ自治会的、イデオロギー的、政治的な実践とは混同されないのである。後者の実践は具体的対象を変化させる実践である」（Lettre à Bruno Queysanne, *doc. cit.*）。ある対象の認識はその変革から独立している。少し「教条的」なこのテーゼは、「理論主義」批判によって傷つくことはなかった。

*46 « Problèmes étudiants », *La Nouvelle Critique*, janvier 1964.

のスローガンに抗って党の諸要求（奨学金、施設の充実、「学生賃金」への批判）を擁護したのである。介入の目標は階級的分割線を移動させることだった。知の諸形態から、科学かイデオロギーかという知の内容へ、である。そこへ移動させて、内容批判を「知っている人々」の手に委ねること。そこへ移動させて、教育関係の基本を「知っている」と「知らない」の間に置くこと。この二重の目標は、階級的視点から教師の知を批判しようという学生たちに、唯一の道しか残さない。同僚教師となることである。

後述するが、「六八年五月」の直後、私はこのテキスト（「学生問題」）を分析した。ここではそれを蒸し返すまい。私はただ、アルチュセールに唯一のこの政治的介入の決定的意味を記しておきたい。それは理論活動に比べてマージナルな介入というわけではなく、たんに理論を政治に応用したというのでもなかった。ケザンヌへの応答のなかで表明されたアルチュセールの見解によれば、テキストに賭けられていたのは「ナンバーワンの問い」、すなわち理論的実践の基礎そのものであった。そして実践においては、この介入こそ、政治的影響力をもつイデオロギー上のアルチュセール主義――理論的かつ実践的な――を構成したのである。その時点までは少しばかり謎めいてマージナルだったアルチュセールの企てを、この介入は一つの政治たらしめた。この政治こそがアルチュセール主義に体系的な相貌を与え、『パンセ』に掲載された諸論考において開かれ、未決のまま残されていた探求を、一挙に正統教義の地位に就かせた。一九六四－一九六五年のテキスト群が正統性の担保である。「マルクス主義とヒューマニズム」（『マルクスのために』所収）、「理論、理論的実践、理論形成－教育」[*47]（未邦訳）、『資本論を読む』、『マルクスのために』序文、「史的唯物論と弁証法的唯物論」（未邦訳）、である。この政治的介入は、（ブルジョワ的）イデオロギーに対する（革命的）科学の闘争における一大テロリズムの役回りを演じたのだ。その歴史的負荷は、理論が下す布告と党機関の利害を固い同盟関係に結ばせたことに尽きるものではない。その負荷はこの同盟を超えて、権威的左翼主義とでも呼べるものの未来を拘束したのである。長期的に見れば、そのもっとも決定的な効果は、党指導部に救済の手を差し伸べたという直接的効果ではなく、介入が反修正主義左翼を分裂させたという、より長く続く効果だった。この介入は、何度も繰り返される一つの分裂に原理を与えた。若者たちの「プチブル」的反乱スローガンと、マルクス主義学者と「プロレタリア」党建設者たちの賢明な政治の間の分裂である。後になって「科学」の警察の仮面が剝ぎ落とされると、事態は別様に呼ばれるようになるだろう。もはや「イデオロギー」一般ではなく、プチブル・イデオロギーが語られるようになり、もはや「科学」ではなく、マルクス－レーニン主義やプロレタリア・イデオロギーが語られるようになるだろう。だがメカニズムは同じままである。反乱スローガンを、知識人集団が代表する審級の名において際限なく検閲するのである。どんな権威であっても受け入れさせる新たなメカニズムが作り出された。

アルチュセールの用心深さを理論警察に変えたこのメカニズムは、「ユルム・サークル」[*48]中枢にいた

＊47 訳注――理論形成－教育 formation théorique。この未刊行テキストでは、「理論を形成する former」ことと、「理論」を身につけた活動家を「育成する former」ことの二つの意味が同概念には込められている。

＊48 ユルム通りの高等師範学校で結成された党員学生サークル。ここでの問題はこのサークルの来歴あるいは毛沢東派学生運動の前史を語ることではなく、ただアルチュセールのいくつかの観念が政治的に作用していた仕方を示すことである〔通称「アルチュセール派」と言われるこのグループは一九六六年四月にUECを脱退し、一二月に青年共産主義者同盟（マルクス－レーニン主義派）UJC（M－L）を結成する〕。

われわれの政治活動によって実戦配備された。アルチュセールの論考こそ、支配的ムードとなっていた折衷主義に抗ってマルクス主義的厳密さを復活させるため、われわれのうち何人かがUEC内政治抗争に関与することを決定づけたのである。他の多くのサークルと同様、アルジェリア戦争末ごろから、「ユルム・サークル」は若干の行き詰まりを見せていた。サークルに再び活を入れるための政治方針を、われわれは今や手にしていた。イデオロギーに抗して科学を擁護するという政治方針である。

アルチュセールの企てについてと同様、この闘争にかんしても一つの縮写版を提供できるだろう。学生貴族主義の単純なイデオロギーをそこに見てとってもいい。われわれの教師たちは、つまるところ自分の後継者であるわれわれを、しかるべき敬意を払って遇してくれており、われわれには「教育関係」に文句などつけようはずもなかった。われわれは長い競争の日々で鍛えあげられた超難関選抜試験の合格者であり、個人主義批判や集団学習の要求など文盲の夢想ぐらいにしか考えたことがなかった。学生労賃なるものの理論的不条理を証明するための論拠には事欠かなかったし、高等師範学校生としてもらう給与[*49]がわれわれに理論的問題を突きつけることもなかった。高等師範学校生の労働力再生産費用が特に高いのは、科学に適ったことだと判断していたのであろう。ENSで快適に暮らし、あらゆる懸念から自由であったわれわれは、『クラルテ』に掲載された学生たちの「日常生活」の貧困についての描写をからかうのに絶好の立場にあったわけだ。これがわれら特権階級のありようであり、この状況がわれわれに、科学を唯一の重大事とすること、それ以外のすべてを捨て去ること、学生たちの学業上、経済上、性生活上のちょっとした貧困を幻想領域に捨て去ることを許してくれたのだった。われわれの言葉づかいでは、それらを指すには一語で足りた。すなわち、体験 *vécu* である。

だがこのような分析は、ゲームの駒の精確な配置とわれわれのイデオロギーに特有の矛盾を無視しているだろう。われわれは大衆運動に向き合っていたのではなく、われわれと同じ理論家たちの運動に直面していたのであり、GTUを、という要求がよりどころとしていた社会心理学には、「ヒューマン・リレーション」を導入しようとする企業の回しものではないのかと勘ぐって当然のところがあった。「日常生活」というイデオロギーのなかに、学生大衆の渇望の反映よりも、耽美主義的大ブルジョワのロマン主義を見てとる根拠なきにしもあらず、であった。「イタリア派」幹部たちが利用した政治的大論争は、活動家大衆のことなど眼中になかったのである。そのため、活動家の理論教育を、というアピールは民主主義的要求として機能した。論争の主役たちの権力を弱め、すべての活動家に討論上の武器を与えるのに適していた。『クラルテ』の編集方針（「学生のロマン主義的側面をことごとく反映すること」）に対するわれわれの怒りには、党知識人の言説は現実の反映とは異なるなにかであるべきだという要求があった。現実を変革する武器たるべし、という要求である。

「体験」に対するわれわれの敵意はまた、次のことも意味していた。知識人の機能とは世界についての意識や世界の反映であることだ、とする無力化イデオロギーに対する闘争である。われわれが当時、実存の哲学のなかに感じとっていたのはこのイデオロギーである。同伴者イデオロギー、あるいは世界の

---

*49 訳注――高等師範学校（ENS）をはじめ、フランスの「大学校」（グランゼコール）の学生は国家公務員として位置づけられ、給与と寮が保証される。高等師範学校の寮は学内にあり、アルチュセールも校舎内の、本来は常駐看護師の居室兼保健室として使われるはずの部屋に住んでいた。

曖昧さを証言せよと求めるイデオロギー。われわれはアルチュセールに、知識人に別の役割を与える原理を見いだした。その役割はもはや文化的消費活動でもイデオロギー的反映でもなく、その原理によれば、知識人は世界の変革に知識人として、現実的に参加することができるのである。おそらくそうであるからこそ、五月の反乱が炸裂したときアルチュセール派は揃って反乱の流れに逆らい、逆に、潮が引いていくことを告げる喇叭《らっぱ》がいたるところで鳴り響くようになると、何人かのアルチュセリアンは引き潮の流れに逆らった。一部では不易の秩序の哲学と見られていた「構造主義」は、むしろ、現実に対する知識人の新たな権力の探求であった。しかしこの探求は、われわれの実践が帯びていた大学人イデオロギーのなかに閉じ込められたままだった。この権力をわれわれは「科学」のなかに見いだしたのであり、それゆえわれわれには、知の権威へのどんな異議申し立てにも反対するほかなかったのである。「理論主義」への様々な批判——浅はかなものであれ興味深いものであれ——が指し示しているのとは逆に、「理論主義」とは、知のヒエラルキーを擁護する方向へとわれわれを押しやる、われわれの行動意志そのものであった。

かくてわれわれは科学の側に加担した。当時支配的だったUECの諸テーゼ（学生の「生産的」労働、疎外、「反映」という発想）に反対するキャンペーンを開始した。こうした素地があったとはいえ、われわれは皆、自分たちのしていることが党の権威に合致するのだということに驚いたものである。UEC幹部のテーゼ群に反対する党の理論家たちの論争的テキストをまじまじと見つめたものだ。しかし結局、彼らが正しい。もっと幼かったころ、われわれは古臭いスターリニズムの力が青年の巻き起こした新風に対し荒れ狂う様子を目撃したが、今度は、修正主義的迷走に対するマルクス主義原理の誠実な擁護を見たのである。なるほど、学生労賃の要求は賃金にかんするマルクス主義理論を誤認している。なるほど、学生たちはブルジョワ・イデオロギーによって包囲されたプチブルであり、このイデオロギーに抵抗する自律した力をもっていない。なるほど、労働者階級の党に教訓を与えてやろうという彼らの尊大な要求は異様である。だからわれわれは、少しばかり驚きつつ、しかし下心なしに、党の側に立つ政治参加を行ったのだ。

とはいえ、事態はもう少し込み入っていた。〈東〉では事態が動きはじめていたし、中ソ論争の報告集がフランスにも流通しはじめていた。理論上、われわれの行った選択はかなり性急だった。フルシチョフのめそめそした詭弁と毛沢東スタイルで書かれたテキストの美しい厳密さとの間で、われわれはほとんどバランスを崩していた。マルクス主義への忠誠心はいったいどちらにあるのか？　しかしわれわれは毛沢東主義者ではなかった。当時は親中国派しかおらず、毛沢東主義者は存在しなかった。両者は同じものではない。問題は実践上の差異ではなく、われわれの実践には手に負えないことをめぐる意見の差異だった。決定を下すために、われわれは科学の教えを待った。毛沢東のテキスト群がフルシチョフのそれよりもマルクス主義に忠実であるだけではわれわれには不充分だったのである。生産様式の科学と、二つの生産様式間の移行形態についての科学がわれわれには必要だった。[*50] それまであったのは諸々の意見にすぎず、そんなものをわれわれはもちたかったのではない。親中国派など、様々な意見のなかに生きるセクトの一つにすぎなかった。われわれは科学による統一を求め、諸々の意見の政治的散乱に対して闘ったのだ。

かくて攻勢に移ることが決定された。学生たちの自然発生的イデオロギーへのあらゆる譲歩に対する攻撃、党への支持――ただし党の政治については討議しない。理論形成－教育の優位。ユルム・サークルの代議員がＵＥＣ第七回大会に介入した一九六四年三月は、アルチュセール派の政治参戦を記す日付となった。介入は学者的に練った語彙をもって参戦を表現した。いわく、ＵＥＣは学生世界に固有の実践をもっている。ＵＥＣの実践は原子爆弾や中ソ論争について討議することではない。これらの問題を討議することを可能にする基礎をまず確実なものとすべし。われわれは党の立場を支持すべきだが、性急な分析によってこの支持を基礎づける必要はない。まず必要なのは理論形成－教育を果たすことだ。「したがって共産主義学生同盟の目標は、これらの討議への政治的参加を可能にし、『諸観念の諍い』を終わらせることのできる理論形成－教育を果たすことでなければならない」。重要なものはつまりわれわれの領分だ、というわけである。理論形成－教育であるのだから。そうであるから、ユルム・サークルは『クラルテ』に努力を傾注した。ユルム・サークル主導で大会が可決した動議は、『クラルテ』が古典的テキストの注解とアクチュアルな理論問題に毎号ページを割り当てるよう要求した。そのために『クラルテ』は、「専門領域をもった優秀な同志たちに」呼びかけねばならない。もちろん、われわれがその同志たちだったのである。

だが介入はある現実的必要に応じるものだった。学生党員の大多数は原子爆弾やオルタナティヴな社会主義について大論争することを拒んでいたし、ＵＥＣの任務は本質的に学生問題とマルクス主義研究を対象にすべきと考えていた。ところが党の懸念は別のところにあった。党内「イタリア派」は、ＵＥＣにおける重要問題は「中国派」の脅威であり、自分たちだけがこの脅威に対峙しうる盾である、と党に納得させたのである。そこで党は暫定的に「イタリア派」に『クラルテ』の指導を任せ、彼らは「優秀な同志たち」に呼びかけることを手控えた。

翌年、われわれはさらに規模の大きい戦闘を再開した。一九六四年一二月、『マルクス‐レーニン主義手帖』が公刊され、われわれの使命が再度強調された。UEC活動家たちの理論形成‐教育を引き受けること。第一号は活動家たちの間でかなり評判がよかった。おまけに党の後見人たちの間でも評判がよかった。UECに真の顔を取り戻させる新たな力の胎動を示す、と『フランス・ヌーヴェル』〔フランス共産党発行の週刊誌〕で取りあげられたのである。われわれが理論領域において、学生たちの自然発生的イデオロギーと党中央の修正主義に対する闘争を繰り広げていたとすると、党はもっと古典的な武器（財政的、管理的、政治家的な）を用いて、イデオロギーに対する科学の勝利に向けて闘っている、というわけだ。地方機関は、党が議会において過半数を確保するための集中的「政治業務」に従事していた。こうした条件が、われわれにとってのゲームの規則を変えた。それまでわれわれの政治は、アル

＊50　机上の科学だけではない。われわれの一人、ロベール・リナールがアルジェリアで得た具体的経験こそ、後にわれわれを中国革命にかんする積極的評価に導いていった。中国革命はたんにマルクス主義のテキストに忠実であったという評価ではなく、この革命は農地共有化の問題に独創的解決をもたらした、という評価である〔ロベール・リナール（一九四四‐）は社会学者、元パリ第八大学准教授。ENS入学直後からUEC内フラクションで活動し、UJC（M‐L）結成後も中心人物となる。一九六九年の同派解散命令後はプロレタリア左派に参加。シトロエンのパリ工場で「工場潜入《エタブリ》」として活動し、一九七八年に同名の著作を刊行する。「アルジェリアでの経験」とは、リナールが一九六三年夏にアルジェリアで行われた国際共産主義青年キャンプに参加したことを指すと思われる〕。

チュセールの企図に従い党の政治機構内部で働くべき政治であった。すなわち党の政策の根拠については判断を停止し、党がとってきた諸々の立場を正当化せずに支持し、理論的任務を要求し、右への逸脱を防ごうと闘ってきた。このような立場は、ユルム・サークルが「野党」であるかぎりにおいて維持可能だったにすぎない。特殊な状況を想定することで、アルチュセール主義は一つの政治になることができた。公然と修正主義的で、かつ公然と党の政治に反対する党内集団がいる、という想定をこの政治は行ってきた。想定する状況下にあるかぎりにおいて、われらマルクス主義正統派は反対派たることが可能であり、かつ、修正主義に対するわれらの闘争は、党機関の側につく闘争たりえたのである。われわれはわれわれの組織内の右翼的偏向に抗して闘う、ということになっていた。われわれは党と敵を同じくしていたのである。ただ、われわれは党の知識人官僚ではなかったというだけである。ところが、今やわれわれは「与党」に戻ることになったのである。それも、白紙状態にあるわけではない「与党」にである。第七回党大会はわれわれに、諸観念の諍いと無条件の忠節を同時に超克する道をほんとうに求める多数派がいる、と希望を抱かせてくれていた。しかし第八回大会の展開は、その希望に冷水を浴びせる。主調音は自由な研究ならぬ氷の教義に置かれた。ロラン・ルロワの警官的演説で大会が閉め括られたとき、われわれにはもはやほとんど幻想は残されていなかった。われわれの「科学」が、党のスピード裁判に、それが必要としていた理論的粉飾を与えたのである。指導機関の大掃除が行われた。「イタリア派」だけではない。守旧的左派もまるごと追い出された。新幹部たち（エルミエ、カタラ）[*51]は左寄りの政治も、われわれが闘いを挑んだ「右派」も、代表しなかった。彼らはたんにその狭隘な姿勢の全体で秩序を代表したにすぎない。「科学」の立場にとっては、正常化を称える道を選ぶか、それとも独自の政治的道を探すしかなくなった。いずれにしても、厳格なアルチュセール的ゲームからは抜けだすことになる。自律を捨てて正当化の言説に回帰するか、それとも慎重さを捨て、なんらかのやり方で哲学を「実現する」か。

かくしてアルチュセール・マシーンは、調子を狂わせることになるだろう。しかしまたこの機械はそれ自体で、調子を狂わせる効果を生産してもいた。修正主義に役立ってしまった武器が、修正主義に抗う役にも立ちえたのである。「理論形成‐教育」は再生の武器でありえた。この武器はもはやアルチュセールの慎重さのなかに隠れた長期的な武器であることをやめて、一つのアクチュアルな武器、別の権力の原理となりえた。もはや未来の変革を目指した「認識の獲得」ではなく、諸力の関係の現在における変革に、「理論形成‐教育」は役立ちえたのである。それが、「理論形成‐教育センター」構想に与えられた意味だ。理論形成‐教育のための権力機関に活動家たちを結集させること。すなわち、知の道具を真理の権力へと変えること。「マルクスの理論は万能である。なぜなら、真理であるから」という『マルクス‐レーニン主義手帖』のスローガン〔レーニンの言葉〕は、理論に対し、応用できる認識の有効性とはまったく異なる有効性を託した。理論形成‐教育を組織するとは、使える認識を活動家たちに提供する以上のことであり、いわば、ロラン・ルロワのUEC内にマルクスの党を建設することであった。マルクスを読む者たちの党、と言うべきか。

＊51　ギィ・エルミエはUEC全国書記。後にフランス共産党の要職を歴任。同時期、ジャン＝ミシェル・カタラはUEC書記長を務めた。

それは実際、われわれが『資本論』を読んでいた時期だった。第八回大会があったころ、ユルムでは、やがてその記録が『資本論を読む』に集成されるゼミがもたれていた。同書に含まれる諸テーゼは、かなり逆説的な仕方で修正主義との断絶の可能性を基礎づけている。一方において、『資本論を読む』は、党への政治的批判を促す諸テーゼを提示する。歴史の進化論的把握との断絶、生産諸様式の不連続性という主張、構造を崩壊させる諸法則は構造を機能させる諸法則ではないという主張、移行の問題の根源的独自性、などであり、それらはすべて論理的に、共産党の経済主義、社会主義への平和的移行、「真の民主主義」という着想を告発する方向にあった。生産諸様式間のはっきりとした断絶は、暴力革命の必然性を主張していた。ところが実際には、この転覆によって切り開かれたのはほぼ新たな官学的研究領域だけである。七年後には、『パンセ』においてバリバール は、革命的暴力とブルジョワ国家装置の破壊の必然性を、穏便に主張することができたのである[*52]。

つまり転覆は他所を経由することになる。理論的なものの自律を奇妙なかたちで経由することになる。この自律は『資本論を読む』のなかでは次のテーゼに基礎づけられている。すなわち、生産の担い手たちは必然的に幻想のなかにある。生産の担い手とはプロレタリアートと資本家の両方のことであり、彼らはともに資本主義的生産関係の単純な支えであって、各々の実践そのものが生産する幻想によって欺かれている。つまるところこのテーゼは、ありていに言ってこう表現されうる。誤った諸観念は社会的実践に由来する。科学は、実践に由来する幻想の外部に置かれた点からしか基礎づけられえない。

アルチュセールとラカンを通したこのようなマルクス読解は、ある意味でカウツキーのテーゼを新たにちょっと贅沢にしただけである。いわく、科学は知識人たちのものである。必然的に非知に囚われている生産者たちに科学を与えるのは知識人たちである。だがこの読解は、われわれの科学と労働者たちの関係を打ち立てることがなかった。理由はごく単純である。われわれには労働者たちとのどんな実践的関係もなかったからである。そこで起きていたことはわれわれにとって、絶対的に未知の領域に属していた。われわれには労働者たちにわれわれらの科学を届けるという自惚れはなかった。科学は「プチブル」学生と党機関との二重の関係のなかで作用する。理論の権威は学生の「自然発生的」イデオロギーを告発すると同時に、党の権威も同類だと告げる。「実践者」たちは皆、幻想のなかにいるのだ。それはわれわれが闘うことを邪魔しないが、マルクスの理論が共産党の知、経験、路線に体現されることはないと告げている。つまり「集団的知性はない」と言っているのである。集団的知性にかんするグラムシ・テーゼは、理論の知的権威と党機関の政治的権威をこのテーゼによって同一視する党があると言っているにすぎない。

極端化されたカウツキー・テーゼはそれぞれの人間とマルクスの理論の関係を、あらゆる政治的従属から解放したのである。マルクスの理論はそれを読む者だけに帰属する。そしてこの「読む者」は、理論に対してだけ義務を負っている。アルチュセールが党の大学政策を断固として擁護したテキスト自体、その点をはっきり主張していた。共産主義者の「モラル」には二つの根本的義務だけが含まれる。一つはマルクス－レーニン主義的科学に対する義務、もう一つは異なる諸領域へこの科学を応用するときの

＊52　“"La" rectification du *Manifeste Communiste*”, *La Pensée*, août 1972.〔未邦訳、エチエンヌ・バリバール「『共産党宣言』の『修正』」『パンセ』一九七二年夏号〕

諸条件を認識する義務である。[*53]「大衆」、「人民」、その他いかなる社会審級にも義務を負わない。党に対してすら、根本的義務はない。誰でもマルクスを読むことができ、そこから帰結を引きだすことができる。科学の訓練を経さえすれば充分である——後述——。この動きはもう一つ別の権威を打ち立てた。若いインテリ活動家たちにとっては、この別の権威は党機関の権力の面前に第二の権力を創造するものであった。最終的には対抗路線以上のなにか、対抗解釈以上のなにかを生みだしたのである。この場所とこの状況において、トロツキストのテキストや中国派テーゼ群が反対派に与えることができたもの以上のなにかを。それは言ってみれば、解釈とその政治的体現物に抗う物自体である。それゆえに、断絶の効果は狭義のアルチュセール派サークルを広範に超え、一つの世代のインテリ活動家たち全体に多少とも作用したのだった。というのも、重要であるのはテーゼの内容ではなく、権威対権威の対立だったのである。

今日こうした事態は微笑ましく見えるかもしれない。しかし実際問題、若い党員知識人が当時求めていたのはある種の権威だった。党のそとでは「マルクス主義」文化としてそれなりの地位を保ってはいても雑多なお喋りにすぎない党の紋切り型言説にうんざりし、自らの政治運動と自治会運動の効果を理論的に見通したい彼らは、自分と党の関係を考えるために、別の権威を必要としていたのである。服従か裏切りかというジレンマに党員知識人をあいかわらず閉じ込めていた「プチブル的」罪責感から自分を解き放ってくれる、別の権威を。この解放的権威の役割を演じたのがアルチュセールだった。学生党員たちを激しく揺さぶっていた問いに、一つの解答を最初に提供したのが彼だった。彼はこの問いに抑圧でもって答えたわけだが、本質的なことは彼が答えたということ、共産党という装置が空位のままにしていた場所を占拠したということである。それにこの抑圧は秩序への復帰アピールとしては機能しなかった。抑圧の犠牲者たちは大概、それを内面化した。ルカーチ主義者とサルトル主義者はアルチュセール主義者となり、学生自治会の理論家は批判活動に邁進し、教育内容の批判にもとづいて自治会活動を行おうと模索したのである。「労働者階級の党」を前にした「プチブル」活動家の罪責感は、教師的抑圧のかたちで内面化された。これがやがて反乱精神の抑圧原理となったことは言うまでもない。とはいえそれはまず、断絶の原理だった。抑圧を内面化することによって彼らは他の面では優位に立ち、アルチュセールの両刃の剣が党に向けられたのである。もはや再生の武器ではなく、切断をもたらす武器である。かくてアルチュセールは、毛沢東への橋渡しになることができた。というのも彼はどうでもよいときに発言したわけではなく、発言は、共産主義世界が二つに分裂したまさにそのときに行われたのである。理論を自律させて彼が打ち立てた「二重権力」は、このとき生み出されたのでなければ取るに足らないものに終わったであろう。分裂の瞬間と重なることにより、理論の権威とマルクスへの回帰は、中国人たちが修正主義陣営に向けた非難のなかに、呼号する声を見いだした。理論の擁護はたしかにモスクワ擁護には向かわなかった。

UECの党官僚たちはこれについて明確な見解をもっていた。すなわち、「理論の擁護」は中国人たちにしか役立たない。アルチュセール問題とガロディ問題を検討せざるをえなくなった、アルジャントゥイユでの党中央委員会は、事態をさほど野蛮に扱ったわけではない。とはいえ、中央委員会の懸念

＊53 « Problèmes étudiants », *La Nouvelle Critique*, janvier 1964, p. 82.

に優先順位が見られるのは興味深い。問題とされたのは、社会主義への平和的移行にかんして『資本論を読む』から引きだせる帰結ではまったくなかった。理論的ヒューマニズムに対する闘争がこのときすでに、もっと厄介な問題になっていたのである。というのも、この闘争は党の伝統そのものに抵触したからである。ブルジョワジーの文化的かつ科学的遺産を奪回するという伝統に。しかし中央委員会は事態を二つのヒューマニズムの区別に収斂させ、事態そのものを、厄介なものとなりつつあったガロディの折衷主義路線[*54]と釣り合いをとるのに利用した。主要な問題は理論的なものの自律であり、この自律が「学者ども」はおろかその論敵まで党の権威と並び立たせてしまう、ということだった。同じ問いがライトモチーフのようにあらゆる発言のなかに回帰してくる。実践はどうなるのか、つまりそこでの党はどうなるのか？　問題は、研究活動が政治的実践の諸要求から完全に切り離されてしまう、ということではなかった。党は知識人たちにちょっとした自由の領域を整える用意があったのであるから。そこでなら、知識人はくつろいで認識論や記号論を研究していてよろしかろう。ところがアルチュセールの企ては、ほかならぬマルクスの理論そのものを対象としていたのである。各知識人をなんらかの知の専門家とすることで、知識人の言説がもたらす効果をその知の専門家共同体のなかに閉じ込める機械を、彼の企ては乱調させるものだった。アルチュセールは哲学者たちのために理論をまるごと独占したのであり、哲学者たちが理論を未熟な活動家たちに分け与える、という構図を描いていた。哲学者共同体にとってのみ都合のよいかたちで。中央委員会の席上、もっとも炯眼な人物の一人ミシェル・シモンは、まさに理論形成－教育という点を問題視し、そのことを強調した。

ここで私は、『資本論を読む』の著者たちが述べていることについてとやかく言いたいのではありません。彼らの言葉をよく読むこと、つまり自分がなにを知っているのかを知りながら、それらの言葉を読んでみようというのではありません。そうではなく、彼らの著作の無教養な読解から生まれるかもしれない一般理論を問題にしたいのです。とりわけこのような解釈が学生たちの一部に育てている教条主義的発想です。学生たちが理論形成－教育について抱く観念です。[*55]

シモンはこの「観念」について、UECの理論形成－教育センターを発足させるために用意された理論教育用カードを見ながら概略を述べている。特に書誌目録が、彼には重要だった。

＊54　訳注――ロジェ・ガロディ（一九一三－二〇一二）のヒューマニズムは「マルクス主義とキリスト教の対話」を主張しており（「折衷主義」と言われるのはそのためである）、スターリン批判以降、モスクワ離れと国内重視（多数派を占めるキリスト教徒の支持獲得）の姿勢を強めるフランス共産党の公認哲学となっていた。アルジャントゥイユの中央委員会ではそれが再確認され、アルチュセールの反ヒューマニズムが退けられるかたちになったものの、六四年に死去したモーリス・トレーズの次に党書記長となったヴァルデク・ロシェはアルチュセールに対しても一定の庇護の姿勢を示し続けた（七四年に刊行されたアルチュセールの『自己批判の要素』はロシェに捧げられている）。ガロディはその後キリスト教への傾斜を強め、七〇年に党を除名された。さらにその後はイスラム教に改宗して反ユダヤ主義のプロパガンダを展開し、フランスにおける「歴史修正主義」（「強制収容所にガス室はなかった」と主張する）の急先鋒となる。

＊55　*Cahiers du communisme*, mai-juin 1966, p. 122.〔未邦訳、『共産主義手帖』一九六六年五－六月号〕

現在のマルクス主義的方法の例として、レーニンの「四月書簡」[*56]が挙がっています。よい例です。それとバリバール同志が書いた文化についての論考、これはやはり驚嘆すべきものです〔…〕。とはいえやはり、生きた弁証法を示すには、もう少し重要なテキストを見つけることができたはずです。例えばモーリス・トレーズが一九五八年九月の中央委員会に提出した報告です。それにしても問題のカードのなかに、わが党の公式文書がまったく見受けられないということは確認せざるをえません。これではまるで、レーニン以後――一九三七年に書かれた毛沢東の「矛盾」にかんするテキストは別として――国際労働運動の理論と政治がなにも生みださなかったかのようではありませんか。

バリバールの論考は、それ自体として見れば、なんら転覆的内容を含んでいなかった。問題は別のところにあった。党の経験とその作業によって蓄積された文書類に対する沈黙である。この沈黙はたんなる漏れではなかった。「理論形成－教育」は固有の記憶を、固有の伝統を打ちたてるのである。そしてこの記憶全体が、一つの権力と結びつくのである。党の政治的伝統全体が、無価値とされていた。

ここに秘められた観念は、われわれを理論領域のみにつなぎとめようとするものであり、マルクス主義がもっぱら書物によって学ばれるとするだけでなく、古典さえ読んでいればいいと主張しています。あらゆる発展は裏切りだと言っているのです。そして、あらゆる応用はプラグマティズムの道、イデオロギーの道、政治的陰謀の道への偏向だと言っています。[*57]

「われわれを理論領域のみにつなぎとめようとする……」。実践領域で賭けられているものが、よく見てとれる。フルシチョフとその追随者たち、その論敵たちが「古典」的マルクス主義にもたらした「発展」の拒否である。平和共存こそ階級闘争の至高の形態である、などと教育されていた時代だった……純粋理論志向は政治的効果をもたずにはいなかった。それだけが重要なことだった。実践的効果をもちさえしなければ、なにを言ってもかまわなかったのである。この基盤のうえで、アルチュセールとガロディは各々得点と失点を与えられ、アラゴンは、様々な時代から遺贈された文化的諸価値に対する党の不滅の愛着を主張した*58。

党がアルジャントゥイユで「理論形成 - 教育」の危険について遠まわしにしか言及しなかったのに対し、ユルム・サークルはアルジャントゥイユでの議論と中央委員会決議のなかに、修正主義的退廃の現れそのものを見てとった。ユルム・サークルが最初に発表した断絶のテキスト「マルクス - レーニン主義理論を修正する必要があるのか」は、ヒューマニズムを唯一の政治的標的としている。その批判はおそらくアルチュセールのそれよりも的を絞っていた。なにしろこの批判は、修正主義の文化政策を正面から攻撃したのである。知識人の間での階級闘争の否定、ブルジョワ文化の現存する諸価値への服従、

---

*56 一九一七年四月、ロシアに戻ってきたレーニンが起草した『四月テーゼ』を指すと思われる。

*57 *Ibid.*, p. 123.

*58 訳注——シュールレアリズム詩人ルイ・アラゴン（一八九七 - 一九八二）は、一九五〇年に党中央委員に選出されて芸術、文化、知識人問題を担当した。

として。自らの標的をこのように明確にし、また特徴づけることにより、ユルム・サークルはアルチュセール的用心深さと断絶した。ところが、ミッテラン支持を拒否する者たちとの連係を拒否した後にサークルが設定した政治的対立のプラットフォーム（UEC第九回大会で擁護された[*59]）では、サークルはまたしてもアルチュセール的政治を採用した。つまりアイロニーであり、それは以前の留保と同じく、哲学者たちの政治の土俵にあった。受け入れと拒否の分割線を移動させる哲学者たちの土俵である。

アルチュセール的政治が毛沢東派学生運動史にどれほど重みをもっているか、ここから理解されるだろう。ただし、毛沢東派学生運動をアルチュセール的政治のたんなる後継と見なしてはならない。一九六六年秋に青年共産主義者同盟（マルクス－レーニン主義派）〔UJC（M－L）〕を生んだ断絶の基礎は、もはや反ヒューマニズム闘争ではなく文化大革命であった。さらに同盟の設立は、アルチュセール的企ての論理的発展ではいささかもなかった。同盟は具体的には、ユルム・サークルの「政治家」中枢における二重の分裂を前提としたのである。まず、主体をめぐる理論的問題の深化を重視した『分析手帖[*60]』グループからの分裂。次いで、党にとどまることを重視したアルチュセール盲従グループからの分裂である。この二重の分裂に呼応して、他の様々な地平から学生左翼活動家たちが合流した。合流の背景には、実践領域、とりわけ反帝国主義闘争――アルジェリア戦争からヴェトナム戦争にいたる――におけるいくつかの争いがあった。しかし、同盟の企図を厳密にアルチュセール的な視点から見たときには、左翼主義と位置づけるほかないだろう。探求の時間を未成熟なまま経験的政治の時間に重ねようとする左翼主義である。アルチュセール理論が理論のなかにあれほどの断絶をもち込んだのは、政治的実践のなかに断絶をもち込まないためだった。この理論は根本的に教育にかんする理論だったのである。どんな教育理論も、その理論が解明しようとする権力の維持を狙いとしている。アルチュセール的装置の論理的帰結は、装置をつねに党の内部で働かせた。戦術と戦略が二重化しているゲームを展開し、現在のところは修正主義に武器を与え、未来のために修正主義に抗する武器を鍛えるのである。社会主義へと

＊59　一九六五年一二月の大統領選候補者としてミッテランを支持するというフランス共産党の決定がUEC解体の端緒となった。文学部学生連合〔FGEL〕はこの決定に対し公然と反対の立場をとり、革命的共産主義青年同盟（JCR）の結成〔一九六六年四月。JCRはトロツキスト系の最大党派。中心人物にアラン・クリヴィーヌ、アンリ・ヴェベール、ダニエル・ベンサイードなどがいる。六八年六月に解散命令を受けた後、六九年に「共産主義者同盟」の母体となり、第四インターナショナルに加盟する。七三年の解散命令後、七四年には「革命的共産主義者同盟」として再結成〕にまでいたる分裂が開始された。逆にユルム・サークルはこの土俵における党との断絶を拒否した。同サークルはまず、棚上げされていた古い論拠を使おうと試みた。すなわちUECは学生組織であって、自分の領分のそとで起きた問題に首を突っ込むべきではない、という論理である。この闘いに敗れた同サークルは、以降、この抗争へのあらゆる介入を控えた。

ミッテランが公然と反動的な基本政策をもって立候補したことを想起する必要がある〔北大西洋条約政策の擁護〕。フランス共産党のほうではその政策に譲歩する者が増えていった。しかし同条約からの撤退は、社会党との同盟の条件ではなかったし、「真の民主主義」綱領制定の条件でもなかった。問題の口火を切ったのがド・ゴールだったことは周知のとおりである。

＊60　訳注――ENSのアルチュセールの学生を中心に一九六六年から一九六九年まで刊行された理論誌〔全一〇号〕。カンギレーム、アルチュセール、ラカンの影響を強く受ける。中心人物としてジャック＝アラン・ミレール、ジャン＝クロード・ミルネールら。現在、全号が以下のウェブサイトで閲覧できる。http://cahiers.kingston.ac.uk/

向かうフランスの平和的な歩みには、党の再生に向かう平和的な歩みが対応しなければならない。それは無限に続く地下イデオロギー闘争のようなものだろう。それはすなわちカント的な任務であり、この世で任務が達成されることはけっしてない。

つまり同盟の誕生は一つの現実的な断絶を実現したのだが、この断絶には依然として哲学者たちの政治の痕跡が刻み込まれていた。知識人の権力が専制的なかたちを取ることを批判しないという代償を払ってのみ可能となった断絶である。経験的政治を抑圧しつつ、経験的政治において戦術的狡知を駆使する姿勢は、すでに、党の政治に公然と異議を唱えようとする者たちを、「正当化なき支持」という留保に閉じこもる者たちから分裂させていた。この留保は学者たちに状況の科学という席を与えていた。しかし公然たる政治的態度の不在——とりわけミッテラン問題に際して——は、学生左翼のなかに最初の裂け目を生みだすことになる。この裂け目は後に、学生左翼の一部をトロツキー派に向かわせるだろう。だがわけても「科学」の無批判的専制が、生まれつつあった毛沢東主義運動を、様々なかたちの反権威主義的反乱から切り離すことになった。（プチブル）イデオロギーに対する（革命の）科学の闘争は、一九六八年五月に爆発する闘いにおいて、UJC（M－L）の毛沢東主義者たちを清朝のインテリ官吏にしてしまったのである。

六八年五月の激突が開始されるや、社会的実践の盲目的主体の操作をめぐる『資本論を読む』の大テーゼが、政治テーゼに姿を変えて現れる。すなわち、学生たちは社民の陰謀に操られている。こう断定する過剰さそのものが、アルチュセール・イデオロギーの執拗なヘゲモニーを暴いているだろう。革命的学者は、自然発生的イデオロギーによってブルジョワ支配の術中から抜けだせずにいるプチブルと対立するのだ。要するに、造反無理ということである。より精確には、造反有理、ただし一定の条件において。中国では学生たちが造反するのは正しい。しかるにフランスでは、造反はまず労働者からはじまらねばならず、学生たちは彼らに奉仕すべきである。

労働者本体論はここではっきり教師階級の反応に都合よく働いている。生徒たちの革命を除くすべての革命を愛する、という反応である。文盲に対する教師的抑圧と「プチブル」に対する労働者本体論的抑圧の間に、アルチュセールが結ばせた連帯である。科学による抑圧をプロレタリアートによる抑圧に転じることこそ、同盟がアルチュセールから受け継いだものであり、権威的左翼主義の額に張り付いた修正主義の印だった。プチブルを彼らの幻想の場から引きずりだし、理論教育の場、つまりプロレタリア化の場に連れていくという任務が、知識人集団（科学またはプロレタリアートの代理人）に引き継がれた。UJC（M－L）の幹部たちは、自分の生徒たちに襲撃された教師のように反応したわけである。自分が教育する使命をもっていたプチブル学生に。

この反応を可能にしたのは、アルチュセール的問題構成を決定づけている一要素だった。すなわち、権力の問題に仮面をかぶせて隠蔽し、政治的組織化を技術問題と捉えること。アルチュセールの政治感覚は科学と技術の一対のなかで働いており、権力の効果を考慮に入れる可能性を排除する。錯乱した政治か合理的政治か、良い路線か悪い路線か、それが問いのすべてだった。権力の効果は存在せず、権力者の教育的効果だけがあった。組織化は技術的道具であった。知にとってと同様、唯一の問題はなにを騙されているのか知ることだった。したがって、この問題構成が宿している政治モデルは、つまるところ、教育者という哲学モデルそのものにほかならなかった。啓蒙君主政である。そこでの権力の位置は、次の二つの関係のうちいずれかを含んでいなければならない。党首脳が哲学者になる——アルチュセールがこだわったことである——か、それとも哲学者が党首脳となるか——ＵＪＣ（Ｍ‐Ｌ）の引きあてた籤《くじ》である。いずれにしても、権力組織のヒエラルキーは大学制度のヒエラルキーを反映する。ユルム・サークルが階層の頂点にあり、ルイ・ル・グラン高校の大学校受験準備クラスがその踏み台だった。そもそも文革自体がアルチュセール・テーゼを追認するものと解されており（イデオロギー的審級の特別な役割）、思考の絶対的権威を確証したものと解されていた。若きフランス人毛沢東主義者たちは、アルチュセール的な政治感覚を継承した。すなわち、政治装置は路線を適用するための道具である。一九七三年の『ジョン・ルイスへの回答』でもあいかわらずそうである。そうした毛沢東派アルチュセール主義者にとり、学者の権力を告発した六八年五月は、最初の痛い教訓となった。だが批判がことの根底に達することはなかった。プロレタリア左派（ＵＪＣ（Ｍ‐Ｌ）の後継組織）の歴史には、ニュートラルな組織観がなお色濃く影を落としている。組織とは路線適用の道具であり、階級イデオロギーの実定性に基礎づけられる、という捉え方である。このような発想により組織それ自体の実定性が隠蔽され、この実定性は逆に「階級イデオロギー」に影響を与えるようになる。「プチブル」イデオロギーに対する「プロレタリア的」闘争がブルジョワ的権力関係を復活させるのである。反乱を抑圧するブルジョワ・イデオロギーを運びつつ。

　だがこれはアルチュセールとは別の物語、左翼主義の物語である。アルチュセールのほうは自分の道半ばにあった。とはいえ彼の文革分析は、ＵＪＣ設立者たちと同じである。彼は文革に大衆イデオロギー革命を見てとった。社会主義中国に、社会主義の政治的および経済的諸形式の空疎化を妨げるイデオロギー的上部構造を提供する革命を見てとった。どんな社会主義国にも存在する資本主義復活の脅威への回答を。*61 しかしこのような知には、いかなる政治的効果もありえなかった。文化大革命とは、それについてフランス共産党の蒙を啓くことなどもはや不可能な革命だったのである。直截な理由としては、文革は除名対象となる事例だったということがある。さらに深いもう一つの理由は後になって現れるだろう。文革は教育者の場所そのものを破壊したのである。文革をめぐるアルチュセールの論考の奇妙な位置がここから出てくる。彼の頭のなかでは、これは一人の党活動家が書いた党内文書であり、その目的は同志たちに文革について熟慮することの効用を説くことである。また外交文書でもあった。ソ連については論究せず、資本主義復活についてはユーゴスラヴィアの事例だけに限定された。ところがこの党内向け言説は、党外で非公然的にしか支持を得なかった。文革がはじまりＵＪＣが実在するようになると、〈理論〉による党の再生、党首脳たちの教育というアルチュセールの壮大な計画は、もはや不可能だったのである。戦略と戦術の二重のゲームは限界に達していた。ゲームは依然として、服従か断絶か、だった。文革について、そこから派生する諸帰結について、アルチュセールは同盟の分析に賛同していたが、服従か断絶かを決めるのに適切な時期ではないと彼は判断していた。そしておそらく彼の用

＊61　Cf. « Sur la Révolution culturelle », *Cahiers marxistes-léninistes*, n°13-14.〔未邦訳、「文化大革命について」『マルクス－レーニン主義手帖』第一三－一四号（一九六六年一一－一二月号）。ランシエールが次の注などで触れているように、アルチュセールはこのテキストに署名していない。なお『手帖』はＵＪＣ（Ｍ－Ｌ）が結成された一九六六年一二月から、同派の機関誌となり、党の「修正主義」立場への批判を強める〕

心深さは、同盟設立は長きにわたる分裂過程のはじまりにすぎないという、同盟も共有していた考えにもとづいていた。当時、中国の攻勢は世界規模での共産主義勢力の再編に帰着するであろう、各国共産党はそれに巻き込まれるであろう、と考えられていた。しかし実際には、そんな再編は起きなかった。世界共産主義のレベルにおける中国の攻勢は挫折したのである。その理由についてはいつか詳細に分析する必要があるだろうが、挫折にはおそらく、スターリンとの曖昧な関係がなんらかのかたちで作用したはずである。中国の成功を期待していた者たちは、取り残された。機はたしかに熟していなかったのだ。しかしアルチュセール的言説の論理には、機が熟すことなどないということも含まれている。彼の論理からすると、経験的政治における敵対関係は哲学に結論を下す機会をけっして与えず、合理的政治と経験的政治を接合させる機会もけっして訪れないのである。訪れさせるためには、分離を支えている立場を破壊せねばならない。教育者という立場を、である。そこに手をつけないかぎり、機は永久に熟さないだろう。

それゆえ彼は、迷える僕《しもべ》たちに優しい眼を注ぎ続けたものの、彼らの彷徨を放置することを選んだ。「理論的実践」の最後の化身たちに、党がどのような最終結論を下したのか、われわれは知らない[*62]。われわれにはその諸効果が見えるだけである。これ以上前に進まないため、アルチュセールは退却を計画しなければならなかった。彼が「自己批判」と呼んだものをである。私は政治を「忘却」していました。これは彼なりの言い方で、私は党を忘れていました、と述べている。彼は哲学を政治の統制が及ばないところに置こうとした。その顛末をわれわれは見てきた。彼にはもはや降伏するしかない。アルジャントゥイユでもごもご語らされた自己批判を、自分の口ではっきり述べるしかない。政治の忘却、実践の忘却。『資本論を読む』は、物議の火種になった過度に「構造主義」的なテキストを削除して再版された。その告知はこうだった。哲学は己の慎み深さをはっきり自覚するだろう。そして自分の真の役割に戻るだろう。政治への奉仕という役割に。「哲学における党派性」の時代がやってきた。

たしかに愚弄している。そうでなければブラックユーモアである。「党派性」とはジダーノフ時代の大スローガンの一つだったのだ。アルチュセールがそれに抗して自らの企図全体を作り上げたスローガンの一つが「党派性」であった。今それを自分の口から発するにはいくらかの勇気が、あるいはいくらかのユーモアが必要だったろう。大構想は終わった。哲学はこの構想に対し態度を決めた。列に戻った

*62　一九六七年、私は共産党の文献のなかに、アルチュセール派と毛沢東派の関連について曖昧にほのめかす文書を一つだけ見つけた。「フランス毛沢東主義のモンタージュ写真」（*La Nouvelle Critique*, juin 1967）と題されたクロード・プレヴォの論考である。「当初、何人かが熱狂的にマルクスのある読解をもてはやした。その読解は、先行するイデオロギーとの断絶の瞬間を特権化するものだった。とはいえ彼らがこの歩みを左に捻じ曲げ、不条理にまでもっていったのは明らかだった。彼らは明らかに、マルクスとレーニンの多くのテキストを軽視し、過去の文化をすべて否定し、マルクス主義を一種の絶対的なはじまりに仕立てた。つまり彼らには、新たな『大躍進』〔一九五八年五月、毛沢東政権が打ちだした政策〕を成し遂げる必要があったわけである。このとき、『毛沢東思想』――あるいは少なくとも、その名で現在流行しているもの――が読解の単線性と図式性を提供した」。この論考にはアルチュセール個人の絶対化と同時に、彼の歩みに内在する左翼主義的な危険に対する警戒も読み取れる。なお、同テキストのなかでプレヴォが、UJC（M－L）の「青二才学者たち」の愚劣を論証するため、アルチュセールの署名が入っていない論考（« Sur la Révolution culturelle », *art. cit.*）を標的に選んでいることにも注意されたい。

のだ。そこでは哲学は基本的に、党員知識人の二重の役回りを演じる。カウツキー流の尊大な役（科学を保持する知識人）から、召使の慎ましい役（党に奉仕する知識人）のほうに、哲学は降りていく。人が宗教に入信するようにして、哲学は政治のなかに入っていく。己の過ちを償うためにである。

かくして一九六八年二月二四日、レーニンがフランス哲学会に登場した。同会は現会員推薦により徴募された一八〇名の会員からなり、非会員も会議に出席することができたが、議長の許可なくして発言を許されなかった。

第Ⅲ章

自己批判の教訓

階級闘争が
理論のなかで荒れ狂う

すべてこうしたことは純粋思惟の領域で起きたのであろう。
——マルクス『ドイツ・イデオロギー』

かくて一九六七年末から一九六八年初めにかけてのころ、アルチュセール哲学は軌道修正をはじめ、哲学は党派的立場を取らねばならないと宣言する。時代は不透明であった。そこでこの哲学は、もっともたしかなもの、物質を己の党派性に選ぶ。アルチュセール哲学が政治の嵐へと打って出ることを宣言した闘争は、学者が自分の対象について自然発生的に抱く信心を擁護する、という闘争であった。

この「党派性」については、馬鹿げていると言ってすましていいのかもしれない。問題は明らかに、裏に隠された別のことだからである。アルチュセール主義の政治的効果を否認することであり、事故に巻き込まれないところに哲学の活動を囲い込んでおこうとする意志である。UJC（M－L）設立に巻き込まれる、というような事故に。さらに、この企図を支えたと思われる、政治的緊急性にかんする異常な考え方を強調しておいていいかもしれない。政治闘争の渦中にいる者、たとえばラテンアメリカのレジス・ドゥブレやナポリのマリア・アントニエッタ・マッチオッキ[*1]に対して、アルチュセールはユルム・サークルの活動家が耳を貸さなかったアドバイスを繰り返す。待つことを心得よ、後ろへ下がって距離を取れ、理論の時間を持て。[*2]しかしことが科学とその搾取という話になるや、哲学は待つことができない。情勢は切迫していて、哲学はリスクを取らねばならない。可及的すみやかに「科学的認識の生産過程にかんする理論」、「科学史にかんする理論」、「哲学的なものにかんする理論」、「哲学史にかんする理論」を作り上げねばならない。『科学者のための哲学講義』の「テーゼ四二」は単刀直入に述べている。「これらの理論を構築することが、われわれの時代の戦略的な理論的任務である」[*3]。

ここで足を止め、こんな現実離れした「政治」にわれわれは関心がない、と言うのもいい。だがそう言ってしまうと、ここにも依然として一つの政治があるということを理解できない。その政治においてなにが争点となり、その政治からどんな効果が今なお生まれているかを把握することができない。というのも、ここに定置されているのは『ジョン・ルイスへの回答』を動かしているのと同じメカニズム、「理論における階級闘争」なのである。このメカニズムは、それを一九七三年の新機軸と考えて崇め、六八年五月と文化大革命に影響されたアルチュセール思想の極左化である――「修正主義との根本的決別を目指して一歩前進」[*4]――と信じる向きもあるが、実際に形成されたのは『レーニンと哲学』および『科学者のための哲学講義』においてである。そこでできあがった修正版アルチュセール主義は、左傾化を示すどころか、アルチュセール自身が行ってきたことの規範化作業なのである。すわなち、思想警察たるべき「党の哲学」を作り上げる作業である。

アルチュセール主義の「修正」とはまずもって、政治を移動させることである。「理論主義」時代のテキストは、現前の政治状況、つまりソ連共産党第二〇回大会に由来する政治的・イデオロギー的迷走に対応していた。そしてその対応に、それより前の政治状況の経験を利用していた。ジダーノフ主義と

＊1 訳注――イタリア生まれのジャーナリスト・政治家（一九二二―二〇〇七）。一九六九年にアルチュセールとの往復書簡を公刊した当時はイタリア共産党員（七七年に除名）で国会議員だったが、親中国の姿勢を取り党中央と対立していた。七二年からはパリで活動。後に欧州議会議員。

＊2 次を参照。Régis Debray, *La Critique des armes 1*, Paris, Seuil, 1974, p. 269.〔未邦訳、レジス・ドゥブレ『武器の批判1』一九七四年〕および Maria Antonietta Macciocchi, *Letters from inside the Italian Communist Party to Louis Althusser*, N. L. B., Londres, 1973, pp. 21-23.〔未邦訳、マリア・アントニエッタ・マッチオッキ『イタリア共産党内からルイ・アルチュセールに送る手紙』一九七三年〕（イタリア語版が著者の手元になく、またフランス語版はアルチュセールからの書簡を収録していないため、英語版から引用する〔フランス語版はアルチュセールと関係の深いマスペロ社から刊行されたが、アルチュセール自身の判断により彼の書簡は収録されなかった〕）

＊3 *Cours de philosophie pour les scientifiques*, texte ronéotypé, 1967.〔次を参照。ルイ・アルチュセール「哲学のほうへ（科学者のための哲学講義第五講）（一九六七年）」前川真行訳、『哲学・政治著作集Ⅱ』市田良彦ほか訳、藤原書店、一九九九年、八八九頁〕

＊4 *Théorie et politique*, n°1, décembre 1973, p. 6.〔未邦訳、『理論と政治』一号、一九七三年一二月。同誌は「独立毛沢東派雑誌」と銘打たれ、諸党派の機関誌とは一線を画していた。ランシエールも創刊号に寄稿している〕

プロレタリア科学をめぐる経験である。理論主義的な問題構成は、「脱スターリン化」という政治的・イデオロギー的状況に、ジダーノフ時代の政治的・イデオロギー的状況から引き出された教訓を適用しようとしたのである。これに対し「哲学における党派性」は、逆に、マルクス主義哲学が置かれた状況のほうをまったくの後景に退ける。中国で文化大革命が起き、フランスでは左翼主義運動が展開される、という状況である。現在をこのように忘却するのみならず、過去もまた忘れられる。『レーニンと哲学』でも『科学者のための哲学講義』[*5]でも、「プロレタリア科学」の歴史問題には一切触れられないのである。アルチュセールはモノーのコレージュ・ド・フランス就任講義については、また宗教や道徳イデオロギーがいかに生物学を搾取してきたかについては、長々と注釈する。ところが、生物学のより露骨な搾取の実例であるルイセンコ問題については、それにかんするモノーの饒舌とは対照的に、まったく触れないのである。そこでは科学を「搾取」するのは様々な哲学であり、哲学には様々な世界観が表現されており、この世界観なるものにいたってようやく階級闘争が現れる。修正版アルチュセール主義における図式は、「理論主義」におけるのと同じ不在を反復するだけではない。言い換えれば、そこには権力問題が不在であるだけではない。かつてはこの不在の指標として存在していたジダーノフとルイセンコまで隠してしまうのだ。高くひるがえったプロレタリア科学の旗は、もはや問われない。生物学の典型的な搾取者はルイセンコではなく、テイヤール・ド・シャルダンになる。かくて唯物論哲学は、己の任務が苦もなく確保されるのを目撃する。科学的実践を搾取者から防衛するという任務である。まずは搾取者ナンバーワン、宗教的な唯心論イデオロギーから。哲学の党派性は一挙に、永遠なる一つの闘いに住まうのだ。科学に賛成し、宗教に反対せよ。一九六八年の哲学に求められた介入が、一九〇八年のレーニンにボグダーノフと闘うよう急かせている。科学の「危機」に哲学が付け入ることと闘うべし。哲学は、観念論に対する唯物論の時代を超えた身振りを繰り返すことで、政治的になる。

『レーニンと哲学』にはこうした移動がよく表れている。ボグダーノフに対するレーニンの闘いを反復しながらも、アルチュセールは自らの理論的問題構成から出ようとしない。左翼主義との、理論的なものの相対化との闘争にとどまるのだ。だが少しずつ、争点を移動させてもいる。理論の時間と政治の時間、歴史の概念と実践の概念、真理の理論と組織化の理論、それらの間の関係はもはや問題ではなくなっていく。すべての政治的争点が、ただ一つの目的遂行のために消されていくのだ。その目的こそ、科学的活動を唯心論哲学による搾取から防衛することである。学校の教科書にも載っている類の当時の「状況」（召還派[*6]との闘争）をいちおうなぞったあと、議論の一切は、まるでレーニンによる介入にとっての唯一の政治的争点が科学的実践への奉仕であったかのように進む。レーニンはボグダーノフに反駁する論拠を求めて科学問題の研究に向かったのであるが、アルチュセールの議論によると、レーニンは科学を支援するためにボグダーノフを拒絶したかのようである。ドミニク・ルクールの著作『ある危機

＊5　訳注――ジャック・モノー（一九一〇－一九七六）。生物学者、一九六五年ノーベル生理学賞受賞。『偶然と必然』（一九七〇年）はコレージュ・ド・フランス就任講義がもとになっている。なおモノーはルイセンコ論争を機にフランス共産党から離れた。アルチュセールの『科学者のための哲学講義』では一回分の講義がモノー批判に充てられている。

＊6　ボクダーノフが属したロシア社会民主労働党内の派閥。一九〇五年革命の失敗後に施行された弾圧立法を受けて、同党は政府機関との関係を完全に断絶し、国会から議員を引き揚げるべきと主張した。

とその賭金』もまた、一八四八年の後にブルジョワジーが見せたカントへの回帰にかんするぶっきらぼうな数行を別にすると、『唯物論と経験批判論』〔レーニン〕がもたらした政治的効果を、対象の物的実在を信じそれを認識する科学の力を信じる学者への支援、と定義している。[*7] どちらも、科学がかくも必要としている援助をどのような現実的効果が生みだしえたのかには関心がないようだ。ルクールは、「物質の解消」に反対する一部の科学者の議論をレーニンがどう振り返ったかをうまくまとめている。しかし真に重要な問いは別のところにある。マッハの立場とレーニンの立場はそれぞれどんな現実的効果——真実らしい効果ではない——を生んだか、である。仮にほんとうに学者を支援するための介入が問題であったにしても、そうした介入は、科学者にとってはすでに過去のものとなっていた状況（特殊相対性理論の発表は一九〇五年のことだった）と関係しているのではないか。相対性の発見は、レーニンが一九〇八年段階でもまだ執着していた古典物理学的な絶対的時空間の問い直しを含意していたのではないか。レーニンの唯物論は、ソ連では、相対性にかんする「ブルジョワ」理論への反対キャンペーンに基礎を提供したのではなかったか。これらの問いにすっきりした解答を与えることはできない。だが少なくとも、アルチュセールによる読解を支えている転倒については、はっきりさせておく必要がある。科学がレーニンの支援を必要としたのではなく、レーニンが、ボグダーノフに哲学的に反駁するために、科学による支援を必要としたのだ。したがって、アルチュセールによるレーニン読解をこそ問題にしなければならないだろう。それはレーニンの介入がもたらす政治的効果を、実際に与えた影響については一顧だにすることなく、科学への支援に囲い込むのである。われわれがここで目撃しているのは、奇妙な政治フィクションの設定だ。『ジョン・ルイスへの回答』で再び出会うことになるこのフィクションによって、政治的－イデオロギー的状況が変わるたびに観念論と唯物論を分岐させる演出、現実政治の争点の複雑さに代えて単純な対立を置く演出が行われる。認識を支援するか妨げるか、そのどちらかだと想定されたテーゼ間の対立である。

経験批判論のエピソードをはじめとする当時のあらゆる「偏向」がはらむ本質的問題は、科学哲学が学者の意識と実践に及ぼす効果やいかに、という問題ではない。科学（ならびにその「危機」）についての解釈が、社会主義観、さらに社会主義の目標と行動様式の把握にどう政治的効果を及ぼすか、である。したがって、問いはもっと広く立てられねばならないだろう。一九〇〇年ごろ、社会主義理論家の間で観念論哲学が広く用いられたことの意味が問われねばならないのだ（修正主義者ベルンシュタインのカント主義はもちろんのこと、アナルコサンジカリストであるソレルのベルクソン主義、ボリシェヴィキであるボクダーノフの経験批判論もしかり）。社会主義に賛同するブルジョワ知識人が自分の階級の哲学的傾向をもち込むのはごく当然だ、と言ってすますことはできないだろう。というのも、こうした知識人たちが提起する、社会主義的政治実践に対する弁証法的唯物論の関係をめぐる問いは、当人の階級的出自だけに規定されていたわけではなく、一九〇〇年ごろのヨーロッパ社会主義運動の客観的状態によって提出されたからである。とりわけソレルにあって、事情はきわめてはっきりしている。彼がベルクソンに頼るのは、大衆の政治的現状がもたらす問題の一点に向き合うときである。アナルコサンジカリズムと議

＊7　Dominique Lecourt, *Une crise et son enjeu*, Éd. F. Maspero, 1973.〔未邦訳、ドミニク・ルクール『ある危機とその賭金』一九七三年〕

会型社会主義との対立である。すなわち、プロレタリアートの自己解放という理念にもとづき、プロレタリアートの自律を政治のインテリ専門家にどんなかたちであれ委ねることを嫌う、労働者の大衆的潮流が実在したという点である。ソレルはそれを基礎に、マルクス主義科学の実証主義化と社会主義政党による議会での妥協とが結託していると告発する。マルクス主義を科学とみなし、それに真理の地位を与えて闘争の上に位置づけることは、知識人にイデオロギー的かつ政治的な二重の権力を授けることだ、と。それはプロレタリアートを、資本主義国家装置の歯車の一つたる位置を占めたがる一部知識人に奉仕させることだ、と。ソレルにとり、マルクス主義を労働者階級に引き渡すとは、マルクス主義科学を歴史の法廷に従わせ、プロレタリアートの組織化と自律的闘争に必要な「神話」機能をマルクス主義の概念に与えることである。そこに、「イメージ」と「行動図式」にかんするベルクソン理論が援用される。この輸入はもう一つ別の輸入に対する応答にほかならない。労働者階級への意識注入というカウツキー・テーゼの主張する輸入である。労働者活動家の一群はこの輸入を、ブルジョワジーの一フラクションによる闘争の搾取と横領と見なした。「諸学の危機」というブルジョワ・イデオロギーが援用される裏では、マルクス主義知識人の科学と労働者の自律との関係が争われていた。

つまり一九〇〇年ごろ、マルクス主義唯物論の意味を問う観念論の大きな波（ボクダーノフ事件は一つの挿話にすぎない）が訪れたわけだが、その裏にはこうした複雑な政治ゲームがあったのである。ことはプチブル理論家や改良主義的政治家によるブルジョワ的概念の導入に尽きるものではなく、ある種の唯物論、ある種のマルクス主義科学もまた問題とされた。プレハーノフ[*8]やカウツキー、ジュール・ゲード[*9]の唱えるマルクス主義科学である。その後の展開を見れば、この問題視がゆえなきことではなかったと分かる。しかしレーニンによる経験批判論批判は――ベルンシュタイン流修正主義への批判と同様に――押し寄せる観念論の波に対し部分的な解釈と批判を提出するにとどまっている。政治をめぐってカウツキーと決着をつけていないのと同様に、理論をめぐってヘッケルやプレハーノフと決着をつけていないのだ。[*10]その制約は『唯物論と経験批判論』でとりわけはっきりしている。諸科学を解釈することがもつ政治的意味が、哲学の科学に対する関係というところに収斂していくのである。

アルチュセールはこの移動を先鋭化させる。レーニンの論争を、支配階級によるイデオロギー的搾取から科学を守るために絶えず反復されるべき介入のモデルとするのである。この図式では、科学とイデオロギーをめぐる理論装置に変更はあっても、両者の対立という基本的な前提が維持されることになる。実際、科学に対する援助というこうした企図には、理論主義の主調をなす着想が認められる。カウツキー的着想である。それによれば、生産者は己の生産行為について考えることができない。階級闘争や直接生産者と非生産者の対立と同じくらい古い考え方である。生産者は自分がなにをしているのか分

*8 訳注――ゲオルギー・プレハーノフ（一八五六―一九一八）はロシア・マルクス主義の父とされる。メンシェヴィキとして十月革命に反対し、亡命先で死去。

*9 訳注――ジュール・ゲード（一八四五―一九二二）はフランスの社会主義者。マルクス派として第一インターナショナルに参加した後、フランス社会党創設者の一人となる。

*10 訳注――レーニンは『唯物論と経験批判論』の第六章で、唯物論的「科学者」ヘッケルと観念論的「哲学者」マッハを対比させ、ヘッケルの『宇宙の謎』（一八九九年）は現代社会における哲学の党派性を明らかにするものだと述べている。

かっておらず、援助されなければならない、という考え方である。ここでの文脈においては、こう言い換えてよいだろう。科学者は認識を生産するが、自分がなにを生産しているのか適切に意識していない。だから哲学が、彼らがそれを得られるよう支援しなければならない。

しかし理論装置は姿を変えた。「理論主義的」アルチュセール主義は、哲学を科学の科学であると考えていた。それは——理論面での行き詰まり以上に——哲学の権威を〈党〉の権威よりも上位に置くという不都合な政治的帰結をもっていた。そこで『科学者のための哲学講義』は、装置を左傾化させる。第一に、科学なるものは存在しない。科学なるものとはイデオロギー的な概念である。諸科学だけが存在する。しかし、哲学の席を指定する概念の単一性を保持しつつ科学を複数化してみたところで（一つの統一的言説が、科学なるものについての理念を経由せずにいかにして諸科学について語ることができるだろうか）、科学なるものという概念の政治的意味を覆い隠すだけであった（科学の普遍性はさしあたり、科学という同じ概念のもとで二つのことを指している。すなわち、いくつかの検証様式の普遍性と、ある分業様式の普遍性である）。第二に、哲学はもはや、自然発生性としての諸科学に向き合う「外部意識」のようなものではない。ここでのテーゼはもはや「科学者は己の実践について考えない」という単純なものではなく、「科学者は己の実践について考えるときに、階級的搾取の犠牲となる」というものだ。科学者の自然発生的哲学が闘いの場となるのである。己の実践に由来する自然発生的な唯物論的傾向と、実践の外部に由来する自然発生的な観念論的傾向が一戦を交える場である。実践の外部とはつまり、科学的活動の結果を搾取する観念論的な世界観と哲学だ。この外部からの搾取が、唯物論哲学の介入動機となる。

二重の自然発生性というこの理論には完全な新しさがある。この理論によれば、哲学はもはや科学の盲目的な実践に自己意識をもたせるのではない。抑圧された「よい」自然発生性に対し、控えめな政治的救援を行うのだ。ここではカウツキー理論の過剰さが、修正主義の実践的テーゼを理論的に捉え返すことで修正されている。このテーゼは必要に応じて、労働者の自然発生性を二通りに機能させる。ときに（科学と組織によって）修正すべき自然発生性として、ときに（プチブル学生に対抗させるため）即自的に肯定されるべき階級意識として。このテーゼを理論的に捉え直すことにより、アルチュセールの理論装置は維持される。捉え直しにより、装置維持のために必要な二つの条件がクリアされるのである。科学の中立性と哲学の必要性である。

科学の中立性。すなわち階級闘争は諸科学の面前で、哲学により代表される。階級闘争が代表される必要があるのは、階級闘争はもうそこにないからである。科学の制度化が果たす社会的機能、そこに付随する選別様式、資金源と研究成果の応用、研究組織のヒエラルキー、学者の社会的イメージ、等々のなかに、つまるところ、科学の活動が権力と大衆に対してもつ二重の関係のなかに、階級闘争はもう居場所がないのだ。それらの一切は、実践に由来する唯物論的要素と、その外部に由来する観念論的要素との対立として把握された階級闘争に席を譲ってしまう。科学の実践は、その実践が行われる権力の場と、その実践が作動させる権力関係から切り離されている。科学にのしかかる階級的制約は、科学自体ではなく思考に影響する世界観の働きに還元されるのだ。科学的活動の場と階級闘争の場は、輪をなすことのない鎖の両端である。モノーは偉大な科学者であるが反マルクス主義的な思想の持ち主である。彼の実践と彼の思想のつながりは、両者の主体が同じであるという事実によってのみ保証されていると見える。

学生問題を論じたテキストを特徴づけていた議論の筋道が、ここにも窺える。階級闘争は科学の活動形態や、それを包囲する権力関係のなかを通ることがない。階級闘争は科学の制度を争点としない。階級闘争は、己の対象に向き合う学者の熟慮のなかにだけ入っていく。そこでの観念論的要素と唯物論的要素の闘いのなかに入っていく。科学の地位が問われていたころ——中国では文化大革命によって、西洋では、権力、資本主義、戦争への科学の従属を多くの科学者が問題にしたことによって——アルチュセールはこうした問いの一切を脇に置いた。大勢の科学者が哲学へのニーズを口にしたけれども、そこに表現されていたのは、自分たちの科学が果たす政治的‐社会的機能についての問いかけであった。アルチュセールはこのニーズを満たしたのだが、別のものに取り換えて満たしたのだ。それが諸科学の哲学的搾取に抗する階級闘争、観念論と唯物論の区別である。「哲学へのニーズ」が一つの政治的要求を表現している場所で、アルチュセールは、哲学そのものがニーズの対象であり、哲学それ自体が政治であるかのように振る舞ったのだ。

　これが哲学の安泰のために支払われた代価である。科学には、哲学を必要としてもらわねばならない。そのためには、科学からの要求になんらかの大義名分を割り振らねばならない。その大義名分は科学の活動の社会における地位の問題であってはならない。というのも、それが問題なら、解決策は哲学以外のところにあることが自明だからである。科学者に対し、彼らの懸念の原因は科学が搾取されていることにあると示さねばならない。ただし、資本家や政府、戦争指導者に搾取されているのではなく、様々な哲学に搾取されているのだ。この搾取に対抗するためには、むろん、科学には哲学的武器がいる。科学が哲学を必要とするのは、科学を搾取する観念論者がいるからであり、彼らが、実際にはなんの問題もないのに科学は危機的状況にあると思い込ませるからである。それに対抗するほどの力が、科学にはない。なぜか。要素1（唯物論的要素）は要素2（観念論的要素）に必然的に従属するからである。これは、反復すること自体がテーゼの証明となる類のテーゼだろう。実際、なぜ科学者には自分たちの自然発生的哲学を批判することができないのだ？　彼らが住んでいるところの雰囲気のせいなのか？　しかし、だとすれば哲学者はどこに住んでいるというのか。ほんとうのところ、唯一の理屈は次のようなものである。哲学が問題となっているのだから、その専門家に助けを求めなさい。

アルチュセール的理論装置がとてもうまくできていると分かるのが、ここだ。哲学の介入を必要とさせるために、要素1は要素2よりも弱くなければならないのである。しかしまた、哲学の介入が自然発生的要求に応えるものであるために、要素1にはつねにそこにいてもらわねばならない（ロシアの介入がプロレタリア国際主義の感動的な実践であるために、ビリャーク[*11]のような連中がチェコスロヴァキアにいなければならなかったのと同じである）。そこから帰結するのは「自然発生性」の奇妙な地位である。関係する人々にその存在を指摘しても、彼らはそれをけっして認知しない。物理学者に「みなさんの自然発生的哲学の要素1は三項（現実の対象、理論、方法）の統一を核としている」と伝えると、「彼らは黙り込む。けしからんわけではないが奇妙な言葉づかいだ、という印象をもつ。自分が『意識』していることと無関係であるかのような印象を[*12]」。つまり、物理学者たちがアルチュセール言うところの自然発生

*11　ヴァジル・ビリャーク（一九一七－）。一九六八年の「プラハの春」が起きた際、スロヴァキア共産党第一書記として反対を表明し、ソ連の軍事介入を要請する書簡に署名した。

的唯物論の実在論的言葉づかいを退ける根拠は、科学の歩みのなかにあるのではなく、科学外的な要素2の支配にあるわけである。その証拠は、「一〇〇年前、物理学者たちはまったく違う言葉づかいをしていた」[*13]ということである。物理学者たちが正しく語っていた時代は、幸いなるかな。

というのも、正しさこそが問題であるから。哲学に真理と虚偽を区別する力がもう備わっていないなら、哲学の機能としては、言うべきことと言うべきではないこと、正しいことと逸脱していることを区別すること以外にはない。つまり、哲学は己の政治的必要性を、科学に対する関係のドラマ化に基礎づけねばならないのである。このドラマ化のメカニズムは、『講義』がしかける二つの論争に見てとれるだろう。ドゥサンティ[*14]の論文をめぐる論争と、モノーのコレージュ・ド・フランス就任講義をめぐる論争である。

ドゥサンティの論文[*15]は、認識論による介入が可能な領域を限定しようと試みたものである。まず三種類の問題が区別される。「第一種」問題とは、一つの科学に種別的な用語法によって立てられ、その科学によって解法を――修正を施しながらでも――作り出せる問題である。「第二種」問題は、一つの理論領域における特定の言表の地位と有効条件にかかわる統辞論的問題である。「第三種」問題――これが認識論的問題である――は、考察されている科学にとっては異質な意味論の領域でしか有効でないはずの概念を問題にする。たとえば、集合論の発展のある時点で立てられた、数学的対象の存在問題である。ドゥサンティは、この「第三種」問題がいかに、ある科学のなかへ意味論の領域に属する諸前提を輸入するよう促すかを示し、認識論的介入の任務をこの輸入の発見と無効化に限定した。一見したところ、科学自体に大きな危険が及びそうにはない話である。しかしドゥサンティは、「集合論の危機」という名前で知られる数学史上のエピソードをもちだす。アルチュセールの奇妙な読解がはじまるのはここからだ。アルチュセールは第一種問題に「ルーティン問題」を、第二種問題に「理論革命」を、そして第三種問題に、「危機」を名目に科学を搾取するため間に合わせで作られた偽の問題を見てとる。ドゥサンティは「現象学の宴を開く」[*16]ために科学の危機をでっち上げたというわけである。ところがドゥサンティ論文には、概念や問題としての「科学の危機」はないのである。アルチュセールがそれらを論文のなかに、追い出すためにもち込んだ。これほど不誠実に搾取された科学には用心深い助手が必要だ、と主張するためである。

モノーの就任講義にかんする分析では、「哲学の新たな実践」が求める空想的階級闘争の理論装置全体が演出されている。科学のなかには階級闘争が存在せず、科学についての意識のなかに外部からもちこまれた階級闘争だけが存在するのであれば、こうした輸入はどのように生じるとアルチュセールは言っているか。いくつかの語を仲立ちにすることによってである。その例が、テイヤール・ド・シャル

＊12　*Cours de philosophie pour les scientifiques, doc. cit.*, p. 37.〔注48参照〕

＊13　*Ibid.*, p. 38.〔注48参照〕

＊14　訳注――ジャン＝トゥーサン・ドゥサンティ（一九一四－二〇〇二）は数理哲学者。対独レジスタンスにも参加。ENSで教鞭を執り、アルチュセールやフーコーを教える。

＊15　Jean-Toussaint Desanti, « Qu'est-ce qu'un problème épistémologique? », *Porisme*, n° 3, 4/5.〔未邦訳、ジャン＝トゥーサン・ドゥサンティ「認識論的問題とは何か」一九六五年〕

＊16　*Cours de philosophie pour les scientifiques. Sur Desanti et les pseudo- « problèmes de troisième espèce », doc. cit.*〔未邦訳、ルイ・アルチュセール『科学者のための哲学講義　ドゥサンティと偽の「第三種問題」について』〕

ダンに由来する思惟領域という観念であり、この観念が観念論をもち込んでモノーの唯物論的意識を倒錯させるのだ。しかしなぜこの観念は介入できるのか。唯物論的傾向がつねにか弱く、単独での自己防衛が不可能だからである。

モノーが、要素1のなかで唯物論的傾向を勝たせながら全力でたたかった観念論的傾向は、再び窓からこっそりと侵入し、要素2のなかで勝利を収める。この話の悲惨なところは、窓を開けたのが当のモノーであることだ。そして理論的には、観念論の風が吹き込むように自らすすんで窓を開け放つ者を学者とは見なせないので、観念論の風がひとりでに窓を開けたことになるのだ。この風は必要な力をすべて備えている［…］。要素2がつねに要素1より強力であることの証拠である。PSS[17]は窓が勝手に開くのを自力では防ぐことができない、という証拠である。PSSは自らに対して固有の批判を加えることができない、という証拠である。PSSは、要素2に勝利するためには、要素1と同盟する外部の力によって支えられる必要がある、という証拠である。[18]

「証拠」の連呼に見てとれる最大のことがらは、なにを証拠だてねばならないか、である。「同盟者」が必要だ、ということである。しかし証明の仕方そのものが興味深い。実際どのような手順になっているだろうか。通常は階級闘争が存在しない場所がある。抗しがたい風が吹き、階級闘争を外部から導入する。無階級社会という楽園に、階級社会の残存要素（語）が階級闘争を侵入させる。この侵入から、無力な犠牲者は自らを守ることができない。侵入を阻もうとする犠牲者を支援する勢力が必要だ。ソ連という階級なき楽園の物語に似た話である。かの国では、破壊活動を行うナチ＝トロツキー一味の残党が、無防備な国民を周辺の帝国主義国から吹いてくる悪風にさらすようなことがないよう、充分に警察と検事を配置する必要があった。

　これが哲学の運命である。哲学はジダーノフから逃れても、最後にはエジョフ[*19]の手に落ちる。しかし無階級社会に対し階級闘争を代表することを任された審級に、他のなにを期待できるというのか。プロレタリア科学も科学の科学も存在しないとなれば、にもかかわらず科学を庇護して講義室のなかから階級闘争を行わねばならないとなれば、哲学には、早晩警察官に身をやつす狭量な博愛精神以外のなにになる道があるというのか。ここでアルチュセール哲学の身に起きていることは、かつて多くのボリシェヴィキの身に、希望とヒロイズムの時期が過ぎたときに起きたことであるように思われる。ふさわしい場を見つけたのである。学者の――より一般的には生産者の――自然発生的哲学に侵入しようとする語を逮捕し、この哲学の無垢を覆そうとする語にはお引き取り願う任を負った検査官の身分である。革命後、ボリシェヴィキが工場の周囲に張り巡らせはじめたような立入禁止線を、この検査官は科学の周りに張り巡らす。

＊17　「学者の自然発生的哲学」のこと。
＊18　*Cours de philosophie pour les scientifiques*, p. 57.〔注48参照〕
＊19　ニコライ・エジョフ（一八九五－一九四〇）。一九三六－三八年までソ連内務人民委員部（ＮＫＶＤ）の長としてスターリンによる大粛正を指揮した。

こう言われるかもしれない。今述べたようなことはすべて「誇張」である。アルチュセールが意図したのは、哲学者と科学者の間で幅広い議論をスタートさせ、自分が科学者に提示したテーゼを科学者に修正してもらい、科学に対する哲学の関係について経験的手法による調査を行うことであった、と。たしかにこうした点も、もし一個人の意図を見極めねばならないとしたら、考慮に入れるべきだろう。しかしここでの問題は、ある哲学の実践を分析することでしかない。アルチュセール的問題構成の構造、現実的な政治的－イデオロギー的オプションを考えない態度、純粋に大学的な哲学活動に「マルクス主義的な」政治内容を与えたいという欲求、これらは、のちに『ジョン・ルイスへの回答』が再びわれわれに見せることになったものを生んだだけであった。「理論における階級闘争」という呼び名で行われる、官吏哲学者による思想取り締まりである。五月革命後にはある種の左翼的雰囲気をまとっても不思議ではなかった警察である。「左翼」アルチュセール主義という大学版修正主義の「毛沢東主義」バージョンに滋養を提供したであろう警察である。今日、一部の人間は「理論における階級闘争」に、極左化したアルチュセール主義を読み取ろうとする。階級闘争がついに哲学のお墨付きを獲得したのだ、と読もうとする。しかし実際には、そうした人々自身の大学人としての見方がお墨付きを得たにすぎない。用いられる語の修正作業に階級的立場を割り当て、「大衆が歴史をつくる」というスローガンを唱える者を革命的とし、大衆という語の代わりに人間という語を書いてしまうぼんやりした学生を反動的とする、大学人的見方である。

語と言表のこうした哲学的検査は『レーニンと哲学』と『科学者のための哲学講義』で確立されたのだが、アルチュセールは一九六八年初頭に行われた『ウニタ』〔イタリア共産党機関紙〕のインタビュー

「革命の武器としての哲学」[20]においてすでに、そのシステムを整えていたとも言える。語が階級闘争の武器になるというそれ自体はまっとうな考えから、アルチュセールは、語は階級に属すというまったく別種の考えを引き出してみせる。哲学は良い語と悪い語の間に、プロレタリアートの世界かブルジョワジーの世界かどちらかの世界観を示す語の間に、「境界線」を引くことを任務とするという考えである。そして今度は、この考えを応用してみせる。マルクス主義がヒューマニズムと呼ばれることを拒否する理由を、また、「人間が歴史をつくる」ではなく「大衆が歴史をつくる」と言わなければならない理由を示すのだ。『ジョン・ルイスへの回答』の目新しさに驚く向きは、当時の状況では『ウニタ』インタビューを詳細に分析することはできなかったと申し立てるかもしれない。テキストは一九六八年四月に刊行されていた。革命は当時、別の武器を探していたのである。

ともかく、仕掛けは六八年五月以前から稼働できる状態にあった。五月の「出来事」はアルチュセールの問題構成に大きな影響を与えなかったようである。彼がマリア・アントニエッタ・マッチオッキ宛書簡で示した六八年五月についての分析[21]は、〔ジョルジュ・〕マルシェのテーゼと大差ない。いわく、学生は労働者階級に教えを垂れよう、革命のやり方を教えようとするプチブルである。しかし労働者階級

＊20 « La Philosophie comme arme de la révolution », *La Pensée*, avril 1968.〔ルイ・アルチュセール「革命の武器としての哲学 八つの質問に答える」『マキャヴェリの孤独』福井和美訳、藤原書店、二〇〇一年、一八五－二〇〇頁〕

＊21 Maria Antonietta Macciocchi, *Letters from inside the Italian Communist Party to Louis Althusser*, N. L. B., Londres, 1973, pp. 301-320.

は自分たちの革命しか起こさなかった。経済的諸要求のためだけに闘い、自力でそれを手に入れることができた。ときに組合指導部と対立することもあったとはいえ、「こうした二次的問題は、いずれにせよ、労働者階級の問題であって、学生にはまったくかかわりのないことだ。学生はこうした単純な事実を頭に入れておかねばならない。たとえよく飲み込めなかったにしても[*22]」。学生は工場のゲート前に行って自分には関係ない問題に首を突っ込むより、占拠のやり方を教えてくれる労組指導者をソルボンヌに招いたほうがよいのではないか。とはいえ、学生には理解を示さねばならない。小集団《グルピュスキュール》と、大学に通う青年大衆とを区別しなければならず、学生運動の本質的に進歩的な性格を認めねばならない。学生には忍耐強く接し、誤りを優しく指摘しなければならない。学生は自分たちが「五月」で決定的な役割を果たしたと思い込んでいる。労働者のストライキの引き金を引いたのは自分たちの行動である、と。相も変わらず、悪い歴史概念を原理とする錯覚だ。学生は時系列上の順序(カルチェラタンのバリケードはたしかにゼネストより前にできた)と歴史上の順序を混同している。歴史的に見れば、学生運動はゼネストに依存しているのだ。「大学生、高校生、若い知的労働者が『五月』の出来事に大衆的に参加したことは、非常に重要な出来事であった。しかしこの出来事は、労働者九〇〇万人の経済的な階級闘争に従属していた[*23]」。アルチュセールは、従属という観念を用いて読者を引っぱりまわし、煙に巻いて説得しようとしている。はっきりさせておこう。この語には二つの意味がある。まず、「五月」の運動の成否は労働者にかかっている、ということ。この点について、アルチュセールはジェスマール[*24]やコーン＝バンディット[*25]と違うことを主張しているわけではない。次に、学生運動はその突発的なはじまり、本質、目標をゼネストに負っているということ。これは歴史を多少ヘーゲル的に描きすぎだろう……。アルチュセールは、学生のほとんどが受け入れなかったテーゼを学生全体のものとする(「学生大衆は、自分たちが労働者の行動を指導する前衛だと考えていた」[*26])ことでヘーゲル的強引さを回避し、そのうえでこのテーゼを、「起爆剤」になった者たちがおおむね受け入れていた考え方によって批判する。残った説明は、なぜ学生たちは錯覚を抱いたか、である。しかし回答はすでに用意されている。アルチュセールが物理学者たちに許す「自然発生的」言葉づかいを、当人たちは観念論の悪風ゆえに拒否するのとまったく同じように、学生たちは、ブルジョワジーから逆のことを信じ込まされているがゆえに、ゼネストこそバリケード構築のきっかけであったことを認めようとしない。「出来事」における己の役割を考えるにあたって、学生たちは、自分たちが「五月」に実際に行い目にしたことではなく、ブルジョワジーから与えられた思い込みを土台にしている。アルチュセールはこの議論から、科学者にとってと同様の結

＊22 *Ibid.*, p. 309.

＊23 *Ibid.*, p. 302.

＊24 訳注——アラン・ジェスマール(一九三九-)は六八年五月にSNE Sup(全国高等教育教員組合)書記長として参加し、中心人物の一人となる。その後プロレタリア左派に参加。

＊25 訳注——ダニエル・コーン=バンディット(一九四五-)は、ナンテールの学生活動家として三月二二日運動の結成を主導する。六八年五月を代表する活動家の一人であったが、外国人(ユダヤ系ドイツ人)であったため、国外追放された。その後ドイツ緑の党の活動家となり、現在はエコロジスト系の欧州議会政党「ヨーロッパ・エコロジー」の共同代表。欧州議会議員でもある。

＊26 *Ibid.*, p. 304.

論を導き出す。歴史上の順序と時系列上の順序を区別できない学生には、用心深い助言者が必要なのだ。だが難しいのはここからである。助言者がいるだけでは充分ではない。助言者に助言を求める必要もまたあるのだ。しかし学生が抱える病とは、病人としての自覚がなく、治療を受けようとも思っていないところにある。「『当事者たち』は、あるいは少なくともそのうちのかなりの者は、一部の人々が心から手を差し伸べようとしても、提供される『治療』を頑として受けつけないし、今後も受けつけないだろう」[*27]。つまり、共産党と反乱青年たちとの間には、ある「溝」ができている。溝を埋めようとする取り組みについて、アルチュセールは悲観的である。「現在結ばれつつある新しい関係はいくつかの不明瞭な点に依拠していないか、と危惧すべき理由がある[*28]〔…〕」。実際、大学と文化にかんする当時の共産党の方針は、権威主義に反対する学生を党に連れ戻すという点ではおおよそ的外れだった。大学の秩序回復、学問の擁護、特権知識人の保護、これらが大学に掲げられた「共産党」の旗であった。「『五月』の成果（フォール法とヴァンセンヌの実験的大学[*29]）を守る」ことが叫ばれた。こうした方針ゆえに、共産党は左翼学生総体と公然と対立する状況に置かれた。そして一九六九年六月、ヴァンセンヌで学生代表選挙が厳しいボイコットにさらされるや、共産党は大学に防衛隊を派遣せざるをえなかった。フォール法が定める大学運営への参加を強要し、「五月」の活動家がさっぱり評価しない一連の「『五月』の成果」を守るためである。

秩序回復という党の方針が明確になったことで、アルチュセール主義は微妙な立場に立たされる。「五月」にたじろいだ多くの教員が、大学の秩序を守る最後の防波堤として共産党にすり寄った時期である。科学とイデオロギーにかんするアルチュセール的言説は、この出会いに理論的な面目を立ててやる。古典的アルチュセール主義、つまり「学生問題」や「マルクス主義とヒューマニズム」といった論考におけるアルチュセール主義は、「左翼」の若手有力株たちにうってつけの教養だったのである。彼らは新制度下の大学で才能に見合ったポスト（多くの者にとってはそれが「五月の成果」であった。たとえば認識論や記号論のポストである）を手に入れようとしていた。ヴァンセンヌでは、UECに属する若者の理論教育を担当する学生‐教師は、「フーコーと左翼主義者」に対抗するために、アルチュセール、バリバール、バシュラールを読めと助言していた。『ヌーヴェル・クリティック』の誌面を飾る知識人たちは、アルチュセールをかじった人物ばかりで、左翼主義に対する「理論的」攻撃の最前線を自認していた。アルチュセールを少々、ブルデュー＝パスロンを少々、カウツキー（むしろレーニンのテキストから取られたカウツキー）をたっぷり入れるとソースのできあがりである。学生たちは、自然発生性ゆえにブルジョワ・イデオロギーに囚われた学友たちをこのソースに浸す。君たちは、君たちの境遇ゆえに、階級闘争ごっこをするお遊びサークルに閉じ込められているのだよ。このとき特に役立ったのは、ミシェル・ヴェレの論文「『学生の五月』または代用品」[*30]と、クロード・プレヴォの著書『学生と左翼

*27　« A propos de l'article de Michel Verret sur Mai étudiant », *La Pensée*, juin 1969, p. 10.〔未邦訳、ルイ・アルチュセール「ミシェル・ヴェレの『学生の五月』にかんする論文について」一九六九年〕

*28　*Ibid.*, p. 12.

*29　「一九六八年五月」を受けて国民教育相のエドガー・フォール（一九〇八‐八八）が制定した法律を指す。教員、学生、職員から選ばれた評議会による大学の自治が一定程度認められた。このようなかたちでの大学運営への参加を共産党は支持したが、左翼主義者は厳しく批判した。

主義』[*31]だった。かつてアルジェリア反戦闘争の学生活動家を導いたアルチュセール主義は、反権威主義闘争に色を失った見習い特権知識人の駆け込み寺となった。当時はまた、『ヌーヴェル・クリティック』と『テル・ケル』[*32]が同盟した時期でもある。共産党の青年知識人がパリ理論業界にアクセスする道が開けたのだ。これらすべてが相まって麗しいシンポジウムがいくつか開催され、せっかちな少数の男女はキャリアを得ることができた。しかしアルチュセールは、その先を見ていた部類の人間である。大学において、震え上がる特権知識人やキャリア志向の若い知識人の党になるということは、党にとってリスクなしというわけではなかった。工場で現場監督や会計係の党になるリスクと同じである。アルチュセールは秩序回復方針に政治的な観点から賛成した。彼自身、なにがしかの貢献をした[*33]。しかし、その方針を理論的に支える人間になるつもりはまったくなかったのである。正統教義には、分裂と同様の違和感を抱いていたからである。しかもこの方針には将来的な危険があると考えていた。党には学校や工場が生み出す反乱青年を改めて呼び込む力が早晩必要になる。将来の左傾化に備える必要がある。

外国人読者向けに著されたマリア・アントニエッタ・マッチオッキ宛書簡と、『パンセ』に掲載されたミシェル・ヴェレ批判との間に見られるトーンの大きな違いが、そこから説明できる。前者のアルチュセールは党の公式テーゼを露骨に支持する。しかし後者のアルチュセールは間違いなく、「科学」擁護の度が過ぎるヴェレ論文に、自分まで素朴な秩序派哲学に閉じ込められてしまう危険を見ている。ヴェレに対する彼の応答が強調するのは、解決していない諸問題であり、解決策の一部に含まれる不明瞭さなのである。この二重の態度は、かつての戦略‐戦術ゲームを彷彿とさせるが、ゲームはいわば反転したかたちで行われる。「学生問題」などのかつてのテキストは、党の立場への留保なき支持の下に転覆的な命題を隠していた。異端が正統の背後には隠れていた。そのようにすることで、党の政治をマルクス主義理論によって穏やかに再生させることが目論まれていたわけである。しかし一九六八年以降には、ことは逆さまになるのである。アルチュセールがあてにできた勢力は、大部分が党のそとにあった。動かすべきはもはや党ではなく、むしろ左翼主義者であった。毛沢東主義者の一定部分を党に復帰させることが目論まれるのである。アルチュセールのテキストもまた意図的に反乱派風になる。党の怠慢に対する手厳しい考察（「ミシェル・ヴェレ論文について」）、党の学校政策への嘲弄（「イデオロギーと国家のイデオロギー装置」論文[*34]）、独自のスターリニズム（『ジョン・ルイスへの回答』[*35]）。アルチュセール戦術

＊30 Michel Verret, « Mai étudiant ou les substitutions », *La Pensée*, février 1969.〔未邦訳〕

＊31 Claude Prévost, *Les Étudiants et le gauchisme*, Éditions sociales, 1969.〔未邦訳〕

＊32 訳注――作家のフィリップ・ソレルス（一九三六－）やジャン＝エデルン・アリエ（一九三六－九七）が中心となり一九六〇年に創刊された前衛文芸誌（一九八二年終刊。八三年以降は、『アンフィニ』を後継誌とする）。一九七一年には共産党と決別し、毛沢東主義への支持を明らかにする。一九七四年にはソレルス、バルト、クリステヴァら編集委員が中国に招待されている。

＊33 当時、高等師範学校の学生間でSNE Sup支部を作るかどうかが問題となった。支部ができれば、組合内で不安定な多数派であった左翼主義者への支援となったろう。アルチュセールはこの計画に反対するキャンペーンを行い、共産党が同組合で多数派を獲得することを後押しした。

＊34 « Idéologie et appareils idéologiques d'État », *La Pensée*, juin 1970.〔ルイ・アルチュセール「イデオロギーと国家のイデオロギー諸装置」『再生産について――イデオロギーと国家のイデオロギー諸装置』下巻、西川長夫・伊吹浩一・大中一彌・今野晃・山家歩訳、平凡社、二〇一〇年、一六五－二五〇頁〕

は今や左翼主義者の獲得に狙いを定める。言い換えれば、今度は異端が正統を隠しているのだ[*36]。同僚たちがイデオロギーに抗して科学を呼号するかたわらで、アルチュセールは、修正主義知識人の進んだ部分と「左翼主義」知識人内穏健派とをしっかり連携させる、新たな理論的武器を準備していた。それが理論における階級闘争である。

連携が可能になったのは、「五月」によってマルクス主義知識人の間に引かれた分割線が、たんなる分割線ではなく二重だったからである。一つめの線は「左翼主義者」と、知的権威を保持しながら特権知識人としても共産党員としても平穏なキャリアを追い求めようとする人々すべて(「僕が党員なのはね」、と彼らの一人は学生に説明している。「僕に活動を強制してこない唯一の組織だからだよ」)を分けた。しかし左翼主義陣営自身もまた分けられていた。というのも六八年五月と文化大革命は、それらを二通りに解釈することができたからである。左翼主義左派はこう理解した。ブルジョワジーによるイデオロギー支配とはまず、物的政治闘争の対象となる諸制度の集合体である。知識人はこの闘争に、システムそのものの土台となるものを自分のために粉砕することで参加する。「科学」の権力、知的労働と肉体労働の分離、知識人と大衆の分離を自分のために粉砕することが彼らの闘いである。今日における革命的知識人のイデオロギー闘争とは、革命的書物により反動的書物を反駁することではなく、知識人としての種別性を放棄し、大衆と結びつき、大衆が自ら発言するのを支援し、そうした自由な発言を阻む——組合から警察にいたる——あらゆる装置と闘うことだ。これが、とりわけプロレタリア左派と赤色救援会[*37]に結集した知識人の選択した道である[*38]。「左翼主義右派」は状況をまったく異なるかたちで理解した。文化大革命はなにを明らかにしたか。階級闘争がいたるところにある、ということだ。階級闘争はいたるところにあるのだから、誰もふだんとは別のことをする必要がない。「いったいなんの役に立つのか」、ある左派アルチュセール派の有力人物は当時われわれに語った。「工場のゲートに行って、三人の同じ労働者と毎日議論したところで」。「哲学を講義室からそとに出す」必要はない。階級闘争が、教室には存在するのだから。本を置いたり、筆を止めたりする必要はない。階級闘争が、テキストのなか、テキストを直す作業のなかにはあるのだから。工場や刑務所や家庭でなにが起きているのかをそれらの壁の内側まで見に出かけるのは無駄なことだ。大きな闘争領域が開けつつある。理論において修正主義と闘い、搾取者から科学を守り、さらにエクリチュールの物質性を保つこと。

こうして「反修正主義」知識人の一部が、共産党知識人と同じタイプの活動に流れた。「理論における階級闘争」の概念により、反乱者の「プチブル的」声と闘う大学マルクス主義の戦闘を再開するので

*35 *Réponse à John Lewis*, Éd. F. Maspéro, 1974.〔前掲『歴史・階級・人間』〕

*36 もちろん、このゲームはおのずと亢進していく。左翼主義者の一部の呼び戻しは、党を変革するためでしかない。『盗まれた手紙』〔ラカンが注釈したことで知られるE・A・ポーの短編小説〕のような果てしない亢進のなかでは、残念ながら、一つたしかなことがあるようだ。アキレスが亀に追いつけないよう、アルチュセールもまた、革命に追いつくチャンスはない。

*37 訳注——一九七〇年六月に結成。当時のマルスラン内相による弾圧に対抗するために結成された党派横断型の組織。路線問題で一九七二年に解散。

*38 もちろんこの選択によって別の問題、別の矛盾が生じた。ここでは立ち入って論じないが、近年の歴史がこうした問題や矛盾を充分に明らかにしてくれている。

ある。だがこうした立場を取る知識人の大部分にとって、事態はそれほど簡単ではなかった。知識人の地位を粉砕するにしても、理論的活動がそこでどのような役割を果たすのかという問いは解けていなかったからである。多くの者にとって、理論における階級闘争は反修正主義闘争の補遺であるように見えたろう。活動家としての活動と大学人としての実践の二重性が、意識まで二重にする。己の実践を通じて古い分業形態を粉砕しようとする人々ですら、自分の組織内ではそれらを解体することはなかった。そして、マルクス－レーニン主義や毛沢東主義を謳う組織の内部で維持される伝統的権力関係は、たえず空想的階級闘争のメカニズムを再生産する。あらゆる困難、あらゆる客観的矛盾、指導に対するあらゆる抵抗が、たちまちのうちに、プチブル・イデオロギーとプロレタリア・イデオロギーの闘争、エゴイズム等々に対する闘争であると見なされるのだ。中国のスローガンが、中国革命の現場における様々な対立の物質性から切り離されて、このメカニズムを維持していた。その結果、「理論における階級闘争」というスローガンは、一部の人間の目には文化大革命から生まれたかのようにさえ映っていた。「五月」の前には、大学イデオロギーと修正主義イデオロギーが結合して、〈革命的〉〈科学〉による反〈ブルジョワ〉〈イデオロギー〉闘争を生んだのに、「五月」の後には、大学の修正主義イデオロギーと権威主義的左翼主義イデオロギーが結合して、「理論における階級闘争」を生んだのである。

この二重の分割によって規定された状況を踏まえてこそ、アルチュセールが国家のイデオロギー装置という問題構成に与えた奇妙な地位が理解できる。六八年五月の大衆運動があらゆる者の目にさらし、「左」からのアルチュセール批判が体系化しようとした根本的な理論的教訓は、ブルジョワジーによるイデオロギー支配が社会的空想ではないということ、つまり、この支配は自己の存在諸条件への関係を個人が自然発生的に反省して生まれるのではない、ということである。それは、装置によって再生産される物的権力関係のシステムなのである。学生に対するイデオロギー支配は原理的に言って、授業の内容や学生自らが自然発生的に抱く観念によってではなく、様々な選抜方式、管理の浸透、知識の利用を組み合わせることで行われる。イデオロギーを問うとは、真理に対する主体の関係を問うことではなく、権力や知に対する大衆の関係を問うことである。たとえば私は、一九六九年に発表したイデオロギー理論についてのテキスト[*39]で、アルチュセールによる知の捉え方を批判して、知が認識のたんなる一形態ではなく、一つの権力装置であることを示そうと努めた。私にとっては、イデオロギー装置という問題構成は、科学とイデオロギーという対比からの、また「理論における階級闘争」という考え方からの政治的断絶を表現していた。この問題構成が表現する視点は、イデオロギー闘争をブルジョワ・イデオロギー支配の生産装置との闘いであると解した人々の視点だったのである。

　つまりイデオロギー装置概念は、「五月」の運動の理論的産物であり、イデオロギーにかんするアルチュセール的問題構成に対する根本的な批判だったのだ。真面目に考えれば――すなわち政治的断絶の意味を踏まえれば――この概念は共産党員の哲学者に使えるものではなかった。一つの闘争実践と分かちがたいものだったからである。学校が抱える危機への解決策が教員の増員と待遇改善であり、刑務所反乱への解決策が刑務官の増員と待遇改善であるとする党にいながら、この概念をどう実践的かつ政治的に用いることができるというのか。

*39　本書末尾の「補遺　イデオロギー論について――アルチュセールの政治」を参照。

つまりアルチュセールは、この概念を生みだした政治的諸条件を純粋かつ単純に無視することによって、それを自分の問題構成に組み入れることができたのである。一つの大衆運動から生まれた問題構成を、アルチュセールは、マルクス主義の古典しか、とりわけグラムシしか先人のいない道を、彼らの残した「しるし」をたどることで発見したふりをしている。すでに指摘した理論的ヒロイズムという考え方が、ここではそのもっとも錯乱した姿を見せている。彼は、六八年五月は存在しなかった、と言っているに等しいのである。孤独な探求者アルチュセールが困難な探究の末に発見し、驚くべき仮説として提示すると称した（「〔…〕と主張することが許されると思う」、「〔…〕このテーゼは逆説的と思えるかもしれない」[*40]）理念は、学校装置の支配的性格である。「五月」の運動に接して見過ごす人などいたはずもない性格である。ここにいたっては、「歴史的」順序と「時系列的」順序の対比すらどうでもよくなっている。六八年五月、ならびに権威主義に対する反乱の実在そのものを否定することだけが問題なのだ。孤独な理論家の英雄的な探究によってこそ、人々の見ざる聞かざる学校の政治的役割は発見される、と言うために。「この概念のなかで、国家のイデオロギー装置の一つが主導的な役を演じている。人はそれが奏でる音楽にほとんど耳を傾けない。それほどまでに静かなのである。それが〈学校〉だ[*41]」。実際、支配的イデオロギーが奏でる音楽はかくも静かである。反乱の騒音を聞きたくない人間には。この騒音を理論的に鎮めてからでなければ己の理論を構築できない人間には。この騒音を実践的に止めようとする組織に、騒音を止める理論的必然性ゆえに所属する人間には[*42]。アルチュセールのイデオロギー論は、ブルジョワ・イデオロギー支配が必然であるとする理論の域を出ない。イデオロギーの規範性にかんする理論であるけれども、それが有効であるのは規範化が現実であるかぎりでのことでしかない。この理論は「それほどまでに静か」である。こう理解しよう。どんな騒音も静けさの理論家たちをわずらわすことのないよう、理論よ、静かであれ。
アルチュセールの企ては、一九六〇年代、大衆が現実に静かであることを土台にはじまった。しかし、そうした静けさがもはや存在しないとなるや、その企ては、静けさがあると言い立てねばならない。粗野な聴衆には聞こえない階級支配の微かな音楽を、英雄だけが聴き取ることができると主張するためにである。

私は先生方にはお詫びをしたいと思う。彼らは、自分を捕まえているイデオロギーやシステムや

＊40　訳注――前掲「イデオロギーと国家のイデオロギー諸装置」二〇〇－二〇一頁参照。
＊41　« Idéologie et appareils idéologiques d'État », *La Pensée*, juin 1970, p. 20.〔同前、二〇三－二〇四頁〕
＊42　理論と実践のこうした連携の例を挙げる。アルチュセールによるエドガー・フォールの政策への評価とフランス共産党によるフォール政策への支持との連携である。アルチュセールは「六八年五月」にかんするマリア・アントニエッタ・マッチオッキ宛書簡で、学生運動の「崩壊」についてこう書いている。「少なくとも大学に寄与するであろうという点では、エドガー・フォールの〔ブルジョワ的〕知性に期待することができる」。古ぼけたテーゼが認められる。反乱学生は最終的にはブルジョワ改良主義者の知性の罠に嵌る、というテーゼである。しかしまた次のことも分かる。実践面では、エドガー・フォールの「ブルジョワ的知性」がヴァンセンヌでアルチュセールの「理論的」予測を裏づけるには、この「知性」は、ジュカン氏〔第I章注40参照〕率いる急襲部隊の「物理力」を必要とした。

実践に、自分が教える歴史や知識のなかから見つけ出した武器を向ける、という過酷な条件の試みを行っている。彼らは一種の英雄である。[*43]

英雄はもちろん教師である。アルチュセールの「反歴史主義的」物語が語るところでは、いかなる生徒も微かな音楽に気づくことができず、なんらかの武器をシステムに向けることもできなかったはずである。根本にあるテーゼは動かない。すなわち、大衆は錯覚のなかに生きている。イデオロギーは「個人に呼びかけて主体にする」。そして主体は、もちろん歩くのだ。

呼びかけによる主体化、大文字の〈主体〉への服従、普遍的再認、そして普遍的保証、というこの四重のシステムに捕まって、主体は「歩く」。たいていの場合は「ひとりで歩く」のだが、例外は、ときに国家の（抑圧）装置のなんらかの出先機関による介入を引き起こす「悪しき主体」である。[*44]

悪い主体が存在する。しかし数は少ない。つねに何個かの機動隊の仕事だろう。国家のイデオロギー装置という概念をここで彼の問題構成に導入するため、アルチュセールがどういう苦労をしたか見てとれる。イデオロギー装置の概念を呼びかけという概念の細い糸によって一つにまとめ上げ、慎重に、想像的なものをめぐる彼の古い理論と接合させるのである。国家のイデオロギー装置という問題構成は、あらゆるイデオロギーの永遠の構造にかんする分析と踵を接している。宗教的イデオロギー装置をめぐり、装置の働きの分析ではなく、宗教イデオロギーを主体への「呼びかけ」として扱う奇怪な無時間的分析を、われわれは目にする。この分析は、宗教に対し教義以外の現実性を与えない一種の新しい「キリスト教の本質」にほかならない。この分析からわれわれは、既存の教会組織が現在果たしている機能、教会を貫いている諸矛盾、今日の社会においてキリスト教徒が己の信仰を生きるやり方、教会組織が様々なところで果たしている政治的役割について、いったいなにを学んだことになるのか。アルチュセールはわれわれに、アブラハムとイサクとヤコブの神がその臣下に「呼びかける」仕方を教えているのだろうか。われわれの関心はむしろ、アイルランドやバスクの革命家、西側の農民組合活動家、あるいはリップ工場の労働組合活動家の信じる神がどのような機能を果たしているか、である。

　イデオロギー領域における階級闘争は、錯覚の理論としてのイデオロギー理論に固執していては考えることができない。そうした理論は主体－錯覚－真理という三項関係に閉じ込められたままだ。そこではいったいどのように、イデオロギーによる階級支配は考えられているだろうか。臣従化を確実にする錯覚の生産として、である。かくしてこの理論では、一般的に言って、臣従化のメカニズムが一階級によるイデオロギー的支配の道具と考えられるだろう。しかしこの理論では、〈学校〉のような国家装置を争点とする闘争も、諸階級が闘争のなかで用いる概念や〈理念〉、スローガンの機能も考えることができない。たしかに国家のイデオロギー装置という観念は、ブルジョワ支配についてある種の表象を与

＊43　« Idéologie et appareils idéologiques d'État », *La Pensée*, juin 1970, p. 21.〔同前、二〇六頁〕

＊44　*Ibid.*, p. 35.〔同前、二四三頁〕

えることができる。しかしそれが与える支配の見取り図には、一つだけないものがある。被支配階級だ。つまりここで描かれる支配は、支配すべき階級のいない階級支配なのである（階級をある実践と別の実践の対立のなかだけで考えていると、その対立が存在しないときには、権力と個人の関係だけが存在する）。アルチュセールが後から付け加えた注釈では、階級闘争から出発して物事を考える必要性が指摘されている。しかしこの悔い改めは、別の理論も別の政治も生んでいない。イデオロギー装置という観念は、アルチュセールが拒否する政治的断絶にもとづかないかぎり意味をもたないのだから、ここではいまだ普遍的錯覚理論の内部で考えられているにすぎない。イデオロギー装置は巨大な専制機械のイメージで把握されているのである。あらゆる個人をその動作に従属させ、闘うための武器と信じられていたもの（組合や政党）をその歯車とする機械だ。極左プラトニズムとでも言うべき奇妙な理論的形象である。六八年五月後のアルチュセールに見られる二重の真理は、そこでは二つの極に引き裂かれている。全能のイデオロギー装置という思弁的極左主義と、一語一語を尋問して階級性を告白させる、理論における階級闘争という思弁的ジダーノフ主義だ。この二番目の極に、自分の哲学に「党派的立場」をもたせようとする際のアルチュセールは陥る。その結果『ジョン・ルイスへの回答』では、国家のイデオロギー装置はもはやなんの役にも立っておらず、悪い概念に対する良い概念の闘争、偏向に対する規範の闘争だけが残されることになる。

矛盾はここでアイロニーに解消される。おそらく党活動家の一部は、党や組合がブルジョワ国家のイデオロギー装置であるという記述を『パンセ』に見つけて[*45]、軽いざわめきを覚えたろう。しかしブルジョワ国家のイデオロギー諸装置のリストはあまりに長く、指示の仕方も控えめであったから、彼らがその点をさほど重視しなかったということもありえる。ジョルジュ・コニョ[*46]の忠臣であったなら、ランジュヴァン＝ワロン計画と歴代フランス共和国の教育施策を賞賛してきたてまえ、[*47]学校イデオロギー装置の静かな音楽についていくばくかの疑問を抱いたかもしれない。だが彼らはまた次のようにも考えたに違いない。論文にどう書かれていようと、そのすべては大事にいたることのない理論に属しており、転覆的なところがあったならすでに批判されていたろうし、肝心なのはアルチュセールが共産党の出版物にまだ書いていることだ。

実際、これが政治的に重要な唯一の点であった。すなわち陳述の内容が正統派的かどうか、ではなく、陳述がこの媒体で行われたことだけが重要であったのである。[*48]

補論――テキストにおける階級闘争について

アルチュセール主義が科学の科学であったころ、マルクスにおける認識論的切断には一つの地位が与

＊45 訳注――「国家と国家のイデオロギー装置」論文が『パンセ』に掲載されたことへの言及。

＊46 当時『パンセ』（マルクス主義研究・調査センター刊）編集長。

＊47 訳注――一九四四年一一月八日付の国民教育省令により設置された「国民教育改革研究委員会」（第Ⅱ章注31参照）の委員長を務めたポール・ランジュヴァンとアンリ・ワロンは共産党員だったこともあり、共産党はこの教育改革案を伝統的に強く支持してきた。

えられていた。イデオロギーから科学への移行を範例的に証明する、という地位である。一八四五年以前にはイデオロギー的な若きマルクスがおり、一八四五年以後には科学的なマルクスがいる。成熟期のテキストに、若きマルクスのテキストにたいへん似た表現が登場するときにはこう言われた。類似は言葉の上のことにすぎず、概念は異なっている。だが不幸にしてマルクスは切断前の語をいまだ用いている。というのも本人自身が切断概念を適切に考察していなかったからである。[*49]

理論における階級闘争は当然この理屈を修正するにいたる。哲学が科学でないならば、科学における切断は哲学における革命とは区別されねばならない。哲学上の革命こそが切断を命じる。そして哲学上の革命そのものは政治から命じられる。マルクスはプロレタリアートの政治的立場を採用したからこそ、理論におけるプロレタリアートの立場を定義することができ、歴史の科学を打ち立てることができたのだ。

論文「若きマルクスについて」[*50]以降にアルチュセールが歩んだ現実の道のりは、『ジョン・ルイスへの回答』でこの問題について割かれた箇所にもっともよく表れている。一九六一年時点におけるアルチュセールの全体構想――マルクスの思想が形成された諸論争で実際に使われた術語を取りだし、彼の変化が様々な政治的対立ともった密接な関係をあぶりだし、当時の労働運動と階級闘争がマルクスの言説に与えた影響を再発見すること――はもはや微塵も残っていない。われわれはもはや、当時のアルチュセールがソ連のマルクス学者について批判した亡霊と同じものしか目にしないのである。若きマルクスがたどった進化は、こう要約される。

マルクスは急進的ブルジョワ自由主義（一八四一－一八四二年）からプチブル共産主義（一八四三－一八四三年）、ついでプロレタリア共産主義（一八四四－一八四五年）に移行する。これは異論の余地なき事実である。[*51]

CGT専従者の語り口を思い起こさせるこの「異論の余地なき事実」に、一九六一年のアルチュセー

*48 本章での『科学者のための哲学講義』への参照は、一九六七年度講義で読み上げられ、出回っていたガリ版刷りテキストにもとづく。最近刊行された書籍版『哲学と学者の自然発生的哲学』（*Philosophie et philosophie spontanée des savants*, F. Maspéro, 1974.〔『科学者のための哲学講義』西川長夫・阪上孝・塩沢由典訳、福村出版、一九七七年〕）では、少なからぬ削除や修正が行われている。したがって本章で参照したテキストのうち、〔本書日本語版の〕一二八頁と一四一頁にあげた部分は一九七四年版には収録されていない。一三九頁と一四〇頁で言及した箇所は若干修正が行われた（それぞれ一〇三頁〔邦訳一二〇頁。なお「けしからんわけではないが」という表現は見あたらない〕と一〇五頁〔邦訳一二一－一二二頁。ここでは主語が「物理学者と化学者」となっている〕）。一四二頁のテキストは変わっていない（一三五頁〔邦訳一五五頁〕に収録）。

*49 「マルクスが用語法上の区別をはっきりさせる必要性がないと判断したのは、自分の言説と若きマルクスの人間学的言説との違いを厳密に考えなかったからだ」（J. Rancière, « Le concept de critique et la critique de l'économie politique », in *Lire « le Capital »*, Éd. F. Maspéro, Paris, 1965, t. I, p. 198.〔「『一八四四年の草稿』から『資本論』までの批判の概念と経済学批判」、前掲『資本論を読む』上巻、三〇八頁〕）。

*50 訳注――一九六一年発表。『マルクスのために』（一九六五年）所収。

*51 *Réponse à John Lewis*, p. 57.〔前掲『歴史・階級・人間』七二頁〕

ルならどのような運命を授けたろうか、と自問してみるのも一興だろう。この語り口は、専従者が組合員に向かって、機関決定された最悪の愚論をさも明白なことであるかのように提示しなければならないときに用いるものである。「決まったことなのだよ、同志諸君」。そもそも「プチブル共産主義」から「プロレタリア共産主義」への移行は事実なのか。どのプチブルが、どのプロレタリアが、ここでは問題なのか。一八四四年のパリで共産主義者の諸団体――とくに正義者同盟[*52]――を揺るがしていた論争の文脈において、「プチブル共産主義」と「プロレタリア共産主義」とはいったいなにを意味するのか。こうした呼称により、政治実践の領域におけるどのような修正が指示されているのか。一八四五年の切断が生じえたのは、マルクスが「プロレタリアートの理論的立場」を採用したからなのか。こうした「説明」は、同語反復（マルクスはマルクス主義の理論的立場を採用したからマルクス主義科学を生み出した）と規範（プロレタリアートとは、マルクス主義の伝統によってプロレタリアートと認められた者のことである）のたんなる組み合わせに要約されるのではないか。

　アルチュセールはわれわれに選ばせる。一八四五年ごろにはジョン・ルイスが言うように一切なにも起きなかったか（ありがたきジョン・ルイス……）、それともまさしく断絶があったか。たしかにいろいろと起きている。たとえば一八四四年に激賞されたプルードンが、一八四七年には酷評される。「したがって後戻りできないなにかが一八四五年にはじまっている」[*53]。ついでに指摘があってもよかったはずだが、一八四五年にはじまる後戻りできないなにかは、一八四六年にはまだプルードンとはかかわりをもたないようである。この年、マルクスとエンゲルスはプルードンに宛てて、たいへん恭《うやうや》しい手紙をしたため、共産主義通信委員会への参加を招請している[*54]。とはいえこれは瑣事である。本質的なことは、マルクスが歩んだ理論史を説明するために使われている、哲学上の革命という理論的観念にある。この観念は、若きマルクスのカテゴリーに分類されるものの残滓が提起する問題に解決をもたらす。革命とは反革命のまどろみである、と考えるわけだ。マルクスがプロレタリアートの理論的立場を占めると、搾取階級はプロレタリアートの理論的立場を激しく攻撃し、古びた概念の復活とあいなる。マルクスが『資本論』で疎外や否定の否定について論じているのは、モノーの場合と同じく、ブルジョワジーが窓を開けてマルクスの言説に侵入した、ということだ。

階級闘争に背を押され、ブルジョワ・イデオロギーがいっそう喧《かまびす》しくなるだけで、ブルジョワ哲学がマルクス主義そのものに浸透する。理論における階級闘争はただの語ではない。それは一つの現実、しかも恐るべき現実なのだ。[*55]

＊52 訳注――一八三〇年代半ばにパリの亡命ドイツ人や渡り職人らが結成した秘密結社「追放者同盟」が分派した際、左派部分が結成した共産主義志向の組織。運動方針や思想の違い、弾圧により分裂・再編を繰り返すが、マルクスとエンゲルスが一八四七年に加盟した後に共産主義者同盟となる。

＊53 *Ibid.*, p. 53.〔同前、六八頁〕

＊54 訳注――一八四六年五月五日のプルードン宛書簡を参照（マルクス「マルクスからピエール＝ジョゼフ・プルードン（在パリ）へ」『マルクス＝エンゲルス全集』第二七巻、一九七三年、三八一―三八三頁）。

＊55 *Ibid.*, p. 61.〔前掲『歴史・階級・人間』七八頁〕

理論における階級闘争はここに自らの黄金伝説を見つける。マルクスのテキストにおける階級闘争である。マルクスが過程と言えば、彼の口を通して語っているのはプロレタリアートである。マルクスが疎外と言えば、ブルジョワジーがマルクスの言説に浸透したことになる。当然こうした階級闘争のすべては、「階級闘争そのものとの密接かつ恒常的な関係のもとで」[*56]生じている。『資本論』第三巻あるいは四巻に疎外という語がはっきり復活していることが、ブルジョワジーからの攻撃とどのように結びつくのか、そしてプロレタリアートによる反撃がどのようになされるのか――アルチュセールはこれらに明確な説明を与えることができず、理論の波乱とマルクスの活動家人生総体の間に並行関係を設定する。

マルクスは三五年にわたり労働運動の指導者を務め、絶えず闘争のなかで「考えて」いた。マルクスは労働運動による闘争のなかでのみ、またそうした闘争を通じてのみ考え、発見したのだ。[*57]

労働運動に敬意を払ってはいるが、それはただ経験的存在としての労働者を厄介払いするためである。マルクスはアルチュセールほど言葉にこだわる人ではなかったし、一つの語（主導的な語）を強調したからといってものごとに一貫性が与えられるわけではないと知っていたから、自分が大指導者でないと自覚することも間々あった。彼が何年も大英図書館にこもったのは、それが革命に対する自らの最大の貢献であろうと判断してのことだった。ここでのアルチュセールの大仰な言い回しは、実証されず、実証しようもないテーゼをわれわれに飲み込ませようとしているにすぎない。いわく、老いたマルクスが若きマルクスの概念や図式を繰り返すとき、その原因はブルジョワ階級からの圧力だ。

こうした幻想から脱け出るただ一つの方法は、古い概念やそれに「似た」概念が再導入されるとき、それがいかなる問題に対応しているのかを、当の幻想が生まれるあらゆる個所で真剣に検討することだ。再導入は言説領域でどのような機能を果たしているのか、現実政治のどのような争点を形成しているのか。そうした概念はマルクスの思想が成熟するにつれて「傾向的に」消滅する、などと言って済ますわけにいかない。こうした概念は、短期間（一八四五－四七年）でいきなり用済みになった。そのころマルクスは経験論的な用語を体系的に用い、あらゆる哲学概念を経験的現実に還元することに熱を上げていた（つまり、形式的に用済みとされた概念はしばしばたんに装いを変えただけ、ということでもあった。ここから『ドイツ・イデオロギー』の奇妙な理論的姿が生まれる）。こうした概念は四八年革命後に再登場するが、果たす役割は異なっている。かつて宗教批判に用いられたカテゴリーと図式が、四八年世代の政治的幻想を考えるために用いられる。ヘーゲル的で人間学的なカテゴリーが、政治経済学批判（『経済学批判要綱』）に取り組む際に大量に用いられる。ヘーゲル論理学が、『資本論』の執筆過程で依拠の対象となる。もっとも興味深い例はおそらく、労働者の闘争とその渇望に呼応すべく人間学的な図式が再び引き合いに出される箇所だろう。ジョン・ルイスに対し、政治的テキストに疎外という語を「いつでも探しに行ってかまわない」と優しく指摘するアルチュセールであれば、『フランスにおける階級闘争』第一草稿のなかに、国家と社会に関連して、人民が「固有の社会的生」を取り戻す必然性を語って

＊56　*Ibid.*, p. 59.〔同前、七六頁〕
＊57　*Ibid.*, p. 62.〔同前、八〇頁〕

いる考察を見つけるのも容易だろう。この表現の由来には疑問の余地がない。[*58] こうした考察は国家装置という「科学的」概念をめぐる省察の核心に位置している。そして『資本論』の科学性からは放逐すべきと思われるフェティシズム概念の背後にもまた、労働者の渇望が見いだせる。商品の神秘化について思考し、資本主義システムの働きを理解することを可能にするのは、勤労者の闘争にはらまれる渇望にほかならない。「自由な生産者たち」、「自由に連合する人間たち」の協働だ。あらゆる社会関係、対象とのあらゆる関係が「単純で透明」である協働だ。[*59] 物には労働の社会性が刻まれるという理念は、同じころパリでストに入ったブロンズ鋳造師たちの夢想に呼応している。「自由な人々が暮らす」文明である。「その特質は、彼らが呼吸している社会的生の消しがたい性格を、生産物の上に刻印するところにある」。[*60]

一つの考え方を示唆するために、簡単な指摘をいくつか。おそらく、イデオロギー的残滓やブルジョワ的浸透物を取り除けば出てくる一、つ、の概念的本性をもったマルクス主義なるものは存在しない。ただ複数のマルクス主義があるだけである。『資本論』の一つの論理学は存在せず、複数の論理、様々に異なる言説戦略が存在している。それらは種々の問題に対応し、諸階級が自らについて考えながら敵と対峙している言説――古典派経済学者の科学、労働者たちの抗議、哲学者たちの言説、工場検視官の報告書、等々――を、多様な仕方で反響させている。概念的本性の複数性はまた、「理論における階級闘争」の一側面というより、階級闘争とその言説形態が理論家の言説におよぼす諸効果の一側面であるだろう。マルクス主義の「科学性」をあらゆる非科学的要素から区別できると主張する人々は、まだまだ苦労が足りない。そして「プチブル的」概念と「プロレタリア的」概念の間に線を引きたいと思う人々は、まだまだ失望を味わうことになる。

＊58　訳注──フォイエルバッハのヘーゲル批判を指す。

＊59　*Le Capital*, Éd. Sociales, t. I, pp. 90-91〔前掲『資本論 第一巻』一〇五頁。ただし当該箇所に「自由な生産者」という表現はないので「自由な人々」の間違いと思われる〕。詳しい分析は次を参照。J. Rancière, « Mode d'emploi pour une réédition de *Lire "le Capital"* », *Les Temps modernes*, novembre 1973.〔未邦訳、ジャック・ランシエール「再版された『資本論を読む』の使用法」『レ・タン・モデルヌ』一九七三年一一月号〕

＊60　Joseph Barberet, *Le Travail en France. Monographies professionnelles*, Paris, 1886, t. II, p. 134.〔未邦訳、ジョゼフ・バルブレ『フランスの労働者──職業にかんする専門研究』一八八六年〕

第IV章

歴史の教訓

ヒューマニズムの害悪

労働者たちに、君たちは社会のより高い階層の人々と同じように人間である、同じように楽しむ権利を持っている、と繰り返し述べ、彼らの境遇を日々彼らの目にさらすことになってしまえば、司法が出版認可に対し、また政治団体に対し行ってきたことのすべてがおしまいだ。

——王立裁判所パリ検事長ペルジル（一八三三）

大衆のイデオロギーがブルジョワ的およびプチ・ブルジョワ的諸概念から自由であるかぎり、大衆は自分を「人間」であるとは認識しないし、「人間の尊厳」を要求しようともしない。

——サウル・カルツ[*1]『理論と政治——ルイ・アルチュセール』

私たちが生産し、売り、自分の取り分をもらう。それは可能だ。

——リップの労働者

『ジョン・ルイスへの回答』がわれわれに見せてくれるのは、新しい一歩を踏み出す哲学である。理論における階級闘争はもはや、学者の自然発生的哲学のなかに観念論の風を吹き入れる窓を閉めることに甘んじない。理論はこれから、「言いたくてうずうずしていること」を語りだすだろう。ブルジョワと労働者の政治、ソヴィエトとチョコスロヴァキアの政治、といった普通の意味における政治に取り組むだろう。

この新たな介入がアルチュセールの古い闘い、理論的ヒューマニズムに対するマルクス主義の闘争を繰り返すものであることに人は驚くかもしれない。しかし驚いていては、アルチュセールの軌道修正が求める哲学と政治の関係を無視することになるだろう。今や哲学が政治的介入であるのは、哲学が永遠であるかぎりにおいて、同じ闘いの際限のない反復であるかぎりにおいてである。哲学は科学者に対しては、研究対象の実在性を信じる理由がある、とつねに想起させねばならない。そして大衆に対しては、あるいはむしろその——政治的かつ哲学的な——前衛に対しては、マルクス主義はヒューマニズムではなく、ヒューマニズムはブルジョワ的観念論の政治的姿にほかならない、と繰り返し言い聞かせねばならない。ならばアルチュセール哲学に対しては、別のことを言うように求めてもしかたがないだろう。この哲学はほかに言うべきことをもっていないのである。この哲学が新たになしうるのは、同じことを新しい対象について語ることだ。したがってここで私たちの興味を引くのは、この哲学がその同じことを語る仕方、そこで定められる哲学、政治、大衆、それぞれの席のみである。

ヒューマニズム問題はどういう理由でアルチュセール哲学の十字架であるのか。答えは簡単である。一方で「M. L. はきっぱりしている」。すなわち、マルクス主義はヒューマニズムではない。「人間」とは、搾取を隠蔽して搾取を可能にするブルジョワ・イデオロギーの神話である。しかし他方では、マルクス主義の理論家と指導者は、マルクスから毛沢東にいたるまでもう少し多くのことを語っている。彼らは人間や人間疎外、人間がつくる歴史、人間自体をより深いところで変革する必要性、等々が無用であると語ってすましてはいない。労働者にかんしては言わずもがなである。マルクス主義的反ヒューマニズムが労働者の「理論的な階級的立場」であるとしても、労働者は人間を引き合いに出すことをやめないし、自分たちが人間であって犬畜生ではないと断言することをやめない。「この世は人間のものだ」[*2]と謳うことをやめないし、より人間的な社会を求めることをやめない。アルチュセールの著書がフランスの理論市場に参入したまさにそのころ、リップの労働者は「経済は人間に奉仕するものであり、人間が経済に奉仕するのではない」という原理を掲げてブルジョワ的秩序に挑んでいたのである。彼らはまだ一八四四年にいるとでも言うのだろうか。大学から追い立てられる「人間」と、工場において引き合いに出される「人間」の間の関係は、いったいどうなっているのか。

人間を削除しても現実の人間を抹消するものではない、と哲学は請け負う。[*3]しかし、これは無駄な予防線である。哲学の犯罪は思弁的なものでしかない、とわれわれはとうの昔に知っていた。われわれが

＊1　訳注――社会学者。著書に *Théorie et politique : Louis Althusser*〔未邦訳『理論と政治――ルイ・アルチュセール』一九七四年〕、*Pourquoi le travail social ?*〔『なぜ社会的労働か』二〇〇四年〕など。
＊2　訳注――フランス語「インターナショナル」の第六番の歌詞の一節。
＊3　*Réponse à John Lewis*, p. 32.〔前掲『歴史・階級・人間』三九頁〕

ここで関心を抱いている関係は、ヒューマニズムに対する哲学の闘いが、階級闘争において遂行される語の戦闘との間に結ぶ関係である。このとき哲学は二つの回答をもちうるだろう。最初の回答は、哲学は哲学についてしか語っておらず、憤激の叫びや、人間を引き合いに出すこともある鷹揚な発言には関心をもたない、というものである。言い換えれば、理論的な働きをする哲学的概念としての人間についてしか語っておらず、マルクス主義科学に理論的出発点を与えようとしか言っていない、というものである。哲学はつまり一切の曖昧さを回避するのであるが、それは誰もが認める一般的なものについてしか語らないことと引き換えにである。だが『資本論』の理論的出発点は人間ではなかったのか。誰がそれに異議を唱えるだろう。アルチュセールが所属する党においてさえ、ヒューマニズムの伝統はとかく引き合いに出されており、誰もアルチュセールが示すようなテーゼを支持しない。歴史は主体をもたない？　誰が歴史に主体を与えることなどに気を配る？　ジョン・ルイスが、か？　しかし誰がジョン・ルイスのことなど気にかける？　論争相手を探すためにかくも遠くまで行かなければならなかったのは、いくら破廉恥な文句が飛び交う党のなかといえども、人間が歴史の主体であるなどという恐ろしげなテーゼを実行に移そうとする者を見つけられなかったからではないのか。理論的ヒューマニズムと主体の哲学に対する闘争は、今日、哲学における重要な階級闘争であるのか。周囲を見渡してみるといい。この論点については、一九七三年のフランスの大学は一九三六年のソ連社会なみに平和である。人間の死や主体の清算が宣言されていないところはない。マルクスやフロイト、ニーチェやハイデッガー、「主体なき過程」や「形而上学の脱構築」の名のもとに、大小の官僚知識人があらゆるところに口をはさみ、『デイヴィッド・コパーフィールド』〔ディケンズの長編小説〕に登場する芝生からロバを追い立てようと血眼になるベッツィーおばさんなみの熱心さで、「主体」を追い詰め、科学から「主体」を退去させている。[*4]われらが大学哲学者たちの唯一の闘争は次の点をめぐってのものである。いったいどのソースをつけて私たちは「主体」を食べるのか？　人間について言えば、今日では高等師範学校受験準備学級一年生ですら、小論文を書く際に人間を引っ張り出して気恥ずかしさを感じない者はいない。実を言えば、今でもなお予防線なしに臆面もなく人間について話す者は、労働者だけである。

ここから次の疑問が生じる。厳密に言って哲学はなにと闘っているのだろうか。一九六八年の『ウニタ』におけるインタヴューは哲学に一つの役割を与えている。哲学が諸概念の間に境界線を引いて語を修正することにかくも意を注ぐとすれば、それはつまりこういうことである。「政治的、イデオロギー的、哲学的闘争において、語は武器、爆薬、鎮痛剤、毒と同じである。階級闘争の一切は、しばしば語と語の闘いに要約されうる[*5]」。ならば政治的－イデオロギー的な闘争において、「人間」は歴史の主体を

＊4　例えば、剰余価値という概念からマルクス主義を解放したという理由でリオタールがドゥルーズとガタリに送った賛辞を見よ。「剰余価値についての沈黙も同様である。債権者を探してはならない。それは徒労に終わる。そんなことをすれば、この債権の主体を存在させ、プロレタリアを社会体の表面に受肉させる。つまり政治的舞台の上に置かれた表象の箱のなかでプロレタリアを表象することになってしまう」。J.-F. Lyotard, « Capitalisme énergumène », *Critique*, novembre 1972, p. 937.〔未邦訳、ジャン＝フランソワ・リオタール「取り憑かれた資本主義」『クリティック』一九七二年一一月号〕。強調は著者による。

＊5　« La Philosophie, arme de la revolution », *La Pensée*, avril 1968, p. 33.〔ルイ・アルチュセール「革命の武器としての哲学」、前掲『マキャヴェリの孤独』一九八頁〕

めぐる争いとはまったく別の争いをしていることになる。しかし、もし哲学が主体をめぐる争いにはなにも賭けないとすれば、もし哲学が、語の種々の効果が認められる場面において（「人間による人間の搾取の廃止」、「反乱者の真の名とは人間だ」……）、そんなものは哲学の問題ではない、プロレタリア理論の概念ではなく憤怒や義憤や鷹揚さから出てくる単語にすぎない、と宣言するとすれば、哲学は己の政治的意図を台無しにする分割を行ってしまうことになる。一方には知的なものの領域、「理論におけるプロレタリア階級の立場」があって、それは人間をブルジョワ的神話として拒絶する。他方には、感覚的なものの領域があり、その担い手たちは「別の語を選ぶ」。彼らの言葉は文字通りに受け取られるべきではなく、状況によって説明され、状況が指し示すものへと差し戻されねばならない（貧しい人々もまた自身の「概念－指標」を有する）。とすれば、ジョン・ルイスの著作についてアルチュセールが告発する人間は、ブルジョワとプロレタリアが彼らの闘争において日々投げつけあっている語としての人間とはなんの関係ももたないだろう。つまり哲学がもっぱらかかわるテーゼは、その政治的効果が講演会場のそとに出ることがなくなってしまうのである。

　この不本意な結果を受け入れがたいのであれば、哲学は歴史の主体だけではなく、実践的な政治イデオロギーとしてのヒューマニズムについても語らねばならない。「絶対的な起源」という哲学概念についてのみならず、イデオロギー的階級闘争において「人間」が果たす役割についても語らねばならない。例えば、雇用主と労働者の闘争において、なぜ「人間」が雇用主の側につくのかを説明しなければならない。

　表面上は、この問題は苦もなく解けるように見える。資本主義が全般化する商品関係をブルジョワ法が裁可するのだ、と考えればよいのである。その説明によると、この法はブルジョワジーには他人の労働を搾取する自由があり、プロレタリアートには自分の労働力を売る自由があると宣言して、法的イデオロギーを生産する。自由、権利主体、人間の諸権利といったイデオロギーである。さらにこの法的イデオロギーは哲学領域において主体のカテゴリーを、政治領域において人間というブルジョワ的観念とヒューマニズムを生産する。人間について語り、あらゆる人間は自由で平等であるとプロレタリアートに保証することによって、つまり「ヒューマニズムの唄」を彼らに歌ってやることによって、ブルジョワジーはプロレタリアートに階級闘争の現実が見えないようにする、というわけである。ブルジョワジーはプロレタリアートに、君たちは自由な主体であり、人間として全能であると説得するのだ。この錯覚からこそ、マルクス主義は労働者を解放せねばならないだろう。アルチュセールに魅了されたある注釈者は、この解放についてこんな牧歌的ヴィジョンを示している。「大衆のイデオロギーがブルジョワ的およびプチ・ブルジョワ的諸概念から自由であるかぎり、大衆は自分を『人間』であるとは認識しないし、『人間の尊厳』を要求しようともしない[*6]。「人間の尊厳」という「ブルジョワ的」要求からついに解放された大衆は、幸福である。愚かな考えを抱いたために世界のそこかしこで銃殺され、流刑にされた、あの数百万もの労働者の不運を彼らは免れている。しかしもっと幸福であるのは、ブルジョワ的世界観から解放できるくらい大衆を科学的に教育することができた指導者たちである。

＊6　Saül Karsz, *Théorie et politique: Louis Althusser*, Paris, Fayard, 1974, p. 267.〔未邦訳、サウル・カルツ『理論と政治――ルイ・アルチュセール』一九七四年〕

こうした分析はなにを前提としているのだろうか。それは、ブルジョワだけが考えるということ、知識人の科学を学んでいないプロレタリアが語る人間、権利、自由は、彼らを苦しめている支配関係のせいぜい裏返った表現にすぎない、ということである。「自由のイデオロギーはプロレタリアに課され、プロレタリアはそのイデオロギーを、社会とそこで彼が占める場所の表象のなかに自発的に取り込む」[*7]。しかしどのような自由であり、課すとはなにを意味しているのだろうか。ブルジョワジーは労働者にいつでも、一七九一年のル・シャプリエ法が与えるような自由を力によって課すことができる、ということだ[*8]。それでも、労働者の自由概念がつねに雇用主のそれと敵対してきたことに変わりはない。ブルジョワジーにとって自由とは、二人の個人間での自由な取り決めにより労働者を雇ったり、解雇したりする自由である。労働者にとって自由とは、働きたいところに働きに行き、「公正な価格」でしか自分の労働を売らず、この公正価格が拒否された場合には打ち揃って職場を去る自由である。この自由に、雇用主は労働者による専制という名前を与える……[*9]労働者にとって雇用主の自由が専制であるのと同じように、である。雇用主の自由とは個人にのみかかわる自由であり、労働者の自由とは、ともにあることと、集団的にしか対処しないこと、打ち揃って労働をやめることである。労賃相場を固定し、それを尊重することを求めた一九世紀の労働争議の歴史全体がそれを示している。「自分の労働力を売る自由」は労働者の個人的な自由ではありえないだろう。有効な契約とは、労働者集団との契約以外にはありえない。職場で二人の労働者が相場以下で労働することを受け入れたなら、同僚集団はこの権利侵犯に対して反乱を起こすだろう。というのも、労働価格の相場をめぐる「経済」闘争はなによりもまず、ブルジョワ法に挑む労働者的適法性の闘争だからである。「労働の自由」というブルジョワ的観念を受け入れさせるためだけにも、警察的、司法的、刑罰的諸装置の長期にわたる働きと、組合装置内における激しい闘争を通過しなければならなかった。そして日々の経験がわれわれに示すところによれば、ブルジョワジーの目論見はまだ実現にはほど遠い。

というのも、哲学者に対しブルジョワ法が主体とその自由をめぐる幻想を創り出すことができたとしても、労働者にとって事態はいささか異なるからである。ブルジョワ法が雇用主と労働者について語る端から、人間の平等や人間とモノの抽象的なペアは、そのよくできた見かけを崩されていくのである。ブルジョワ法が階級の差異を消し去っても、それは自然に生じる隠蔽ではないし、生産諸関係の進化だけによるものでもなく、労働者がそうなるよう強いたからである。賃金相場のための闘争と雇用維持のための闘争に学んだ労働者は、ナポレオン法典のなかに個人の自由とは別のものを読みとる。雇用主と

＊7 *Ibid.*, p. 214

＊8 訳注――ル・シャプリエ法は、革命後のフランスで一七九一年に制定され、労働者の団結や職人のギルドを禁止した。提案者イザク・ルネ・ギ・ル・シャプリエの名にちなんで名づけられた。

＊9 国会議員チボーの有名な演説。「共和国にいかなる専制の遺物も残さぬよう、あなたたちが絶滅しなければならない悪徳が、製紙業界に存在している。それは職場の平穏と繁栄にとって有害な慣習、規則、偏見、法を保存している労働者の同業組合だ。〔…〕企業家や製造業者が労働者と悶着を起こすと、工場は閉鎖される。労働者は職場を放棄し、閉鎖された工場で働こうとする勇敢な人々は追放され、高額の税金を払って職を得ることになる」。次に引用。Daniel Guérin, *La Lutte de classe sous la première République*, Gallimard, 1946, t. II, p. 158.〔未邦訳、ダニエル・ゲラン『第一共和制下の階級闘争』一九四六年〕

労働者の権利の差異だ。半世紀以上をかけて、労働者はこの差異を体現する諸条項に闘いを挑むことになるだろう。刑法四一四‐四一六条は、雇用主の「同盟」と労働者の「同盟」に適用される刑罰を差別し、労働者に対しては雇用主には適用されないカテゴリーを規定している。争議首謀者というカテゴリーである（このカテゴリーは、重い刑罰――五年以下の禁固とさらに五年以下の厳重な監視――をともなうという以上に、労働者の闘争をどう見るかというイデオロギー的意味をもっている）。民法一七八一条は、雇用主が支出した様々な保障分担金については、雇用主の言が信用されることを保証している。これらの条項が今日の法から姿を消しているのは、労働者が彼らの権利の否定に抗して闘った結果でしかない。労働者は雇用主と同じ資格の「人」となるため、労働者としてではなく「人間」として承認されるため、闘ったのである。[*10]

この権利請求は見かけ上は逆説的だが、実際のところはブルジョワジーのある種の言説に対する応答でもあった。というのも、ブルジョワジーが労働者に歌って聞かせる「ヒューマニズムの唄」には、つねに多少特殊なところがあったのである。例えば一八三〇年に権力の座についたブルジョワジー。彼らはその翌年には、リヨンの絹織工の反乱により権力瓦解の脅威に直面する。そのとき彼らは労働者に対し、どんな唄を歌ったか。人間しか存在しない、人間はみな平等であり兄弟であると歌っただろうか。まったく違う。ブルジョワジーはその反対のこと、つまり、階級闘争が存在すると言ったのである。有産者たちに対する無産者たちの、文明人に対する野蛮人の闘争が存在する、と。そして文明の真っただ中にいる野蛮人に対しては、なににもまして人間としての資格や特権を与えてはならない、と言ったのである。リヨンの反乱の翌日に出た『ル・ジュルナル・デ・デバ』[*11]は次のように警告している。「リヨン暴動は重大な秘密を暴露した。社会のなかで起きている、持てる階級と持たざる階級の間の内部闘争の秘密である。われわれの商業社会にはほかのすべての社会と同様に欠陥がある。この欠陥こそ労働者階級だ。労働者のいない工場というのはありえない。そして、つねに窮乏している労働者人口がつねに増え続けているために、社会に安息はない。それぞれの製造者は己の作業場において、奴隷に囲まれたプランテーション経営者、百人に囲まれた一人のように暮らしている。〔…〕社会を脅かす野蛮人はコーカサスにいるのでも韃靼にいるのでもない。彼らはわが工業都市の周辺部にいるのである」[*12]。ゆえに結論は、守るべきものを持たない野蛮人には武器も権利も与えるな、である。その点にかんする所有者階級の意見は、一八三三年、ある公示役人をめぐる訴訟において、後に法務大臣となるパリ検事長ペルジルが表明したような国家の見解と同じである。「労働者たちに、君たちは社会のより高い階層の

＊10　ブルジョワ法は、雇用主であるか労働者であるかによって人を区別するやり方を備えているとはいえ、異なるカテゴリーの人間が「物」に対して行使する同一の行為を異なるものと位置づける。しかしリップ事件が起きた当時、法律家たちは、一八三二年四月二八日の法律が廃止されていないと強調した。この法律によれば、雇用主の工場における労働者による盗みは犯罪と規定され（泥棒による盗みと労働者による盗みは同じ盗みではないにもかかわらず）、五年から一〇年の禁固刑に相当した。法律家たちは、この法律が（リップの労働者による）腕時計の略取についても適応可能と判断したわけである。この略取を、雇用主は恭しく資産横領と呼んだ。

＊11　訳注――一七八九年から一九四四年まで発行された保守系日刊紙。

＊12　*Le Journal des débats*, 8 décembre 1831.〔未邦訳、『ル・ジュルナル・デ・デバ』一八三一年一二月八日付〕

人々と同じように人間である、同じように楽しむ権利を持っている、と繰り返し述べ、彼らの境遇を日々彼らの目にさらすことになってしまえば、司法が出版認可に対し、また政治団体に対し行ってきたことのすべてがおしまいだ」[*13]。

階級闘争が存在する、とブルジョワジーは宣言する。労働者に向かって、君たちはブルジョワジーと同じ人間である、と語ることなど問題になっていない。この宣言に対し、労働者は逆説的に応答しているのである。野蛮人も文明人も、階級の区別も存在せず、私たちはあなたたちと同じように人間である、と。

印刷工バローは、『ル・ジュルナル・デ・デバ』でこう応えている。

労働者は奴隷ではない。それどころかフランスにおいて市民の資格をもっており、傲慢や思い上がりからではなく、雇用主と同じように自由であると信じている［…］。わが兄弟たるプロレタリアは、いったいあなた方になにをしたというのか。憤怒に満ちた呪詛の言葉を浴びせられるに値するほどの、なにを。高貴なお方の前を帽子も脱がずに通り過ぎる非道をなした、性質の悪いごろつき平民の耳を大貴族が切り落としていた古き良き時代であったなら、そんな言葉も当たり前であったかもしれないが[*14]。

一見したところ、バローは怯えきったブルジョワに対し、その公認イデオロギーを投げ返しているだけである。私もあなたと同じように自由な市民ではないのか。この問いかけは、労働エリートが「奴隷」に対して抱く軽蔑に依拠しているかもしれない民主主義的幻想ではあるだろう。しかし、語の使い方にはもっと注意を払う必要がある。教養あるブルジョワが抱く恐怖は、傷、奴隷、プランテーション……といった隠喩を紡ぎ出す。ところがプロレタリアートは隠喩を拒絶するのである。語は字義通りに受けとめられ、実践に結びつく。職場の制約のもとにある労働者には、語は別の現実的重みをもつわけだ。語は額面通りに受け取るべきもの。私たちを奴隷呼ばわりすることは、私たちを奴隷として扱うことだ。われわれは奴隷に包囲されていると言う者は、たんに労働者に対する軽蔑を口にしているのではなく、資本主義的支配の鉄鎖を強化してもいるのだ。加えて彼はなにを示したがっているか。労働者に武器を与えるべきではない、ということだ。語の使い方が武器の使用を縛るのである。労働者はブルジョワと同様に人間だと述べることで、バローは労働者が武器を手にする権利を擁護している。その結果、労働者の尊厳にかんする節度ある言葉が、プロレタリアートの蜂起にまで続く連鎖反応を呼び起こす。バローいわく、所有者だけが人間なのではない。私たちもまた自由市民である。ならば私たちに武

＊13　次に引用。Grignon, *Réflexion d'un ouvrier tailleur sur la misère des ouvriers en général, la durée des journées de travail, le taux des salaires, les rapports actuellement établis entre les ouvriers et les maîtres d'ateliers, la nécessité des associations d'ouvriers comme moyen d'améliorer leur condition*, Paris, 1833, p. 1〔未邦訳、グリニョン『ある仕立工の省察――労働者全般の悲惨な境遇、労働時間、賃金、労働者と工場主の現在の関係、労働者の境遇を改善する手段としての労働者協同組合の必要性について』一八三三年〕。引用における強調はグリニョンによる。

＊14　J.-F. Barraud, *Étrennes d'un prolétaire à M. Bertin aîné*, Paris, 1832, p. 4.〔未邦訳、J－F・バロー『ベルタン家の長男への一無産者からの心づけ』一八三二年〕

器を与えよ。〔ウジェーヌ・〕ポティエいわく、「反乱者の真の名とは人間だ」。人間とはすなわち生産者である。というのも生産者だけが人間だからである。「有閑階級はよそに住めばよろしい」。

仕立屋グリニョンはペルジルに応えて言う。政府が「労働者には人としての宿命を教えてはならない」と考えるなら、それは政府が「われわれを裕福な怠け者たちの楽しみの道具としか見ていない」からである[*15]。権力は労働者に人としての資格を与えることを拒むが、雇用主が労働者にあえて与え、しかも同時に労働者が口を揃えて拒みもする資格がある。「彼らはわれわれをあえて暴徒と呼んで非難する。つまりわれわれは彼らの黒人奴隷ということなのか？〔…〕これらの紳士方は、仕立工の大半が誠実で良識を身につけることができる、と認めたがっている。〔…〕だがわれわれの境遇をいったん脱して、そこにまた戻ってくることのできる人間に良識を認めるのは、ほとんど無理というものであろう」[*16]。人間の資格を要求するとは、雇用主が己に与えている、労働者を資格づける権力に否と言うことだ。資格づけの権力は、雇用主が労働者について主張する所有権の表現にほかならない。この表現を文字に物質化しているのも労働者の〈宣言〉である。「紳士方がわれわれについて所有権を主張するのをやめれば、われわれは彼らと交渉に入ることができるだろう」[*17]。決定的な言葉である。労働者が資格として要求する人間は、商品関係の自由と平等によって生産された幽霊ではない。人間とは、むしろ商品関係への抵抗がそこに顕現するイメージだ。商品関係がはらむ傾向の拒否、労働力ばかりか労働者自身を商品に変える傾向の拒否が顕現するイメージ。雇用主はこの商品への所有権を勝手に主張し、他の商品と同じように流通させたがっている。労働者は資本主義に内在するものとして、奴隷制への傾向を告発しているのである。この一八三三年の秋、仕立工たちは資本主義的奴隷制から抜け出るための途を示す。生産用具の労働者所有である。ストライキの糧とするため、そして人間が主人なしでやっていけると示すために、労働者たちは国立作業場を創り出す。彼らはそこで、自分たち自身で衣服を作り、売る。こうしたイニシアチブの意味を、ブルジョワジーは見逃していない。

錯乱のなか、彼らはもはや主人がいなくなるだろうと公言するところまで進んだ。協同組合機構だけで衣服が作れる、と。信用状も必要なく、責任者も要らず、互いに平等であって誰からも命令されずにうまくやれる——と彼らに思える——人間がいれば、衣服が作れる、と。[*18]

仕立工たちの言う人間はこのように働く。定義上、諸階級の下には人間しか存在していないのであるから、主人なしでやっていくことは可能なのである。「人間」とは闘争を歪曲する覆いではなく、労働を管理する労働者的実践から、生産手段を自分たちのものにする実践へと移る合言葉にほかならない。

＊15　*Reflexions d'un ouvrier tailleur..., op. cit.*, p. 1.

＊16　Réponse de Grignon au Manifeste des maîtres-tailleurs. *La Tribune*, 7 novembre 1833.〔未邦訳、「仕立屋工場経営者陣の『宣言』に対するグリニョンの応答」『トリビューン』一八三三年一一月七日付〕

＊17　*Ibid.*

＊18　仕立工によるストライキの裁判で雇用主側の弁護士を務めたクラヴォー氏の主張。次からの引用。Jean-Pierre Aguet, *Les Grèves sous la Monarchie de Juillet*, E. Droz, 1954, p. 84.〔未邦訳、ジャン＝ピエール・アゲ『七月王制下のストライキ』一九五四年〕

労働者の独立自存から生産者の自律へと、である。別の連鎖がはじまったのである。今日の状況、一九七三年のリップにまでつながる連鎖が。リップにおいて労働者は、勝手に分割されたり移動されたりする人間ではない。そのことを喚起させる武器が「私たちが生産し、売り、自分の取り分をもらう。それは可能だ」という言葉である。この言葉は一つの未来を描き出している。すなわち、「人間に奉仕する経済」。

それは可能だ。ブルジョワとプロレタリアの間のすべてのイデオロギー闘争がここで闘われる。というのもブルジョワジーは労働者に対し、一つの唄しか歌ってこなかったのである。労働者たちの無能力、ものごとが現在そうであるのとは異なるようになる可能性のなさ、労働者にはとにかくそれを変えることができないという労働者の無力をしか、ブルジョワジーは歌ってこなかったのである。自由主義的ブルジョワジーが一八四〇年に創設した託児所——労働者の子弟に諦めを躾けるのに早すぎることはなかろうという理由で——から、私たちが知っている技術教育コレージュ（CET）にいたるまで、ブルジョワジーはプロレタリアの子供たちにただ一つの教えしか授けてこなかった。全能の人間についての教えではなく、秩序、服従、出世についての教えである。人間は権利上自由で平等であると言いながら、彼らは必ず、現実にはそんなことはない、ことの本性において人間は不平等である、支配と隷従の対が人間の本性には刻み込まれている、と付け加えてきた。これはモンファルコン[*19]が一八三五年に労働者に授け、以来大きく変わっていない教えである。

財産にもとづく貴族制は、悪であるとしても不可避の悪である。土地、金、家、あらゆる自然の富、それらすべてを貧困階級に与え、農地法を施行し、あらゆる条件を平等にしたとしよう。すると、今日のところは誰も他人よりなにかを多くもっていないとしても、明日には、われわれの本性に染み込んだ悪徳──怠惰、濫費、無能──が不平等を復活させているだろう。君たちは今、この不平等に怒っているのであるが。[*20]

ブルジョワジーの「自由な」主体とは、一つの決定づけられた本性、まさに不平等を決定づけられた本性である。ブルジョワジーの言う人間はつねに二重である。それは支配する者と支配される者の必然的な相補性である。しかしヒューマニズムは、こう言ってよければ、人間という神についての言説ではない。プロレタリアに対し、君たちは自分ではなにもできないという言説である。

われわれを必要最小限レベルに縛りつけておく手段を種々もっているにもかかわらず、彼らはわれわれがすべての富の源泉であって、ゆえにわれわれこそ力と能力の一切である、ということをわれわれよりもよく知っている［…］。そこでわれわれを捕まえておくため、彼らはわれわれを鎖につないでおく考え方をわれわれに抱かせようと努める。投機家がいなければ労働者は生きられないだろう、とまで言う。投機家が労働者に仕事を与えるのだから、と。[*21]

*19　訳注──第I章注17参照。
*20　Jean-Baptiste Monfalcon, *Code moral des ateliers*, Paris et Lyon, 1835, pp. 37-38.

ブルジョワジーが労働者を鎖につないでおこうとする考え方とは、つまるところ、必然的法則が存在するという考え方である。必然的法則は必ず依存関係を含意する。経営者が仕事を与える、のだ。[*22] 解雇を拒否する労働者が現れると、ブルジョワ的英知はこう告げる。君たちは完全雇用を望むのか？ だが完全雇用のためには良好な市場が必要であり、良好な市場のためには資本が必要であり、資本のためには確たる収益が必要であり、確たる収益のためには雇用と解雇の自由が必要である。そこには循環がある。われわれはこの循環についてなにも変えることはできない。ソ連になるという選択はあるだろう。なるほど失業はない。だが、あなたたちが好きなところへ働きに行く自由もない。働く場所は当局に決められ、住民は移動させられ、労働は大規模に強制される。選びたまえ。それでも循環から抜け出すことはないだろう。市場の自由な作用か国家装置の強制かによって、活動の収益性がもっとも高くなるよう労働者を配置する少数の人々――所有階級かたんなる管理者か――がつねに必要となるだろう。

リップの労働者たちの回答はこうである。

> 彼らは、解雇が普通のことであり、雨や天気が地球の水システムの制御装置であるように、解雇は経済の制御装置だ、とすべての労働者に信じ込ませたがっている。だがそれは誤りである。それは資本主義体制に内在する制御装置であるが、人間のためにつくられた経済のなかで絶対的に必要というわけではない。[*23]

ブルジョワジーはこう主張する。「みなで一緒にいたい？ 大変よろしい。まったくもって『人間的』だ。だが経済は固有の法則をもっている」。それに応酬するため労働者の言説が用いる「人間」は、マルクスにおける「歴史」と同じ役割を果たすだろう。資本主義的支配を正当化する「自然」を告発し、ブルジョワジーの主張〔経済が別の仕方で機能するのは不可能だ〕を革命的な主張〔別の経済が可能だ〕に

＊21 Charles Noiret, *Aux travailleurs*, Rouen, 1840, p. 3.〔未邦訳、シャルル・ノワレ『労働者たちへ』一八四〇年〕

＊22 一般化していえば、支配的イデオロギーによる個人への呼びかけは、「人間」の万能の力を称揚する働きをせず、高級と下等の区別を打ち立てる。例えば伝統的試験システムは、知識をもっていることを認証するよりも、受験者に自分の無知と教師の寛大さを感じさせることを目指している。ブルジョワ法にかんしていえば、それは諸個人からなる大衆に、「自由な主体」としてではなく、罪ある者として呼びかける。現行犯で逮捕された者の裁判で、裁判長が自分の名前を言うことができないふりをする移民に対して「フランスは飲んだくれどもの掃きだめとなってはならない」と申し渡し、代理人が「法の適用」についてぶつぶつ言うため椅子から中途半端に体を起こすとき、その場を支配しているのは自由な主体と平等のイデオロギーではなく、法の守護者と臣民の間の半ば自然な差異にかんするイデオロギーである〔同様に、法曹界の人間が監獄に身を置くことになるとき、ことは大騒動となる〕。ベルナール・エデルマンは、法の実践についてアルチュセールのテーゼを例証しようと励んだ。しかしそのために、彼は民法すなわち、本質的にブルジョワどうしの関係をめぐる法領域に取り組まなければならなくなり、イメージにおける所有権の強化という特権的な対象を考察している。以下を参照。Bernard Edelman, *Le droit saisi par la photographie, Éléments pour une théorie marxiste du droit*, éd. F. Maspero, 1973.〔未邦訳、ベルナール・エデルマン『写真に収められた権利——マルクス主義法理論の基礎』一九七三年〕

＊23 Charles Piaget, interview au *Monde*, 18 septembre 1973.〔未邦訳、シャルル・ピアジェのインタヴュー発言、『ルモンド』一九七三年九月一八日付〕

ひっくり返すのだ。

これは可能なものをめぐる実践的な主張であり、いかなる韜晦もない「権利」要求として表現されることができる。雇用の権利であり、企業を監督する権利だ。雇用の権利の要求は、「権利主体」に対する法的幻想に膝を屈することではない。それは反対に、経済的なものが現実には政治的であること、解雇や倒産の経済的必要性なるものは、労働者の既得権を奪い、労働者がそこから力を引き出してくる共同性を破壊するための雇用主の戦略にすぎないことを告発する。この要求はたんに、ブルジョワ法のイデオロギーを反転させて雇用主の実践に突きつけているのではなく、法権利についての二つの観念を対立させている。補償を求める権利を、ブルジョワは認める。つまり労働者は、「きわめて特別な債権者」であるとは承認される。それに対する労働者からの応答が雇用の権利にほかならない[24]。古くからのイデオロギー闘争が継続されているわけだ。ブルジョワ的慈善か、それとも労働者的自律か。慈善は、経済の自然的制約と雇用主の誤りやすい本性のために労働者が陥る窮地から労働者が自力で脱出するのを助けようとする。自律は、ただ労働者の団結権を肯定するのみだ。両者の争いは、一八四八年、労働者の労働する権利とブルジョワ的扶助の権利が対立した争いと同じである。それは権利をめぐる争いであるものの、その基礎は権力をめぐる争いであって、この争いにあっては、国家と雇用主による統制の諸制度と、労働者管理の諸制度、労働者共同体の諸形態とが対立する。

闘争は最終的には二つの工場の間で行われる。「工場とは人間がいるところである」というピアジェの言葉は、パラント占拠の具体的状況を超えて闘争の意味づけを行っている[25]。それは資本家の工場、その専制、ヒエラルキー的秩序、商売上の秘密、解雇し補償する上からの措置、といったものへの反撃にほかならない。それらに対立させられているのは、労働者共同体に依拠する工場である。固有の労働リズム、ヒエラルキーなき組織、秘密のない取引をもたらす工場である。ここでは人間に訴えることにより、アルチュセール的概念装置（経済主義／人間主義）が資本主義の現実にかんして隠蔽するものが暴き立てられている。工場の専制、権力の再生産を保証する権力装置、そうした装置が再生産する扶助のイデオロギー――事態が今とは違ったものにはなりえないと労働者に際限なく繰り返す――である。つまり、努力の一切が最初から、労働者共同体、彼らの自治組織、集団的実践、集団主義的イデオロギーを打ち砕くことに向けられた専制的システムである。資本家の工場はなによりもまず、生産力の発展ではなく、打ち砕かれた労働者共同体なのである。「人間がいるところ」としての工場は、抵抗のなかで維持され－取り戻される労働者共同体に依拠した労働過程である。道はあいかわらず同じである。まず完全雇用を求めるところから、闘争のなかで別の世界を素描するところへ進むのだ。「人間のために」作られた世界、曖昧さなく言い換えれば、労働者共同体のために労働者共同体によって作られた世界である。

＊24 補償の権利にかんする、あるサンディカリストによる雇用主への回答。「あなたは資本主義的な用語で議論を行い、そこでの解決とは補償である。リップ闘争はもはや補償だけが労働者によって受け入れられるのではない、と示した。問題は補償ではなく雇用について提起されるべきだ。あなたと私の間の齟齬は、補償と雇用を求める権利との間にある」（« L'affaire Lip : émergence de nouveaux droits », *Projet*, décembre 1973, p. 1207.〔未邦訳、「リップ事件――新たな権利の出現」『プロジェ』一九七三年一二月号〕）。

＊25 パラントはブザンソン近くにあるリップの本社工場。

闘争のなかに作用しているのは、このように、たんなる語ではなく階級の言説である。ある意味ではすべてがきれいに切り分けられる。自由は主人のものであるか、労働者のものであるかである。人間は所有者であるか生産者であるかである。しかし語と語が分けられる（右に人間、左に階級といった具合に）のではなく、語がその内部で、反転や捻じれを通して分けられるのである。この野生の弁証法のなかでは、たとえ革命の理論家であったとしても、いつでも自分の居所が分かるとはかぎらない。というのも、当然のことだが、切断はけっして単純ではないからである。人間、権利、正義、道徳といった語――マルクスに対抗してパリ・インターナショナルが援用する――は、たえず一方の極から他方の極へ移動している。正理論派会計士にして未来のヴェルサイユ正規軍兵士アンリ・トランから、出世して自分の階級から離れることを望まない革命家ウジェーヌ・バルランへ、ブルジョワ的統合からプロレタリア的自律へ[26]、といった具合に。マルクスが一八七〇年の監獄にあると知って喜んだ労働者の「無駄口」が、一八七一年三月には天に響き渡る生産者の反乱の言葉になる、といったことも起きる。それはたんに、青年ヘーゲル派〔カール・〕グリュンと「プチ・ブルジョワ」プルードンを経由してそれら独学の俊才たちに伝えられた、古いベルリン風哲学の教えにすぎなかったのではない。それは新たな世界の合言葉でもあったのである。こうした政治的な二面評価は、マルクスの理論的言説のなかにも反映されている。例えば『資本論』第一章にあっては、商品分析の美しい厳密さが、自由な生産者の協働と透明な社会関係にかんする夢想によってかき乱されている。商品分析の言表に現れる語彙そのものが、同時代のパリのブロンズ鋳造師たちの宣言をこだまさせているのである。それらの言表は科学の可能性を、闘争する労働者たちの理想、自由な生産者の協働に準拠させていく[27]。すべては二つに切断される。フェティシズムが疎外の新たな相貌でないのは、パリの労働者の自由がベルリンの「自由人 die Freien」の自由ではないからであり、また、ブロンズ鋳造師たちが雇用主の策謀にその尊厳を対立させる人間がフォイエルバッハ的な人間ではないからである。*28 それゆえまた、マルクスの「分析的方法」が人間を起点とはしないとしても、自由な生産者としての人間は、マルクスの理論的言説のなかで一定の席を――修辞的な飾りや哲学的遺物としてではなく、科学の目的それ自体を可能にする点として――占めることになる。労働者の実践と言説に基礎を置く理論的な席である。そこはむろん、科学の哲学的「基礎」の席ではありえないだろう。だからこそ、政治的かつ哲学的言説においてどのような人間が問題となっており、どのような席を占めて人間が機能しているのかを見極めようとする探究は正当なのである。だが、この見極めがアルチュセール的理論装置のなかでは思考不可能である。この理論装置は、科学的なもの

*26 訳注――アンリ・トラン（一八二八―一八九七）は一八六四年に六〇人の労働者が起草した「六〇人宣言」の起草者の一人。ヴェルサイユ正規軍は、一八七一年のパリ・コミューンの反乱を鎮圧するためにティエールに率いられた。ウジェーヌ・バルラン（一八三九―一八七一）は社会主義者。パリ・コミューンの参加者で、第一インターナショナルの構成員。

*27 次を参照。J. Rancière, « Mode d'emploi pour une réédition de *Lire "le Capital"* », *Les Temps modernes*, novembre 1973.〔未邦訳、ジャック・ランシエール「再版された『資本論を読む』の使用法」『レ・タン・モデルヌ』一九七三年一一月号〕

*28 「自由人」とはバウアー兄弟（ブルノー・バウアーとオットー・バウアー）を中心に集まった青年ヘーゲル派哲学者グループが自称した名前。

とイデオロギー的なもの、概念と語、という思弁的分割によって、現実的な言説分割を覆い隠してしまう。この装置は、人間、その諸権利、その自由について交わされる階級の言説を一元的概念――ヒューマニズム――に仕立て上げ、その言説を次の二重のテーゼに従って統制する。

（一）マルクス主義は反ヒューマニズムである。

（二）しかしマルクス主義は、反ヒューマニズムを盾に「人間の顔をした社会主義」あるいは「人間の搾取の廃棄」を非難することはしない。それらは語にすぎず、概念ではないからである。

語と概念をこのように分離することで、アルチュセール哲学は、思考するつもりでいるものを取り逃がしてしまう。語の力である。アルチュセール哲学はそれを表象の理論のなかでしか考えることができない。いわく、人間という語はブルジョワ支配の諸条件を反映するとともに覆い隠すイメージである。ここではつまり、ブルジョワジーのイデオロギー的権力が複数の表象システムの重ね合わせとして把握されているのである。法への登録を司る表象システムが商品関係を法に転記し、さらに法的イデオロギーが「人間」や「主体」にかんする言説へと投射される。イデオロギーにおける権力効果は、この権力の存在条件を表象することの効果にすぎない。

国家のイデオロギー装置の理論はここで露と消える。残るのは本質と現れの戯れであり、これはアルチュセールを、彼が離脱したと信じる土俵に連れ戻す。若きマルクスの土俵である。「人間の背後で勝ち誇っているのはベンサムである」[*29]。自由な市民の普遍性の背後で、私的利害のエゴイズムが勝ち誇っている。ヒューマニズムの背後で商品関係が勝ち誇っている。しかし「ベンサム」とは、人権の麗しき普遍性の背後に隠れる私的利害や商品関係の別名ではない。工場の専制に根を下ろしたイデオロギーと実践のことだ。少数者に多数者の管理を任せる必然性に呼応した扶助と監視のイデオロギー、そしてその実践である。ブルジョワ的諸関係の再生産に必要な人間は、法律の文言と実践から生まれる諸幻想の作用によってよりも、規律システム——工場、学校、監獄、等々——の全体がもたらす実践的かつ言説的効果によって育成される。しかしアルチュセールは、マルクスがブルジョワ・イデオロギー的抑圧の核心として指し示す、労働者と「知的生産能力」の分離を考慮に入れることを政治的に拒絶する結果、古い形而上的見方のなかに閉じ込められる。「イデオロギー的」権力は視覚の転倒によって行使される、という見方だ。それに従えば、語はイデオロギーにとり、他の社会的諸実践に接合される言説的実践の要素ではなく、現存する諸条件の表象である。それゆえ語は次のようにしか分割されえない。すなわち、一方にはブルジョワ支配を表象する語——人間、権利、自由——があり、他方には、どこか違う場所たる科学的認識によって鍛えられる語——大衆、階級、過程……——がある、という分割である。哲学者に語を監視する権力を与える分割である。しかし同時に、この権力を検閲の次元に閉じ込める分割でもある。パリからブザンソンを通ってモスクワやプラハにいたるまで、ブルジョワ的語を使うことにこだわる労働者や知識人を見張るのである。

　すでに見たように、哲学は別の分割を導入することによってしか、この検閲者の役割を逃れることができない。経験的なものの次元から真なるものの次元を切り離す分割である。理論的言明（人間を「絶対的起源」の概念として用いる）と実践的言明（人間を義憤と怒りの叫びとする）を区別する分割である。

＊29　*Réponse à John Lewis*, p. 88.〔前掲『歴史・階級・人間』一二二頁〕

混同されるべきでないもの——ガロディの人間とチェコ人たちの「人間の顔をした社会主義」——を混同してはならない、と哲学は言う。チェコ人たちが要求したのは理論的ヒューマニズムではなく（警察の報告書に、歴史の主体を要求するデモ参加者を見つけることはできない）、自立した国民の社会主義、「社会主義の名に値しない諸実践によって顔（身体ではない。運動の言葉のなかで身体は問題となっていない）がゆがめられていない社会主義」であったにすぎない[*30]。

チェコ社会主義の闘士やソ連の反体制活動家には、人間や人間の顔をした社会主義について語る権利がある。なぜなら彼らは、ここフランスと同じ「語の選択可能性」が存在しない実践のなかにいるからである。けれども、西欧の講壇マルクス主義者には弁解の余地がない。なぜなら彼らは語を選ぶことができ、厳密な概念だけを使用する義務があるからである。言い換えれば、語の修正は、語が「自由に」選択されるところでのみ政治的に重要なのである。しかし語の選択可能性は、語がもはや重みをもたないところ、哲学雑誌のなかにしか存在しない。たしかにガロディは、誰の不安も掻き立てずに、生涯、党の機関誌のなかで統合的人間主義について語ることができただろう。だがガロディ問題が生じたのは、彼が語った場所である党機関のなかで、彼の言葉にチョコスロヴァキアやソ連で起こっていたことが反響し、向こうで生じていた現在とここで提起されている未来が結びついたからである。それをこそ、党機関は拒否しようとしたのである。党機関にとって、向こうで起きていることとここで起きていることの間にはなんの関係もあってはならない。チェコ問題とはなにか。われわれはチェコスロヴァキアへの侵略を非難するが、フランスにおいて恐れるべきことはなにもない。フランスでは政治的自由と国民の自立は将来にわたって保証されるだろう。ソルジェニーツィン問題とは？　嘆かわしい。しかし「社共共同綱領」を見たまえ。出版社を見つけられるかぎり、誰でも望むものを自由に出版することができるだろう。これらの問題がわれわれの政治装置の働きとどのような関係をもちうるのか、世間は分かっていないのだ。

この分離を、アルチュセールが設けた区別は裏打ちする。彼の「向こう」つまり実践において価値あるものと、彼の「こちら」つまり理論において価値あるものの間にアルチュセールが設けた区別である。『ジョン・ルイスへの回答』における区別の意味は、ユマニテ祭へのアルチュセールの介入のなかに見いだされるのである。[*31] いわく、ピエール・デクスがソルジェニーツィン問題を提起するのはかまわない。だが、こちらではこの問題をめぐる議論は科学的議論以外ではありえない。そして共産主義者の間での科学的議論は、党の出版物においてしかなされてはならない。ピエール・デクスは『ヌーヴェル・オブセルヴァトゥール』でこの問題を論じるという誤りを犯した。向こうで起きることはこちらでのわれわ

---

*30 *Ibid.*, pp. 67-68.〔同前、八六頁〕字義通りに理解すると、アルチュセールの文章は次の二つのことを言っているだけである。チェコ人は彼らの社会によい顔を与えることだけを意図し、身体のゆがみには順応していた。あるいは、身体は無傷であったが顔だけが負傷していた。これは「スターリン的偏向」の根源にかんするアルチュセール的評価のすべてに対する反論となろう。

*31 一九七三年九月のユマニテ祭での討論会において、アルチュセールはピエール・デクスを批判する介入を行った。ピエール・デクスはジャーナリストにして党員芸術批評家。ソルジェニーツィンの『収容所群島』刊行を賞賛し、フランス共産党指導部に反対する急先鋒の立場にいた〔ユマニテ祭とは、今日まで続く、『ユマニテ』（一九九四年までフランス共産党の機関紙）主催の催しで、毎年九月第二週の週末に行われる〕。

れの規則をいささかも変えてはならない。それでもやはりチェコスロヴァキアの運動を支持すべきではあるのだが、彼らの実践にとってのみ価値あるものをわれわれの哲学のなかにもち込んではならない。向こうで起きることは、こちらにおける共産主義者の政治機関の機能にかかわる問題を提起しないのである（チェコの運動はあくまで国民運動である）。

「共産主義者の」政治機関の問題をこのように誤魔化してしまうことこそ、「スターリン的偏向」にかんするアルチュセールの分析の核心をなしている。批評家の大半はこの分析を『ジョン・ルイスへの回答』の重要な新しさとして歓迎したが、どこにその新しさがあるのかは精確に見定めないままであった。

この新しさがスターリン的政治の「経済主義的」性格、つまり生産諸関係の革命を犠牲にして生産力の発展をなにより優先する性格を明るみに出した点にないのは明らかである。さらにこの新しさは、上部構造のレベルに属することがらの説明を、生産諸関係と階級闘争のレベルへと差し戻す点にもない。そうしたテーゼは当時すでに広く普及していた。例えばカストリアディスの分析のようないくつかの分析。それらはいかなる政治的大衆運動からも支持されなかったため、内密にされたに等しいものの、事態は中国の文化大革命や西洋における左翼主義運動の登場とともに変化した[*32]。文革は中国の共産主義のなかにすでに存在していたいくつかの特徴を骨太に際立たせた。労働者の解放と農民の解放が同時に進む経済、重工業の発展のために農村を犠牲にすることの拒否、機械化に対する集団化の優先である。加えて、ヒエラルキーと分業の固定化を阻む闘争、労働者のイニチアシヴへの呼びかけ、物質的刺激に反対する闘争がある。こうした特徴を通じて、われわれはソ連経済を特徴づけていた優先事項が転倒された、と知ることができた。ソ連経済を特徴づけていたのは、重工業の優越、農村を犠牲にした蓄積、スタハーノフ運動[*33]による発展、物質的刺激と賃金ヒエラルキー、管理者の全能性、上からの計画である。そしてわれわれは、中ソそれぞれの発展様式とその政治的効果の基礎にある政治的選択を認識することができた。文革においては、スターリン権力が警察的、法的、刑罰的装置の手に委ねた諸問題を、大衆がどう解決するかを目撃したのである。こうしたすべてのことはよく知られており、その痕跡はほとんどいたるところにある。ベトレームの著作および彼の周囲で行われた研究、中国にかんするいくつかの著作(マッチオッキ、ジャコヴィエーロ、カロル……)[*34]、『イル・マニフェスト』の政治論文、大学における数えきれない講義、等々[*35]。それゆえ『ジョン・ルイスへの回答』の新しさは別のところに位置づけられねばならない。こうしたテーゼをどう政治的に移動させるか、この移動が求める理論的処理はどのようなものか。

---

*32 Cornelius Castoriadis, « Les rapports de production en Russie », texte reproduit dans *La Société bureaucratique*, Paris, 1973, t. I, pp. 205-281.〔コルネリュウス・カストリアディス「ロシアにおける生産諸関係(一九四九年)」『社会主義か野蛮か』江口幹訳、法政大学出版局、一九九〇年、四六-一二三頁〕

*33 訳注――ソ連で行われた労働生産性向上運動。スターリン体制下で進められた第二次五ヶ年計画の最中であった一九三五年、ドネツ炭鉱の労働者であったアレクセイ・スタハーノフが、採炭技術の改良によってノルマの一四倍もの成果を上げたことにちなんで名づけられた。

*34 訳注――三人とも文化大革命を賞賛する著作を刊行している(いずれも未邦訳)。マリア・アントニエッタ・マッチオッキ『中国から』(一九七一年)、その夫のアルベルト・ジャコヴィエーロ『中国を理解する』(一九七二年)、K・S・カロル『マオの中国』(一九六六年)、『第二次中国革命』(一九七三年)。ベトレームについては第I章注44参照。

『ジョン・ルイスへの回答』が政治的に行ったのは、「共産党的」正統教義のなかに左翼主義の遺産を併合することである。上部構造を生産諸関係へと差し戻し、発展の経済モデルを疑問視することはそれ自体として目新しいわけではなかったが、共産党にとっては新しいことであった。アルチュセールはそこに目をつけ、国家のイデオロギー装置論とならんで左翼主義を正統教義に輸入するのである。すでに見たように、この輸入は政治的かつ理論的なある無化のメカニズムを前提としていた。理論的問題構成とその政治的基礎を分離し、発見を特別視することにともなう無化である（アルチュセールの「大胆な仮説」によれば、孤独な探究者が「危険を冒して」観念を提出し、それが世の中に広まっていく）。六八年五月が導入されたのだが、導入されてすぐに抹消されたのである。正統教義のなかへの左翼主義の輸入は、ある思弁的メカニズムを通してのみ遂行されうる。このメカニズムは、マルクスがシュティルナーの著作において解体したメカニズムとかなりよく似ている。政治的実践の諸要素を本質の顕現に変えるメカニズムである。階級闘争がシュティルナーの〈唯一者〉の哲学に現れるためには、その現れが「聖なるもの」の属性に変換されねばならなかった。国家、政治、労働者の諸要求はすべて一様に「聖なるもの」の顕現であるのだった。スターリンに対する「毛沢東主義的」批判がフランス共産党の財産目録に加わるためには、スターリン的政策は経済主義の属性でなければならず、経済主義／ヒューマニズムのイデオロギー的カップルの現れの歴史的形式でなければならない。

そこにこの著作の理論的新しさがある。つまりスターリン的「経済主義」を概念規定したところにではなく、古いアルチュセール的図式をスターリン的対象に適用したところにである。その図式は言う、ブルジョワ・イデオロギーは技術主義的‐経済主義的イデオロギーと道徳的‐ヒューマニズム的イデオロギーの相補性によって構成される。[*36] この著作においても他のところでも、アルチュセールの作業はすべて、新しいものを古いもののなかに嵌め込むこと、新たな対象に対し、唯物論哲学による時間を超えた切断を繰り返すことにある。経済主義／ヒューマニズムのカップルが代表する政治的観念論という永遠の敵を追い払うためにである。

この著作の新しさの一切はそこ、つまり経済主義の概念を二重化することにある。あるいは、この二重化に役立つかぎりでの偏向の概念にある。スターリンの「経済主義的」政治の原因とは、経済主義的偏向の効果なのだ。ところで経済主義的偏向なるものは（聖典的テキストのなかに）周知の実例、既定の父親（第二インターナショナルという）を有している。するともはや、ことはまったく自動的に説明される。スターリン的偏向は、「規模の違いを別にして」、「第二インターナショナルによる死後の復讐の一形態」と見なしうるのである。[*37] かくてわれわれは約束の地に到達する。「経済主義者」カウツキーから「ヒューマニスト」ベルンシュタインへ、新カント主義的ヒューマニスト、ベルンシュタインからサルトル的ヒューマニスト、ジョン・ルイスへと、円環が閉じられる。ヒューマニズムに対する闘いこそ、

＊35　当然のことながら、これらの研究のいくつかはその問題構成にかんしてアルチュセール主義から多くを取り入れている。だがここではその理論的父子関係を究明することはさておき、『ジョン・ルイスへの回答』に見られる固有の理論的貢献を把握したい。
＊36　この主題にかんしてはとりわけ『資本論を読む』と「革命の武器としての哲学」〔第Ⅲ章注20〕を参照せよ。
＊37　*Réponse à John Lewis*, p. 93.〔前掲『歴史・階級・人間』一二九頁〕

われらの世紀の決定的な闘争なのだ。

死後の復讐？　幽霊の歴史？　そんなことはない、とアルチュセールは言う。レーニン主義的方法が適用されるのはここである。

第二インターナショナルの経済主義と「スターリン的」偏向の経済主義を接近させる私の示唆に当惑してしまうかもしれない読者に対して、私はまず、労働運動における偏向を理解するためにレーニンが『第二インターナショナルの崩壊』第七章の冒頭で勧め、自らも採用している分析の第一原理がいかなるものであるのかを見るように、と答えよう。第一になすべきことは、この偏向が社会主義の古い潮流のいずれかと「結びついて」いないかを知ることだ。[*38]

「同じもの」の形而上学がここで信任される。レーニンの著書を探究しなければならないのは、レーニンの著作がそう述べているからである。しかし、レーニンの議論の進め方に形而上学的なところは一切ない。レーニンは、帝国主義戦争に直面したヨーロッパの社会主義政党の数々の分派が採用した立場の起源を、彼らの以前の政治的態度のなかに探り、戦争問題をめぐって生じた分裂が、以前から日和見主義者と革命家を対立させてきた分裂をほぼ再生産していると結論づけた。レーニンが言及する諸潮流は、現実の政治的分派、つまり一つの同じ党のなかにある諸傾向を表している。諸潮流がそのなかで活動する経済システムと政治システムの枠組みも同じである（帝国主義と議会制民主主義）。そしてそれらは異なる社会勢力によって支えられ、それらの勢力は、帝国主義からは労働貴族を、議会システムからはプチブル有力者を生みだすシステムによって育てられた。

　では「スターリン的偏向」は、なんらかの「社会主義の古い潮流」と結びついていないのだろうか。「歴史主義的」と言ってもいい普通の歴史観では、この指摘はドイツ社会民主主義のなかではなくロシア社会民主主義のなかに、件の古い潮流を探るよう仕向けるはずである。どうしてアルチュセールはそうしないのだろうか？　きわめて明白であるが、それをしようとすればレーニン主義的「規範」との関係で「偏向」を規定しなければならないだろう。しかし生産力の発展にかんしては、「偏向」はほとんど見られないのである。

　実際、スターリン的およびポスト・スターリン的「経済主義」のあらゆる特徴は、レーニンのテキストや実践的施策のなかにその保証を見つけていないか？　社会主義の準備段階としての国家資本主義論、資本主義的労働は「合理的」に組織されている――とりわけテーラー・システムにおいて――という評価、工場における鉄の規律、管理者の絶対権力、専門家に支払われる報酬、労働への物質的刺激、これらのすべてがレーニンによって理論的に主張され、実践された。こうした指摘に対してはもちろん次のように言われるだろう。レーニンはスターリンとは異なり弁証法的であり、つねにジグザグを描きながら、修正を行いながらことを進めた。あらゆる代償を払って生産力を発展させることと、大衆が生活諸条件を具体的にコントロールする形態を確立することを和解させる方策を、彼はつねに追求していた。彼が推奨する解決策は彼にとってつねに暫定的なものでしかなく、現時点をめぐる分析により決定され

＊38　*Ibid.*, p. 94.〔同前、一三〇－一三一頁〕

ていた。したがって、彼が一九一八年四月にテーラー・システムを強く勧めたとしても、それは合理性という徳を抽象的に偏愛していたからではいささかもない。かつてテーラーの著作を読んだ際には、レーニンはアナキストのプジェ[*39]とまったく同じように、テーラー・システムのなかに隷従システムを見た。彼が同じ時期に一九一七年以来の困難に立ち戻る（私たちはブルジョワの専門家なしでやっていくことができなくてはならない）としても、それは生産の人民管理の組織化が立ち遅れ、それにともなう様々な困難が後退を余儀なくさせたからである。[*40]そしてレーニンは幾度も、スターリンにとっては社会主義建設に不可欠の与件である選択を、後退であると評した。しかし、レーニンがこれらの後退の影響とその暫定期間を過小評価したのは、資本主義復活に対する闘争についてある見通しをもっていたからである。レーニンにとって、広範な大衆――とりわけ農民――のイデオロギー的変質は、もっぱら産業化（とりわけ電化）に依存するものであったのである。決定的に重要な闘争は経済の計画にあり、この闘争は小規模生産に対する大規模生産の闘争と根本的に同一視されている。というのも、小規模生産こそたえず市場を再創造し、資本主義の基礎をなすイデオロギー的習慣（エゴイズムとアナーキー）を再創造するからである。社会主義の勝利とは小規模生産に対する大規模産業の勝利である。そしてこの勝利は、資本主義的分業のもっとも進歩した形態と、それらが労働過程のレベルに求める権力形態（管理者の全能性）を採用することによってのみ可能となる。生産力の発展にはただ一つの発展タイプしかないと判断する生産力戦略である。レーニンは資本主義的分業を中立的なものとは見なしていないが、社会主義的生産力を発展させるのに不可欠な一段階であると考えている。これはある権力観を含意するだろう。プロレタリアの政治権力は工場における労働者権力ではないのだ。社会主義は二つの部分からなることになる。指導者の強権に労働者を服従させ、労働者の「プチブル的」傾向を抑圧する国家資本主義と、中軸が国家装置のレベルで定義されるプロレタリア権力である。*41

その点について、スターリンの「経済主義」は己の規範をレーニンに求めることができる。そして、経済主義という概念が不明確であるために隠されてしまうものが、権力問題であるように思われる。「経済主義的傾向」を媒介としたブルジョワ・イデオロギーの「労働運動」への影響が問題なのではない。プロレタリア権力と工場における専制の関係が問題なのである。ブルジョワジーのイデオロギー的権力とは、経済主義とヒューマニズムの権力なのではない。それは労働者から知性を剥奪し、彼らの能力を破壊し、科学を「生産能力」の側に移動させて労働者と対立させる権力である。*42 そして「二つの部分」の理論が提起する問題とは、労働過程における権力不在と国家における権力が並び立つという問題

---

*39 訳注――エミール・プジェ（一八六〇－一九三一）はフランスの革命家で労働運動家。CGTに革命的サンジカリズムの立場から参加し、副書記長（一九〇一－〇八）を務めた。

*40 次を参照。« Comment organiser l'émulation ? », *Œuvres*, Éditions sociales, t. XXVI (1967), pp. 425-434 et « Les tâches immédiates du pouvoir des soviets », t. XXVII (1976), pp. 243-287.〔レーニン「競争をどう組織するか?」『レーニン全集』第二六巻、一九五八年、四一五－四二四頁。および、レーニン「ソヴェト権力の当面の任務」『レーニン全集』第二七巻、一九五八年、二四一－二八〇頁〕

*41 特に次を参照。« Sur l'infantilisme de gauche », *op. cit.*, t. XXVII, pp. 437-470.〔レーニン「共産主義内の『左翼主義』小児病』」『レーニン全集』第三一巻、一九五九年、三－一〇七頁〕

*42 *Le Capital, op. cit.*, t. II, p. 50.〔前掲「資本論 第一巻」四七三－四七四頁〕

である。それは権力がどこにあるかという問題なのだ。中国革命とりわけ文革がはらむ本質的な点は、ある階級が国家のなかで己の権力を確保しうるのは、その階級がいたるところで権力をもっている場合だけだ、という発想である。

したがって問題の中心にあるのは、生産力の発展問題と権力問題の関係である。そしてこの点にかんしては、第二インターナショナルの「経済主義的偏向」と「スターリン的」偏向の関係がレーニン的「規範」を経由していること、ロシアとドイツの社会民主主義者が共通の理念をもっていたことは明白である。生産様式の継起には必然的な順序がある、とする理念である。レーニンは、ブルジョワ権力の枠内で生産力が発展し、それが社会主義の物質的諸条件を生みだすのを待つ、ということを拒否した。それを待たずにブルジョワ権力を打倒しなければならない、と主張した。しかし彼はまた、プロレタリア権力の枠内での社会主義建設が、生産力の資本主義的発展を経ねばならないと考えた。資本主義的技術と分業の資本主義的形態は必然であり、かつ進歩的であると信じた。この考えは党思想にも、党思想を支える「資本主義の学校」理論にも反映されている。革命家の組織にふさわしい規律とは、資本主義が工場という学校で教える規律なのである。[*43] 一九一八年に経済の組織化にかんするレーニンの着想（大企業という学校に入ろう）を特徴づけた「古い傾向」は、一九〇二年に党組織を特徴づけた傾向にほかならない。資本主義の学校という考え方である。権力奪取のために組織された党の全体が、分業形態のなか、労働を決定づける権力と知の分配のなかに、未来社会の一定の組織化を見てとる。そしてレーニンが党に提案した組織論は、彼がドイツ社会民主党のなかにそのモデルを認めた組織論である。カウツキーがスターリン主義の闇につきまとうのを待つ必要はなかった。カウツキーはすでにレーニンの問題構成のなかにすでに充分に現前していたのである。

このようにレーニンを目印にしてたどることで、カウツキーからスターリンにいたる継承関係を見定めることができる。それはアルチュセールの主張する継承関係ほど思弁的なものではない。それでもやはり、このような関係は抽象的なままであり、『何をなすべきか』からスターリン的社会の特徴を取りだそうとすれば、かなり形而上学的な反レーニン主義を作りだすことになる。ボリシェヴィキ党の組織観を、ロシア社会民主労働党が形成された階級闘争の諸条件から切り離すことはできない。さらに、スターリン主義を特徴づける諸現象（ヒエラルキーと労働規律の強化、新たな特権階層の形成、警察、法、刑罰による抑圧の大々的な行使）を、すべてボリシェヴィキのイデオロギーと組織がもつ「傾向」から演繹しうるわけでもない。それらの傾向は客観的要因と結びつかなければ作用しえなかった。古い搾取階級や中間階級がしかける闘争、農村における闘争と都市と農村の軋轢、専門家権力が自然発生的に再構成されるときの諸形態、資本主義的関係やツァーリ体制の国家装置による抑圧が取る諸形態、等々である。[44]とはいえこうしたことが、次の問いを消去してしまうわけではない。ソ連の国家装置、なかんずくボリシェヴィキの党装置は、分業の資本主義的形態が復活してくるうえで、さらに、大多数の住民を苦しめる特権層が再登場してくるうえで、どのような特殊な役割を果たしたのだろうか。厳密に言ってどのような責任が、権力と権力奪取をめぐるボリシェヴィキ的着想には帰すのだろうか。権力を奪わねばならない組織をめぐる彼らの考え方、権力行使の場所と形態をめぐる彼らの考え方には。これはもちろん、

＊43　次を参照。V. I. Lénine, *Un pas en avant, deux pas en arrière*, *op. cit.*, p. 267.〔前掲「一歩前進、二歩後退」四二〇頁〕

ソ連における階級闘争の唯物論的歴史に比べれば「抽象的な」問いであり、後付けで再構成する観念論の罠に嵌っており、ブルジョワ的反共主義の凡庸さに縁どられている。しかし、避けられない問いである。「プロレタリア独裁」を構成する権力形態にかんする問い、「プロレタリア」国家装置が働くことで生まれる特殊な階級効果にかんする問いである。そしてこのレベルにこそ、「ブルジョワ・イデオロギー」の効果は及ぶのである。「ブルジョワ・イデオロギー」は、「労働運動」と「ヒューマニズム」の関係のなかではなく、支配階級のイデオロギー的権力が駆使する道具（工場−学校−軍隊の規律、憲兵への恐怖、行政の秘匿、裁判の荘厳さ、「教育」刑……）と、権力を獲得し行使するために人民に使用可能な道具との関係のなかで作用する。これらの問いはわれわれに跳ね返ってくるだろう。われわれの「共産主義的」で「プロレタリア的」な組織は、いかなる社会主義の未来をわれわれに用意しているのか、とわれわれもまた自問させられる。これらの問いはさらに、たとえば共産党員アルチュセールに、指導者が政策を作り、知識人が知識人仲間で議論し、下部活動家はポスターを貼るというような共産党がどのような未来を用意しているのか、と自問させてしかるべき問いである。党の「民主集中制」は今日どんな現実的権力関係を表現し、明日のそれを予示しているのか。党装置が権力を行使するところ、つまり党組織のなか、町村議会や党が管理する企業内委員会のなかでは、どのような分業形態、政治的権力形態が先行的に告げられているのか。こうした問いはフランス共産党の「修正主義」とは手を切ったと主張する組織にも同じように課されている。自分たちの組織、そこでの分業、権力行使、知の分配の諸形態は、どんな社会を先取りしているのか。

そういうわけで、レーニン主義の分析を経由しないスターリン時代の真摯な分析はない。それはまた、レーニン主義の規範に対立するようなスターリン的「偏向」はないということ、正統派マルクス主義と様々な偏向の間の分割もないということでもある。マルクスの理論は己が生産すべきものを額に刻んで歩いているわけではない。存在するのはマルクス主義をわがものにする種々の形式であり、それらは特定の階級闘争のなかに、特定の権力装置を通して存在するのである。

しかしアルチュセールの言説の可能性は、この偏向という概念にかかっている。それゆえ、レーニンがアルチュセールの言説に登場するのはもっぱら、自分は消える〔=偏向していない〕と請け負うためであり、姿を消して偏向を抽象するため、あらゆる偏向の支えとされる主体、第二インターナショナルを浮かび上がらせるためである。偏向を生むという「死後の復讐」を苦笑してやりすごすわけにはいかないだろう。そこには完璧に調整された理論的メカニズムを認めねばならない。「第二インターナショナル」とは、実際、アルチュセールにとって——彼にとってだけではないが——思弁的反射のメカニズ

＊44　われわれはベトレームの著作に、レーニン主義の抽象的歴史からわれわれを脱出させてくれる階級関係の唯物論的な分析を期待していた。だが残念なことに、それはアルチュセール的問題構成との関係ではわれわれをほとんど前進させてくれなかった。彼は文献調査の面でもなんら新しいものをもたらさず、E・H・カーのように、すでに存在しているものを総合することに満足してしまっている。加えて彼の著作は、レーニンが政敵たちの「経済主義」に対してつねに正しい路線を体現していた、とアプリオリに決めつける見方に支配されている。最後に、文献調査の欠落を埋める方法の問題がある。欠落を、あれこれの状況におけるボリシェヴィキ指導者たちの決定の正しさ、彼らと大衆の結合、プロレタリア党の即自的かつ対自的役割、等々にかんする純粋に抽象的な推論によって埋めるのである。

ムを保証する奇妙な理論的対象の一つなのである。それは現実の幻想を生むことを機能とする理論的操作子にほかならない。経済主義やヒューマニズムのような思弁的幽霊についてしか語っていない「マルクス主義」哲学者に、自分は現実の歴史的出来事と現実の継承関係について語っているのだと信じ込ませる機能である。こうした理論的操作子は、ヘーゲル流のやり方で経験的なものを思弁へ、思弁を経験的なものへと変換し、スターリン主義のような歴史的現象を経済主義のような痩せ細った抽象物に帰着させ、「ヒューマニズム」のような概念を諸個人の経験的実在に受肉させる。ベルンシュタインとは？一人の「公然たる新カント主義者にしてヒューマニスト」である。[*45] なぜ公然たるヒューマニストなのだろうか。ベルンシュタインは自らの歩みを人間にかんする理論にではなく、資本主義の経済的進化に対する評価、社会民主主義の政治的進化に対する評価に依拠させている。資本主義の進化に対する評価（資本主義は破局へと進まない）にもとづいて、彼は社会民主主義に実践の理論（改良主義）をもたせようとし、マルクス主義にはカント的批判主義を適用すべきだとした。しかしアルチュセールの言説におけるベルンシュタインは、経済主義やヒューマニズムといったカテゴリーの経験的支えにすぎない。つまり、階級闘争や政治的衝突の現実の代わりに諸傾向の対立を据える操作子である。そしてそれらの諸傾向は、労働運動内に時間とかかわりなく存在するのである

これが「理論における階級闘争」の必然である。それは、アクチュアルなものを永遠のものへ、他なるものを同じものへ、還元する働きをするばかりである。それは歴史を非連続的なものとして提示するが、「労働運動」の連続性のような奇妙な連続性を再導入するためにのみそうする。第二インターナショナルやスターリン的政治はこの連続性の顕現なのである。実際、「復活」や「死後の復讐」の概念

はいかに基礎づけられるのか。

通俗的な「歴史主義」によって基礎づけられるのではない。労働運動の歴史のなかに連続性がある、ということに基礎づけられる。様々な困難、問題、矛盾、正しい解決の連続性である。したがってまた、様々な偏向の連続性でもある。それらの連続性は、ブルジョワジーに対する階級闘争が一つの同じ階級闘争の連続であり、労働運動に対するブルジョワジーの階級闘争が一つの同じ階級闘争（経済的、政治的、イデオロギー－理論的な）の連続であることに規定されている。「死後の復讐」や「復活」はこの連続性に基礎づけられる。[*46]

典型的なテキストである。階級闘争が介在するやいなや、異質なもののシステム、非連続的な歴史と「現時点」をめぐる理論は消え失せる。残るのは、一つの主体とその諸属性の超歴史的単一性である。そこではなにを証明しなければならないのか。一九〇〇年のドイツ社会民主主義において働いていた諸傾向が、一九三〇年代のソヴィエト・ロシアにおいてある役割を果たしえた、ということである。答えは一つの主体の単一性にまるごとぶら下がっている。労働運動という主体である。だが、なぜ同じ主体について語ることができるのか。同じ階級闘争を闘うからである。カント以前であれば、このようにし

＊45　*Réponse à John Lewis*, p. 62.〔前掲『歴史・階級・人間』八〇頁〕
＊46　*Ibid.*, p. 94.〔同前、一三一頁〕

て魂の永続性は証明されるだろうという論法である。すなわち、魂の属性は永続することであるから。こうして、アルチュセールの「主体なき過程」は奇妙な主体たちで膨れ上がる。まず労働運動である。この主体がその内部に、モスクワ裁判も選挙における共産党の勝利も、パリ・コミューンもチェコスロヴァキアへの侵攻も主体としてかき集める。次に労働者階級である。それは六八年五月のストライキを行った九〇〇万の人々からなる主体であり、ジョン・ルイスを難詰するM.L.という主体である。膨張のメカニズムを理解するのはたやすい。アルチュセールはフォイエルバッハと同じ状況にいるのだ。フォイエルバッハは属性を欲したが、それは主体を欠いた属性であり、つまり神なき宗教を欲したのであった。アルチュセールはといえば、「主体なし、目的なし」の非連続的な歴史を欲する。しかし彼は哲学もまた欲しているのであって、この哲学は対象ごとに、また状況ごとに、観念論的なものと唯物論的なもの、プロレタリア的なものとブルジョワ的なもの、正しいものと偏向したものを識別することができる。このとき彼が行うべきは、主体たちの隊列を行進させることだ。労働運動、党、労働者階級、マルクス－レーニン主義……。こうした主体たちの経験的実在性は、一個の概念の受肉たることにある。

　こうした思弁的操作を行う政治的利点は、「労働運動」の諸傾向とその様々な偏向の背後に、「プロレタリア的」政治装置の階級的本性という問題を隠してしまえることである。スターリンの「ヒューマニズム」と「経済主義」が覆い隠す決定的問題は、スターリン体制の階級的本性の問題なのである。スターリン政治がブルジョワ・イデオロギーによって汚染されていたかどうかは問題ではない。どのような現実の社会的諸力がそこに表現されていたか、どのような実際的権力関係をスターリン政治は労働過程のレベルと国家装置のレベルに打ち立てたかが問題なのである。スターリン後のロシアはなお経済主義の影響に蝕まれていると述べても、真に厄介な問題を隠すことにしかならない。ソヴィエト権力の本性はいかなるものであるのか。いかなる階級がソ連において権力の座を占めているのか。これらの問題について、中国の共産主義者たちはこう答える。ソ連は社会ファシズム国家であり、そこではブルジョワ的少数派が人民を抑圧している。アルチュセールはといえば、哲学的著作をものしたいと望む。すなわち「問題の位置を移動」させたいと望む。上部構造から経済主義路線という根本問題に戻らなければならない、と。ここでは毛沢東が、毛沢東の提起する諸問題を回避することに役立っている。アルチュセールは文化大革命から、階級闘争とは本質的に路線闘争なり、という思想を取りだす。さらに、階級闘争に終わりはない、という思想も。たしかにソ連にはうまくいっていないことがあり、フランス共産党にもうまくいかないことがある。しかし、事態の根本に戻らねばならない。もしなにかがうまくいっていないのであれば、それは経済主義路線のせいであり、ソ連もフランス共産党もその影響に蝕まれているのである。とはいえ、ブルジョワジーがこの地上に存在するかぎり、経済主義の感染も続くだろう。したがってなによりなさねばならないのは、哲学の助けにより、反経済主義的で反ヒューマニズム的なプロレタリア路線を強化することである。そのために毛沢東を利用できるとすれば、それは彼もまた労働運動の一部をなすからである。すべてはつねに同じ主体の内部で生起する。ブレジネフと毛沢東、シャイデマンとローザ・ルクセンブルク、ジョルジュ・マルシェとピエール・オヴェルネ、彼らはみな同じ労働運動の異なった姿なのである[*47]。

アルチュセールの説明は、真に重大な問題を素描するのに役立つだけではない。それは同時に新たな正統教義のありようを浮き彫りにしてくれる。もはや公式スポークスマンがあらゆる犠牲を払ってすべてを正当化しなければならない時代ではない。スポークスマンたちは問題を引き起こし、投げかけて終わるのがつねであった。ピエール・デクスは強制収容所の存在を否定した。彼は誰も説得できなかったし、そのため彼が現在どうなっているかは周知のとおりである。アルチュセールは別のことを提起する。彼は抑圧を否定せず、抑圧への抗議が理論的に危険な形態を取るかもしれないことを警戒する。彼は言う。問題はそこではない、ソ連に収容所があるのかないのか、反体制派が精神病院に送られているかどうかは瑣末な問題である（「ソヴィエト人民があらゆる権利侵害から守られていると想定しても、われわれは、つまり彼らもわれわれも、『スターリン的偏向』から脱したわけではない」[48]……）。そして言う。ヒューマニズム的抗議は、われわれが経済主義路線の沈黙の音楽をきちんと聴くことを妨げる。

コントロールされていようがいまいが、「ヒューマニズム」の様々な変種が繰り広げる駄弁の下で、ヒューマニズム路線は立派な経歴を積み重ねている、と想定することさえできる。ときに多弁な沈黙、ときに重苦しい沈黙を続けながらである。この沈黙はしばしば、耳をつんざく爆発や分裂によって破られる[49]。

「コントロールされていようがいまいが、『ヒューマニズム』の様々な変種が繰り広げる駄弁」については、こう理解しよう。精神病院に拘禁された知識人の言説であれ、彼らをそこに拘禁する統治者の言説であれ、同じだということである。権力の言説であれ、権力を告発する言説であれ、つねに同じ駄弁なのである。ソ連において人権を要求することは、支配的ヒューマニズムを強めることであり、「経済

主義」路線の支配を覆い隠すことである。[*50] けれども許してやろう。彼らは語の選択権をもっていないの

*47 フィリップ・シャイデマンはドイツ社会民主党の指導者で、ワイマール共和国の初代首相。一九一八年には、スパルタクスの乱を鎮圧するため精力的に行動した。ピエール・オヴェルネはプロレタリア左派の活動家。一九七二年二月二五日、元の職場だったルノー・ビヤンクール工場前での活動中にガードマンに殺害された。

*48 *Réponse à John Lewis*, p. 96.〔同前、一三四頁〕

*49 *Ibid.*, pp. 96-97.〔同前、一三四－一三五頁〕

*50 ソヴィエト反体制派に向けられる「左翼的」批判ほど、数多のマルクス主義者の俗物根性をよく示すものはない。反体制派による批判は右翼的だ、とマルクス主義者たちは言う。彼らは自由と人権を要求しており、西洋民主主義について幻想を抱いており、大衆に依拠していないというわけである。さらに言う。いったい反体制派はなにを要求しているか。彼ら自身のための特権、西洋知識人の地位ではないのか（実際ひどく不遜なのだ。彼らはわれわれのような知識人になりたいと欲している。彼らは、われわれの国にあってマルクス主義的知識人の境遇はそれほど酷くない、と考えたがっている）。わが「マルクス主義者」たちは、ソヴィエトの知識人が大衆といかなる種類の関係をもつことが許されているのか、彼らがどういう知識を自由に使えるのか、彼らがソヴィエト体制を批判するためにいかなる理論的武器を使えるのか、といった点に心を砕くことは微塵もないようである。彼らにとってマルクス主義は国家理性であるのだから、彼らに「マルクス主義的」批判を行うよう求めることは、現実世界を軽く見ることである。ソヴィエト反体制派は彼ら流のやり方で、ソヴィエト人民にのしかかる抑圧を証言しているのである。対立しあう現実のイデオロギーやそれらの精確な社会的源泉にかんして無知であることにより、われわれはなんとか、「マルクス主義的」検閲によってブレジネフ的国家装置の抑圧行為を裏打ちするようなまねをしないですんでいる。

であるから。しかしわれわれは、それに感染しないよう気をつけよう。これは権力を正当化する新手の言説である。「駄弁はなしだ。悪はもっと遠くからやってくる。分析に席を空けるべし」。

たしかに分析しなければならない。だが、問題はつねに同じである。誰が分析するのだろうか。たしかにアルチュセールが、自分はつねに脱スターリン化をめぐる同じ問題を提起してきた、とわれわれに喚起するのは正しい。しかし問題は変わらない。彼はどこからその問題を提起することができるというのか。アルチュセールはすでに学んでいたはずである。党のなかには、党がなにをなすべきかを語る哲学のための席は存在しておらず、現にあるものを正当化する哲学のための席しか存在しない、と。[*51]「党員」知識人の言葉は、党の方針の正当化か自由な文化的無駄話かの地位しかもつことができない。アルチュセールは別のことをしたいと望んでいる。スターリンとポスト・スターリン主義の問題について議論を巻き起こしたいと望んでいる。しかし彼はそれを、一連の問いを一瞬たりとも提起することなく行わねばならないのである。誰がソ連で権力を行使しているのか。フランス共産党の階級的本性はどのようなものであるのか。今日のソ連に「権利」の侵害があるか否かを無視するほど、彼は自己検閲を強めねばならない（「ソヴィエト人民があらゆる権利侵害から守られていると想定して」）。今日のソ連にかんして少なくとも一つたしかなことがあるとすれば、そうした侵害が実在するということだ。だとして、それはなんであるのか。ソヴィエト民主主義の汚点だろうか。官僚制の現れだろうか。階級的抑圧のしるしなのだろうか。こうした議論に異を唱えることは可能である。しかし、フランス共産党当局すら認識していることを知らないふりをすることは不可能である。

このような土台のうえでは、「左翼的」説明とは現状の追認以外ではありえない。ソ連社会の上部構造がどう見えるかというところから、われわれは階級闘争の現実へと連れていかれる。しかし、この階級闘争から、われわれは「偏向」の効果へと連れていかれる。この目くらましに役立つのはつねに同じ観念である。つねに「ヒューマニズム」が現実的支配関係を忘れさせ、反乱の声を窒息させるのである。一九六四年、アルチュセールはこう問うていた。ソヴィエト的ヒューマニズムの地位はいかなるものであるのか。彼はこう答えていた。ソヴィエト的ヒューマニズムとは、階級なき社会を修行している国民のイデオロギーである。今日、ヒューマニズムは階級闘争へと送り届けられるのだが、この階級闘争とは最終審級において、労働運動を汚染するヒューマニズムと経済主義が行っている闘争である。

哲学は諸問題を移動させるのだ、とアルチュセールは言う。いかなる「観念論」哲学者も否定しないような定義である。マルクスはもっと手厳しく、哲学は現実の鎖を観念の鎖に変容させる技術だと述べていた。だからマルクスは、哲学のそとに出ずして現実的な移動は可能ではないと判断していた。アルチュセールによって遂行される「移動」とは、次のことを意味するだろう。数百万の人々にとって意味をもつ語彙で語られる問題を、大学マルクス主義の小党派が激突しあう論争上の問題へと移動させること。「経済主義」の問題は、真正の語彙によって提出されたときには、労働過程の組織化問題であり、ヒエラルキー問題であり、資本主義的工場の専制を逃れうる大工場の可能性という問題である。「党

*51　こう言ったからといって、他のところにこのような席が存在すると言いたいわけではない。しかし「党員」哲学者は、世界を変えることのできる言説の力について、大学の同僚たちにはほとんど不可能な幻想を抱くことができる。

員」活動家が文革以降、党に対し提起できるまじめな政治問題は、「経済主義」や「科学と技術の革命」の問題ではなく、ヒエラルキー問題である。セギィが労働者は現場監督なしですませることはできないだろうと宣言するとき、あるいはCGT幹部ギュアン[*52]が賃金ヒエラルキーは企業利益を減らすので階級闘争の一形態だと説明するとき、そこには重大な問題があるのではないか。そことは語が効力をもつところである。今日の諸実践が、約束された明日の「社会主義」を縛るところなのである。「経済主義」の背後で作用しているのはつねに権力の実践である。一九六六年の中国に吹いていた「経済主義の悪しき風」とは、「労働運動」の日和見傾向ではなく、労働貴族への賄賂であった。経済主義問題とは、労働者が近い将来に労働過程に対して振るうことのできる権力の問題であり、それは、労働者が自分たちの闘争に対して現在もつことができている権力と結びついた問題である。ピアジェの「人間に奉仕する経済」が労働者に見せようとするのは、そのことだ。経済主義とヒューマニズムへの批判が覆い隠しているのも、そのことだ。

「左翼」アルチュセール主義者なら、それに対しこう言うだろう。君たちは正直ではない。君たちはわれわれ同様、アルチュセールがそうした問題をすでにほのめかしているのが分からないのか。君たち同様アルチュセールは、歴史をつくるのは幽霊ではないということをよく知っている。彼は共産党のなかで議論をはじめようと試みているのだ。もちろん、彼は一度にすべてを単刀直入に語ることはできない。君たちはそこにつけ込み、彼の幽霊譚を嘲笑する。しかし君たちも、背後に存在するものをよく知っている。

　実際、われわれはアルチュセール主義者たちの言説においてすでにお約束となっているこうした決まり文句をよく知っている。「理解できる人は理解できる」。アルチュセールは抜け目ない人たちに向けて語っているのだ。愚鈍な党官僚よりも遠くを見据え、彼の言説を解読できる人々に向けて。だがまさにそのことによって、彼は党官僚と結託するし、彼の「左翼」的言説は専門家の権力を継続させる。「理論における階級闘争」とは、教壇から頭ごなしにブルジョワ的発言かプロレタリア的発言かを決めつける権力である。様々な路線が交差するなか、「理解できる人」、要するにマルクス主義の官僚知識人に向けて語る権力である。賃金ヒエラルキー同様、これも「階級闘争の一形態」であろう。ここでは二重の真理が無効となる。教授の「毛沢東主義」は組合幹部の経済主義や党指導者のヒューマニズムと同じことを述べているのだ。有能な人々の特権を守れ、と。どのような要求や行動形態や言葉がプロレタリア的かブルジョワ的か、それを知っている人々の特権である。これは、階級闘争の専門家が自らの権力を防衛する言説である。

哲学の権力とは、過《あやま》てる傾向や偏向を名指すことである。それは事実を傾向へと還元することである。そしてこの還元は、「プロレタリア」権力の言説実践を思弁において再生産する。この還元はつまり、客観的矛盾を責任者の有害な傾向に還元し、不精確な語のなかに階級敵の現前を認め、故障した機械のなかに党産業委員のブルジョワ的傾向の効果を見る、スターリン的検察官の言説なのである。哲学はここでわれわれになにを語るのだろうか。スターリンの犯罪はスターリン的偏向の存在にもとづいている、

＊52　訳注――ルネ・ル・ギュアン（一九二一－九三）は当時CGT中央執行委員で、共産党書記局員・中央委員も務めた。

と語るのだ。もっとも注目すべきは、この説明が受け入れられる際の生真面目さであろう。ものごとがうまく進まない場合、それは規範が尊重されていないからである、とされることになる。「マルクス主義者」の頭のなかでは、こうした推論が幅を利かせている。一九六八年が終わるころの実践のなかにも見られたように。「理論における階級闘争」の権力は、こうした推論の仕方に支えられており、この推論様式は、国家理性となったマルクス主義の言説実践と合体している。

理論における階級闘争とは、無能さにかんする言説と権力にかんする言説の一体性にほかならない。それは世界を変えることにかんしてはたしかに無能だが、専門家の権力を再生産する。アルチュセールは、党の綱領のなかに毛沢東主義を書き入れようなどとは絶対にしないだろうが、この「毛沢東主義」たるや、マルクス主義学者の特権、真理を保持する彼らの特権でしかない。党機関の真理とほんの少しだけ異なっている真理を、彼らの権力の原理にする特権である。

よく言われたものだ。アキレスはけっして亀に追いつけないだろう。だがまさに追いつけないことから、アキレスは哲学的威信を引き出すのである。

第V章

自分の席についた言説

アルチュセールには大きな野心があった。われわれの同時代史のなかでマルクス主義を使えるようにするために、マルクスの歴史のなかでマルクスを考えること。マルクス主義の言葉を正当化の言説や文化談義とは別のものにしえた特異性を、教義の守護者たちに抗いつつ再発見すること。この特異性は、レーニンがマルクス主義の生きた魂と呼んでいた革命的弁証法の刃そのものであり、われわれの時代の様々な軋轢に振り下ろされるべき刃である。アルチュセールのこの野心の顚末を、今日見ておく必要がある。

一九六一年、アルチュセールはマルクスの思考の生きた歴史へとわれわれを導こうとしていた。一九七三年、彼はこの歴史についてわれわれにパラノイア的なおとぎ話をする。そこではブルジョワジーの悪い語が、哲学におけるプロレタリア階級の立場に襲いかかってくる。一九六三年、アルチュセールはレーニンと毛沢東のなかに、既成事実の科学ではない、世界を変えるための武器としての弁証法の特異性を再発見しようと努めていた。一九七三年、彼は、われわれの過去、現在、未来のあらゆる悪にかんする馬鹿げた公式をわれわれに与える。経済主義とヒューマニズムのカップルである。

壮大な計画のなかで今日なお残っているものは、己のカリカチュアへと還元された思想。壮大な口舌。フォイエルバッハからスターリンまで、ブルジョワ法から労働運動まで、あらゆることが知のざっくりとした言説の俎上にのせられる。すなわち、学術的な蒙昧主義。それが生みだすのは「理論における階級闘争」の自己正当化のみであり、育てるのは語れば語るほど絵空事めく真実のみであり、それら真実をどこへ向かって育てるのかといえば、「革命を救済する闘争」の威厳である。同じものの反復、規範の言説。それが告発するのはマルクス主義理論のなかに浸透した諸概念であり――他の者たちが工場に浸透する「ブルジョワの扇動者」をビラで告発するのと同様に――、それが教えるのは、良きマルクス主義者であるためにはなにを言うべきか、言うべきでないか。

このマルクス主義の教えはむろん、党の学校で教えられるものとは少しばかり異なる。そうした学校では、未来の党幹部たちが、新しい福音たる科学技術革命を教えられる。科学は直接的な生産力となった。たとえばトランジスター。ほんの数年で、科学の発見が産業利用されるようになった。これこそ、われらの時代の大変動と大きな希望の証拠である。独占に反対する技術者や管理職とわれわれが団結すれば、希望は現実となる。

アルチュセールの学校では、反対に、生産力イデオロギーや科学技術革命をあざ笑うよう教えられる。そうした愚昧は党官僚にとって好都合である、と。マルクスの真の教義のなんたるかを知っているのはわれわれであり、われわれのテキストは、党が教える愚昧を皮肉る——もちろん多少は用心して——大胆さを備えている。これが、われわれはどんな自由も手放すつもりはない、と示すやり方である。

事実、アルチュセールには、どんな「転覆的」テーゼでも提出できる完全な自由がある。しかしそうした「転覆的」テーゼは、実際には、どんな秩序壊乱的実践にも関与しないという興味深い特徴を有している。彼には国家のイデオロギー装置という概念を提起する自由があり、党員学校教員の修正主義的幻想を慇懃無礼に嗤《わら》う自由がある。しかし、党が実権をもつ市町村において、学校制度の枠組みを破壊しようとしたかどで教員が中学校から追放されるとなるや、さらに、その市町村が妨害者を告発するため学校視察官に助けを求めるとなるや、むろん彼にはもうかかわりのないことがらである。党の政治に関与しないかぎりにおいて、彼には「生産力イデオロギー」を批判する自由がある。マルシェがピエール・オヴェルネの死体に罵詈雑言を浴びせても沈黙を守るかぎりにおいて、彼には著作のラテンアメリカ版序文に毛沢東を引用する自由がある。[*1] まさに今起きている闘争にかかわらないかぎりにおいて、彼には階級闘争の優位を宣言する自由がある。よく知られた自由である。ブルジョワジーが知識人に割り当てる自由そのものだ。大学のなかですべてを語る自由、大学においてマルクス主義者やレーニン主義者、さらには毛沢東主義者でさえある自由。大学の機能を永続させる仕方で主義者であれば安泰である自由。秩序に対する知識人の執着へと続く、権力を皮肉る自由。この点について、党の指導者は最近よ

＊1　訳注——ピエール・オヴェルネについては第Ⅳ章注47を参照。なお共産党やCGTはオヴェルネの属したプロレタリア左派の行動を強く批判し、後の抗議行動にも敵対した。

うやくブルジョワ的教訓を理解した。彼らはもはや党の知識人が彼らの方針のために気ちがいじみた理論を発明することなど求めない。彼らは知識人には、言説が文化についてのお喋りに回収されていく席から言いたいように言わせておく。かつて知識人が固有の要求を否定せざるをえず、自らの境遇と衝突せざるをえず、「同輩たち」から奴らは「政治屋にすぎない」と噂されるほかなかったとき、知識人たちの党への忠誠は揺らいだ。[*2] それ以後、党知識人の忠誠は、大学エリート主義を擁護し、彼らに固有の実践を正当化することを通じて確保されることになった。異端の教義も一定含まなければ、この政治は考えられない。党の学校政策を練り上げ、党の学校を運営し、著名な著作を書く公認知識人たちがいる。異端の教義により党知識人に自由が存在することを証明してくれる従僕たち、周縁人たちがいる。秩序壊乱的な異端は、一九六八年以後のフランスにおいて、制度全体が整然と動くには不可欠なのである。装置のアイロニーとアルチュセールのアイロニーが呼応しあっている。アルチュセールが「経済主義」を告発する書物〔『ジョン・ルイスへの回答』〕を『フランス・ヌーヴェル』において批判したのは誰か。ジョエ・メツゲール、「科学技術革命」の結果設けられた党の技術者・幹部職員部門の代表である。彼はどう言っているか。おおむね、こういうことである。アルチュセールは多くの馬鹿なことを語っており、ジョルジュ・マルシェの著作をきちんと読んでいないが、本質的な点は、彼があらゆる人々に向かって党のなかでは言いたいことがなんでも言える、と示していることだ。上には上がある。大胆さへの褒美として、「毛沢東主義者」アルチュセールは、「修正主義者」ピエール・デクス非難の合唱に加わるようユマニテ祭に招待される。[*3] 彼は羊のなかの狼になるつもりで出席するが、人は疥癬もちの羊に吠えかからせるために彼を迎えに行った。彼は困った問いを提出しているつもりでいるが、人は、彼の言葉を額面通りに受け取っていると彼に示す。秩序の言説として、である。

自分がどこに座っているのかを無視するつもりでいた言説の避けがたい運命である。アルチュセールは政治の外部に政治の合理性を再発見しようとした。実在する反乱理念と反乱実践を体系化するのではなく、そのそとに革命的弁証法を再発見しようとした。大学教員かつ党の哲学者として、彼は、これら二つの権力が彼に指定した席に座ったまま革命の武器を再発見することが可能である、と考えていた。しかし大学的言説の役目は大学人を育成することであり、党員哲学者には、打ち捨てられた弁証法の武器を党の指導者たちに返す資格がない。アルチュセールはすぐさま、マルクス主義理論の専門家すべてに提起される問題に直面しなければならなかった。理論が主張する権力と、理論家の発言がそのなかで生産される現実の権力関係との関係という問題である。この限界域では、知識人の発言が無能だとか奴隷根性をもっているとか非難されるのではなく、知識人は、自分がどこから語っているのかを自分の言説のなかで考慮するよう強いられるとともに、彼をほかならぬ知識人にしている権力関係を変容させることを目指す実践のなかに、その言説を投じるよう強いられる。だがアルチュセールの一切の努力は、反対に、言説を制約する権力効果を言説から追い払うところに向けられた。一九六三年の終わりに、彼は二方向から問いただされることになった。党の権威筋からは中国で行われている政治と彼の理論の関係について、学生自治会の活動家からは科学の規律と大学の規律の関係について。彼は己の言説の場を

＊2　*Pour Marx, op. cit.*, p. 18〔前掲『マルクスのために』三八頁〕

＊3　訳注――ユマニテ祭については第Ⅳ章注31を参照。

中立化することにより、教師の権力を科学の権力にすることにより、党内における自分の立場の問題を戦術次元に限定することにより（党の権威筋に受け入れてもらえるよう、どんな表現を採用すべきか）、尋問に応じた。大学ではなく理論の只中で語っているふり、フランス共産党ではなく労働運動の只中で語っているふりをした。その場所は結果的に、マルクス主義者の陣営と大学人の陣営を分けている種々の切断線からは影響を受けない「中立的な」場所である。大学でも共産党でも闘争が発生し、「マルクス主義」陣営が具体的に二つに割れたとき、彼はこの二重の中立的な場所のなかで語り続けようとした。それがマルクス＝レーニン主義（ブレジネフと毛沢東が両立する場所）であり、労働運動（労働者マルシェと労働者ピエール・オヴェルネがともに属す場所）である。もちろん、政治実践のなかでは選択を強いられた。そして彼は労働運動「一般」ではなく、特定の労働運動、プラハに戦車を派遣し、グダニスクでは労働者に一斉射撃を浴びせた[*4]、ブレジネフを指導者とする労働運動を選んだ。しかもルノー・ビヤンクール工場では、組合代表者たちがピエール・オヴェルネを会社側に告発したうえでなおその死体を辱めた労働運動を選んだ。しかし理論においては、彼は全員に向かって語りかけているつもりだった。左翼主義者にもフランス共産党にも同じように語っているつもりだった。毛沢東を含むあらゆる労働運動の経験を活かしているつもりだった。彼はつまるところ、なぜ己の「毛沢東主義」にもかかわらずフランス共産党員でいるのかを説明できるし、リアリストでなければならないとレジス・ドゥブレのように言うことができるし、共産党と社会党を合わせて数百万の支持者は冒険主義的な知識人の小集団とはやはり別のものであって、戦略において革命的であるためには戦術において修正主義的でなければならない、と主張することができる部類の人間である。しかし正しく言えば、彼の言説の位置が、彼に己の政治的立場を正当化することを禁じるのである。彼はあたかも問題が提出されていないかのように振る舞わねばならず、反乱陣営の話であるかのように秩序陣営の話をしなければならず、延安の革命大学であるかのように高等師範学校について語らねばならない。こうなると結果はおのずと決まってくる。言説が政治的であろうとすればするほど、それは大学的なものとなるのだ。歴史に関与しようとすればするほど、無時間的なもののなかに嵌まり込む。左翼主義的であろうとすればするほど、正常化推進者となる。自由な探究に邁進しているつもりで、検察官の言説を繰り出す。「階級闘争」、「大衆」、「革命」といった語を駆使しても、言説はもはや秩序の長口舌でしかない。この言説は「大衆が歴史をつくる」と宣言するが、それは、そう言っている者たち、壇上から言表をブルジョワ的かプロレタリア的か判定する者たちの権力をよりたしかなものにするためである。この言説は左翼主義的言説と文化大革命を借用するが、それは反乱の言葉を抑圧して、すべての博士たちにマルクス－レーニン主義への信頼を取り戻させるためでしかない。

この反転が、言うところの「毛沢東主義」を理解する鍵を与えてくれる。それは、マルクス主義哲学者が反乱理念の抑圧や横領に加担するのに必要な小さな差異のことでしかない。哲学者としてもつ諸観

＊4　訳注――一九七〇年一二月にポーランド共産党が、食料品価格の値上げに抗議してストに突入したグダニスク造船所の労働者を弾圧した事件。一連の動きは近隣にも広がった。グダニスクでの抗議行動は市街での大規模なデモに発展した。民兵は一五日にスト中の労働者、ついで市内のデモ隊に発砲して多数の死傷者を出した。

念を活動家としての忠誠心と和解させようとする知識人の敬虔な願いではなく、修正主義的からくり装置の一部品、特殊な抑圧の一形態である。そこで認証されるのは教師の権力であるが、この権力は、もはや古典的ブルジョワ的言説における普遍を代表せず、科学の普遍とプロレタリアの実定性の統一を代表しうる権力である。

実際これが、ブルジョワ・イデオロギー秩序の只中で、マルクス主義哲学の言説が目下保証している機能である。時代はもはや、マルクスが観念の権力における分業——自己意識か批判的批判か——を神聖視する哲学を批判した時代ではない。今日ではマルクス主義こそそうした分業の操作に役立つ。「理論における階級闘争」は、哲学にふさわしい席を与えてくれる分業を永続化するために、哲学が最後のよりどころとするものだ。それゆえ、こう結論づけてよいだろう。一九七三年のパリでの「理論における階級闘争」は、一八四四年のベルリンでの批判的批判に比べて、より危険でもより安全でもない。それは、世界を変えなくてよいよう世界を解釈する、という哲学の古い機能の新しい姿なのだ。それはまた、マルクス主義の発展そのものと、マルクス主義によって政治が横領される形態とが、知識人の地位と解釈の地位を変えたことを忘れることだろう。マルクス主義がソ連において国家理性となって以来、解釈はある種の知識人にもう一つ別の権力を与えた。もはやたんに現実の鎖を想像上の鎖へと変容させるだけではなく、プロレタリアと階級闘争の名において現実の鎖を課すことができる権力である。「プチブル」知識人の抑圧に見てとれたのは、「プロレタリア的」インテリゲンチャの権力が育つ様子である。大衆の名において語り、プロレタリアの意識やイデオロギーを代表し、この代表の資格で個人の行動や大衆の運動を解釈してよい権力である。この権力メカニズムの働きは、モスクワ裁判のような演出でその絶頂にいたるわけだが、メカニズムの学習は、ヒエラルキーの各階梯において行われる。ある労働者活動家を党や組合の幹部に変える、とは、彼に解釈する権力を与えることであり、労働者顔をした挑発者を発見してよい権力、見せかけの要求の背後に真の要求を認識してよい権力を与えることである。[*5]

哲学は「理論における階級闘争」となることで、この新たな権力を学校に配置する。プロレタリアを「代表」するこの権力を、哲学は「プチブル知識人」に対して行使する。彼らの不満や彼らの反乱の真の動機を彼ら自身が認識できるよう教える。彼らに真の敵を指し示し、その敵に立ち向かうには彼らの資源がどれほど不足しているかを示す。自分と権力の関係を自問する学者たちに、彼らの真の敵は観念論であると示し、反乱を起こした知識人たちに、まず闘うべきはヒューマニズムの汚染に対してである

＊5　Cf. Michèle Manceaux et Jacques Donzelot, *Cours, camarade, le P. C. F. est derrière toi*, collection « La France Sauvage », Gallimard, 1974.〔未邦訳、ミシェル・マンソー、ジャック・ドンズロ『講義、同志、共産党は君の後ろにいる』一九七四年〕。著者たちは労働総同盟（ＣＧＴ）幹部の典型的発言を引用している。発言はある左翼主義者の解雇に端を発したストライキに関連してのものであるが、この幹部はよい学校で学んだようである。「彼らは自らストライキに入ったが、それは誤った動機にもとづいていた。それは彼らをどこへも連れていかない動機、結局のところ、彼らの不満の真の動機ではない動機である。というのも、不満の動機は賃金だったからである」(p. 20)。さらに彼はこう言う。「ストライキに参加した労働者に、『君たちが抱えている問題はこれなのか』と問うてみた。すると彼らは、違うと答えざるをえなかった。それはたしかに問題の一部であるけれども、主要な問題は今より多く賃金をもらうことだ、と」(p. 19)。スト目標のこの移動のなかに、アルチュセール的観念論の中心にあるのは「要スルニ」*in nuce* これと同じメカニズムだというものが認められる。

と示す。われらのマルクス主義によって考えれば、中国の農民と労働者の武器とはなんであるのか、ソ連の国家理性の言説とはなんであるのか、という問題が課されるや、哲学は、マルクス主義を脅かすものはヒューマニズムである、人権と自由のイデオロギーである、とわれわれに語る。反資本主義的かつ反国家主義的な転覆の様々な形態が自らの自律的な表現を解放しうるかどうかが死活問題となるや、哲学は、いかに語らねばならず、語ってはならないかを指摘する。これは、主体の批判や階級闘争とプロレタリア・イデオロギーへの訴えを偽装した観念論である。必要なら毛沢東主義的にもなれる左翼の言語による、秩序回復の訴えである。

転覆の語彙を用いた秩序の言説。つまり現代修正主義のからくり装置の部品であり、ソ連的国家理性の学校で形成され、新たな形態の反資本主義の反乱に対峙している。学者的マルクス主義という言説の捩れは、われらが党機関の実践——言説的ならびにその他の——システムに対応している。たしかに党の指導者たちは、労働者の自己解放というマルクス主義的着想や、国家権力の破壊、工場と賃労働の専制の廃止といった目標をとうの昔に捨てていた。[*6] しかし、資本主義的で国家的な構造の内部における彼らの管理への意志は、修正主義の言語によってその意志を語ろうとはしないし、語ることもできない。われわれはもはやベルンシュタインの時代にはいないのである。反乱理念を捉えて従わせる能力を証明したマルクス主義を、放棄したり修正したりすることはもはや問題にならない。さらに、革命の時代はもう過ぎ去った、資本主義は自らの危機を克服するにいたった、いくつかの改良を行って労働者の生活水準を改善する政府を手に入れることに満足したほうがよいだろう、と語ることももはや問題ではない。ならば学者的マルクス主義の言説を用いて、党の規律を維持するよう努めてみてはどうか。その英知によって、資本主義的工場と学校が生みだす若い反乱者たちを惹きつけるよう努めてみてはどうか。階級闘争の言語だけが、反乱を前にした修正主義を規定する正常化と回収の二重の役割に奉仕できる。修正主義は自らの権力が脅かされると、階級闘争の言語をたんなる秩序の大義に奉仕させる。まさにこうしたことが、一九六九年に起こったのである。「扇動」に反対する闘争が前面に躍り出たときに。今日、共産党は左の票を獲得する必要があるというだけではなく、秩序回復をベースにしてはもはや支持を得られない、という状況にある。共産党青年部に結集する若者たちは別のことを望んでいる。かつて左翼主義者たちが「唯一の解決策は革命だ」と叫んでいたころには、彼らは「唯一の解決策は共同綱領である」と応じていた。今日、若い共産党員たちは二つを総合するやり方を見つけた。「唯一の解決策は革命である。唯一の手段は共同綱領である」。今日のマルクス主義的言語はもはや、労働者組織の落ち着きと威厳を賛美してアナキストと扇動者に呪いの言葉――「ブルジョワのゲームをやっている」[*7]――を投げつけていればすむ、というものではない。今やもはや、ジッセルブレヒト氏が左翼主義を誹謗する文章のなかで、「権力奪取」という概念はプチブル的であって「移行期」という科学的概念を対置すべきだ、と書くことができた時代ではない[*8]。今日では若い共産党員が、通俗左翼主義扇動者ばりにチリ大使館を占拠するのである[*9]。理論はそれに呼応しなければならない。国家独占資本主義についての公認教

*6　周知のように、賃金労働の廃止は最近、労働総同盟の規約から姿を消した。だがこの件はほとんど反響を呼ばなかった。共産党の「経済主義」への批判と「レーニン主義」の煩瑣な擁護に忙しいマルクス－レーニン主義博士たちは、概してそれに注意を払わずにすんだ。

義の隣に席が空いている。修正主義に理論的で毛沢東主義的な味付けを足す左派言説、という席が。若い共産党員の実践に左翼主義的な方法と語を輸入する席が。回収の哲学のための席が空いているのである。[*10]

これは一九六九年には不可能だったことである。党の指導機関が自らのヘゲモニーを気にしていたころには不可能だったことが、今、実際に可能になっている。アルチュセールの著作（『ジョン・ルイスへの回答』）がフランスに現れるや、彼らの気づかいは杞憂となった。かつて扇動者を罵倒していた人々が、今や静かに「左翼主義の死」を論じている。毛沢東主義者たちは新たな人民連合の核になる夢を放棄し、トロツキストたちは左翼の行進の尻尾にくっつき、三月二二日運動のかつての闘士たちはリビドーと欲望機械を称えている。歴史的な左翼主義は衰退している。しかしそれは、左翼主義がかつて代表していた反資本主義的、反権威主義的な渇望が消滅したということではない。そうした理念はいたるところで新たな表現形態を見いだしている。いたるところで闘争の共同体がブルジョワ的秩序に対抗して形成されている。資本主義的構造改革を拒否する労働者、土地を軍に譲ることを拒否する農民、隷従を拒否する移民労働者、学校や軍に閉じ込められることを拒否する若者、女性、マイノリティ国民……。しかし、権力問題が提起される場を増殖させているこの分散は、これらの闘争を統一して自らのヘゲモニーを確立しようとする古典的左翼主義の努力を馬鹿げたものにしている。リップ事件は、労働者と被雇用者の実践と思考における転覆が到達しえた深みを覗かせて称賛されたが、この転覆を拡大して反乱組織化の新たな形態にしようとした左翼主義の根本的無力もまた同時に示した。それは疑いなく転覆の新たな姿のはじまりであったが、いずれにしても左翼主義の大言壮語の終わりを画した。こう言ってよければ、大きな共産主義世界に対する共産主義小世界群の対立の終わりである。競争の時代が終わり、回収の事後的企てがついに展開可能となった。反乱の分散、組織された左翼主義の終わり。そのすべては、散々こきおろされてきた古い装置だけが統一をもたらす要因である、と証明していないだろうか。

＊7　修正主義の思想家にとっては思わぬ幸いであるが、社会党と民主労働総同盟（CFDT）の公認理論家たちは、現在、労働者にこんな仕事〔本文中の「ブルジョワのゲーム」〕を負わせていない。労働者は共和国大統領になるための資質を必ずしももっていないと主張したのは、自主管理派サンディカリスト、エドモン・メール〔一九七一―八八年の間、民主労働総同盟の書記長を務めた。CFDTは一九七〇年代を通じて左翼主義者を含む、議会外左翼の社会運動と一定の関係があった〕である。また時流に敏い社会党員レジス・ドゥブレは、『ヌーヴェル・オプセルヴァトゥール』で、革命を弄ぶプチブル左翼主義「メシアニズム」を弾劾するプレヴォとジッセルブレヒトの主張を繰り返した。

＊8　アンドレ・ジッセルブレヒト〔第I章注20参照〕は一九六九年、『ユマニテ』に左翼主義活動家のテーゼと行動を激しく非難する文章を発表した。

＊9　訳注――一九七三年一二月八日。チリのアジェンデ社会主義政権をピノチェト将軍率いる軍部がクーデタによって打倒したことに抗議して行われた。

＊10　加えて私は次の点を強調する。反経済主義の哲学は党の経済主義的テーゼにこだわってはならない。『ジョン・ルイスへの回答』の熱狂的な読者の一人、ニコル＝エディット・テヴナンは、反経済主義的な諸テーゼから国家独占資本主義の公認理論家〔ボッカラとエルゾグの理論〕への批判を引き出したいという奇妙な考えを抱いた。一九七四年四月の『ヌーヴェル・クリティック』はこの問題についてまとめている。彼女は師〔アルチュセール〕のテーゼには一言も触れずに、小学生が「国家独占資本主義の現在のありよう」をなにも理解しないと叱責している。

左翼主義が動かした諸勢力、しかし左翼主義には統一できなかった諸勢力を、自陣に取り戻すため張り合っているのは共産党と社会党なのである。

　こうした状況は、六八年五月が廃れさせた講壇マルクス主義の教会統一運動的言説を復活させる。一九六八年直後には、これこそマルクス主義哲学なりという言説を堅持すること、「M.L.は教える……」式に無邪気に語ることはほとんど不可能であった。その後、まさに直近の経験により、いかなる「マルクス主義」も実践において証明されねばならず、秩序の言説か転覆の言説かを白状しなければならない、ということになった。他人の実践を体系づけるという哲学者の意図はもはや容認されなくなった。革命戦略を作るにはまず生産様式の理論、階級と階級同盟の理論を作り上げねばならない、と説く「左翼主義」大学教員はあいかわらず多い。しかし彼らは聴衆を得ることができたとしても、大勢の人を騙すことはできなくなった。マルクス主義哲学の潜在的顧客層をなしていた若い知識人の目には、階級闘争を体系化しうる能力は闘う人々のものである、と映るようになったのである。マルクス主義にかんしては、普遍化の機能はもはや理論家には帰属せず、政治組織に帰属すると認められた。それはまた、一般化や体系化の必要性がある程度政治組織の言説によって満たされたということでもある。修正主義の全体化言説に、左翼主義の全体化言説が向き合っていた。たとえばプロレタリア左派が、この種の全体化言説の見本を示していた。それを批判し、狂気と見なし、それに対しマルクス主義文献をどっさり差し向けることは可能ではあったものの、彼らの言説はそれでもやはり、マルクス主義知識人が自分の経験や文化をそれと突き合わせてみることが可能な一定の普遍として機能していた。一九七〇年、エマニュエル・テレー[*11]はマルクスとレーニンの理論を、「経済主義」と「ヒューマニズム」にではなく、プロレタリア左派のテーゼと対置した。今日、反乱路線の細分化は、左翼主義言説の様々な政治的総合の試みが終わったことを告げている。一九六九年にはプロレタリアの闘争と若者の反権威主義反乱の関係について、統一的な左翼主義言説を堅持することが可能であった。しかし今日では、きわめて不毛な一般化を行うのではなければ、農民－労働者の闘争、リセの闘争、女性や移民の闘争をどのように思考できるのだろうか。多様で、ときに矛盾する現れ方をして権力を攻撃するこれらの闘争は、総合することが困難なほど闘争として多様であるだけではない。これらの闘争は、反乱言説そのものの多様化もまた示しているのである。フーコーは言う。「囚人たちが語りはじめたとき、彼らは監獄、刑罰、司法にかんする理論を自分たちでもっていた[*12]」。囚人たちが彼らの境遇にかんする理論をつくるうえで特権的な状況にいることはおそらくたしかである。しかし、彼らの反乱がブルジョワ秩序に深い爪痕を残したとしても、彼らの言説が政治的言説の領域にはほとんど共鳴しなかったこともまたたしかだろう。しかしブザンソンにおいて、リップの労働者たちが語りはじめたとき、彼らは自分たちの実践について首尾一貫した言説をもっていた。そこには、かつて左翼主義の実践が切り取り、プロレタリア的普遍の代弁者

＊11　訳注――エマニュエル・テレー（一九三五－）は人類学者。当時は独立社会党の毛沢東派系活動家でアルチュセール理論にも近かった。この時期の著作に *Le Marxisme devant les sociétés « primitives »*, Maspero, 1969（未邦訳、『「原始」社会を前にしたマルクス主義』一九六九年）など。

＊12　Michel Foucault, « Les intellectuels et le pouvoir », entretien avec Gilles Deleuze, *L'Arc*, n° 49, « Gilles Deleuze », p. 5.〔ミシェル・フーコー「知識人と権力」（一九七二年）蓮實重彦訳、『ミシェル・フーコー思考集成 Ⅳ』蓮實重彦・渡辺守章監修、小林康夫・石田英敬・松浦寿輝編、筑摩書房、一九九一年、二六一頁〕

たちの言説のなかに登録しなおしたような語、憤激の叫び、範例的なフレーズは存在しなかった。それは、自分たちが行っていることにかんするほんものの理論である。その理論においては、六八年五月の理念がサンディカリズムの伝統と出会っている。しかし同時に、そこには新しい種類の「融合」もまた認められる。労働者の闘争経験とキリスト教イデオロギーが「融合」しているのである。一見したところ「不幸に打ちひしがれた被造物の悲しみ」[*13]とは別問題であるにしても。この思いがけない融合は唯一のものではない。ほとんどいたるところで、われわれは、秩序の言説と化したマルクス主義的言説の面前で、「観念論的」理論を支えとする転覆の実践に出会うのだ。左翼主義的な総合は、多様化し方向転換する反乱言説を制御することができず、今日の反資本主義、反権威主義の闘争を統一的に思考することができずに、これまで占めてきた席をマルクス主義哲学の言説に返している。この言説が今日の闘争を総体として思考する要求に応えるものでないことはたしかであるものの、この言説は、思考のこうした不可能性が生みだす空虚のなかに腰を落ち着けている。普遍の空虚、書物の空虚のなかに。

摑まえどころのない反乱を回収するために、古い党が回帰する。左翼主義の政治が維持できなくなったプロレタリア的普遍の言説を取り戻すために、講壇マルクス主義が回帰する。修正主義が左翼主義の回収を企てる傍らで、マルクス主義の教師たちに特有の教会統一運動的教条主義が、秩序の理念と反乱の理念の分割を覆い、万人にとっての善という確信の数珠を一つ一つ鳴らす。大衆が歴史をつくる。大衆は労働者階級の党によって指導されねばならない。党は正しい政治方針をもたねばならない。大衆路線を実践しなければならない。中間諸階級の具体的分析を行って、堅固な階級同盟を結ばせ、よく武装して権力への攻撃に取りかからねばならない（神の御慈悲により、これはまだ近い将来のことではないが）。

この言説は、動揺したマルクス主義的意識に堅固な確信を取り戻させる。プロレタリアなるもの、マルクス＝レーニン主義なるもの、労働運動なるものについて率直に語ってよいと請け合う。反乱を基礎づける理念には分割を施すべきであると力説する。ブルジョワ的である理念とプロレタリア的である理念を分けねばならない、と。そして、この分割を行う資格があるのはつねにマルクス主義的な知の保持者だ、と。こうした教条主義復活の企てには今日次々とその金字塔が建てられているが、アルチュセールはこの企てに哲学的原理を提供する。「主体の批判」であり、「主体なき過程」の理論化である。これは、教条主義にプロレタリア的普遍の名において語る——どこから誰に語るのかと問わずに——ことを改めて可能にする技だ。そのための条件は、「プチブル」意識を抑圧してプロレタリア・イデオロギーの言説に席を確保する、という単純な二重化のみである。[*14]

　六八年五月に葬られたと信じられていたこの哲学の回帰は、五月の転覆が乗り越えることのなかった限界を指し示している。五月の転覆は、代表にまつわる理論的、政治的からくりを破壊しなかったのである。左翼主義はあいかわらず代表の言説のなか、大衆の名において発せられる普遍の言説のなかで語り続けることができた。アルチュセール主義——より一般的には講壇マルクス主義——の刷新は、今日、六八年五月以来急進化した知識人層が自らの反乱の種別性をそれ自体として考えることができない無力

*13 訳注——マルクス「ヘーゲル法哲学批判序説」に登場する表現。

*14 「革命の武器としての哲学」〔第Ⅲ章注20参照〕のなかにこの働きが見られる。プロレタリア哲学の教条主義的言説は、哲学教師のプチブル意識を侮辱することで成立する。

を証言している。知識人の反乱が革命陣営においてどんな席を占めるのかを考えられない無力である。ブルジョワ的知に対する学生の反乱、一定層の知識人（文化の代表者という古い意味における知識人ではなく、ブルジョワ的諸関係の再生産を知的に担う者）をまるごと反乱陣営に投げ入れた切断、こうした切断は、それがもつ積極性を完全には解放できなかったのである。裏を返せば、一定層の知識人がブルジョワ権力全体に対し大衆反乱を起こしたという事実は、いまだかつてない政治問題を提起していたのである。そしてこの新しさに、伝統的で互いに相補的な政治形象が狙いをつけた。辱められたプチブルと前衛的インテリゲンチャである。しかし、五月を経由して文革から継承された理念がある。知識人を肉体労働から分離して閉じ込めておく分業を打破する、という理念だ。とりわけプロレタリア左派によって実行に移された企図である。しかし企図の抽象性は、実際には単純な否定を招来させただけであった。ブルジョワ的イデオロギー装置の内部にとどまる闘争の無意味も宣告される。書物の死が宣告される。かくて知識人たちは労働者や職業革命家に転じた。彼らはプロレタリア化する決断をしたのである。しかし、新しい理念（分業のブルジョワ的形態を打破せよ）はそれほどまでに古い理念（「プチブル的」反乱の品性下劣を抑圧せよ）に囚われていた、ということである。そこにはおまけに方向転換の効果までともなっていた。一つの階級の反乱が別の階級の反乱に変質させられ、知識人がプロレタリアと呼ばれて話題にされたのである。まさに代表メカニズムの復活である。そしてこの代表は、組織内権力関係のやり方で強化された。「プチブル」が服従すべき「プロレタリア」イデオロギーの代表に、何人かの知識人がなったのである。プロレタリア化するためには、「プチブル」は二つに割れねばならず、一方の知識人が他方をプロレタリアの名において抑圧しなければならなかった。

このように、知識人の役割を変える試み、彼らの反乱と様々な民衆闘争を結合させる試みは、代表の言説によって多かれ少なかれつねに否定された。一つの社会階層の反乱を決定づける客観的諸矛盾は抑圧された。すると、その反乱の種別的な形態や渇望も抑圧された。この抑圧は知識人の一定部分に、プロレタリアの名において語ることを許した。宣言された意図に反して、修正主義の代理発話を再導入することを許した。プチブル的「自然発生性」の無知や傲慢によってではなく、大学や「労働者階級の組織」という学校で学ばれたマルクス主義によって生まれたメカニズムである。他人に代わって語ることを許す言説。己の発話の場と主体を消去することを許す言説。これはアルチュセール的言説がその典型的なありようをわれわれに見せてくれたメカニズムである。どこから語っているのか、なにについて語っているのか、誰に向けて語っているのかを否定するという条件の上に成り立つ言説である。それはヘーゲルやマルクスが語っている二度目の登場を今日果たしている。しかしそのことがたんに失笑を招くだけであってはならず、われわれはそこから、知識人の実践を変えるために五月革命以来行われてきたあらゆる試みが打破できなかった限界について学ぶべきである。その限界とは、「プチブル」賤民と「プロレタリア」騎士の二重化を通してしか自分の座っている席を考えようとしない頑なさである。プロレタリアの実定性に託された普遍の名により語っているという自負である。この言説はスターリン主義と修正主義のからくり装置から継承され、左翼主義のなかでは、それに対する唯一の回答が「欲望」の言説であった。これは告発的言説であると同時に、たんなる反発の言説である。

どんな命令を発したところで、この代表メカニズムから反乱言説を解放できないのは明らかである。ある人々のようにマルクス主義を忘れよと訴えたとしても、階級闘争は存在しており、マルクス主義はそれが今日占める曖昧な役割にとどまり続けるだろう。すなわち、多様な中身からなる体系、様々な反乱言説が交差するところ、たえず秩序の言葉が転覆の言葉に交換される場所。また他の人々のように、レーニン主義的な代表の言説を超えて、新たにマルクスに帰れ——工場の専制を告発し、協働をめぐる労働者実践を理論化し、自由な生産者たちの世界を予告したマルクスに帰れ——と訴えたとしても、純粋マルクス主義が存在しないこと、マルクス主義的言説がつねに社会的実践によってゆがめられてきたことに変わりはないだろう。マルクス主義的言説をゆがめてきたのは反乱の言説と実践である。この言説は一八七一年のパリの労働者反乱、一九〇五年、一九〇七年のモスクワやペトログラードの労働者反乱、一九二六年の湖南の農民反乱によってゆがめられてきた。しかし権力の規律と言説によってもゆがめられてきた。反乱の自律的表現に枷をはめる代表の理論‐政治装置は、今日でもなお、ただ大衆闘争によってのみ揺さぶられうる。

したがってむろんのこと、本書で述べられた言説がこうした循環のそとから自身を位置づけている、などと主張することはできないだろう。どんな権利があって、本書の言説は「大衆」に依拠したり、己の言説を支えるためにパリの労働者や大寨の農民の実践を引き合いに出したりするのか。一九七二年にパリでアルチュセールが立てた哲学的言説に属す諸テーゼを「フォイエルバッハ・テーゼ」の古びた下書きと突き合せることによって、さらに、過ぎ去った時代の労働者とルイ・フィリップ治世下の検察官の断片的言説に助けを求めることによって、正しくはなにを証明したことになるのか。おそらくたいしたことは示せなかったし、こう言われても不思議ではない。現実主義的な人々ならあなたに指摘しておかしくないだろうが、かくも多くを破壊するのであれば、その後に置くべきなにかをもっていなくてはならない。すべてがなお書生の気晴らしであると言いたいわけではないとしたら。そんな気晴らしは、マルクス主義的なものと疑似マルクス主義的なものが入り混じった既存の文献ストックを増やすのにお誂え向き、というにすぎないぞ。

本書の言説は、己がそのなかに捕らえられている循環を否定するつもりはなく、ただ、教条主義が不断に消そうとするこの循環の閉鎖性を知覚可能にしたいだけである。おそらくそれ以外には、先の疑問に対する答えはない。大衆の名において語る保証の言説の普遍性を教師に支えさせる権力の解明に寄与する、ただそれだけを本書は意図している。その目的のために、本書では一つの範例的言説を取り上げ、二重の操作を試みた。まず、その言説をそれ自身の歴史のなか、つまり、その言説を言表可能にする実践的で言説的な制約の体系のなかに埋め戻してやる。そして、その言説の内的分節を見破る。見破るために、その言説には、自分が選んだお気に入りのパートナーが出してくれる問いとは異なる問いに答えさせてみた。またその言説が用いる論法を、抑圧の必要性と解放の希望がそこでこそ言語化されてきた発話の連鎖、今なお言語化されている連鎖のなかに挿入し直してみた。本書は反駁の書ではない。教条主義を反駁したところで無益であるからだ。本書はむしろ一つの演出である。学者的マルクス主義の言説の働きを失調させることを目指す演出である。それらの言説はわれわれの理論空間を占拠し、革命の言説のなかに既成秩序の是認を読み取らせようとする。この演出が望むのはただ、われわれの現在に散乱する様々な闘争と問いかけを通して己を表現しようとしている、新しい自由についてのなにかに呼応することだけである。

補遺

イデオロギー論について

アルチュセールの政治（一九六九年）

前書き

この補遺は一九六九年度前期にパリ第八大学（ヴァンセンヌ）で行った講義が元になっている。ヴァンセンヌは一九六八年夏の瓦礫から生まれたこともあり、反乱学生からは自分たちが望む斬新さを提供してくれるだろうとの期待を集めていた。マルクス主義者としての信念と最先端理論を売りにする若い大学人を養成する場が同校であり、そこには構造主義を掲げる言語学者や人類学者、アルチュセール派哲学者、ラカン派精神分析家、ブルデュー学派の薫陶を受けた社会学者、ロラン・バルトの記号論や『テル・ケル』グループの「文学理論」で育った文学研究者が集まっていた。情勢は当時の表現で言えば「五月」の運動の「回収」といった様相を強めており、運動の政治的ポテンシャルを学問的・文化的な斬新さへと解消する方向にあった。そのため、ヴァンセンヌに集められたマルクス主義者の教員は、たちまち二陣営に分かれて激しく対立することになった。一方の者たちは「回収」を拒否し、この型破りな大学を、大学制度そのものとの闘争を継続する拠点に使おうとした。他方の者たちは、フランス共産党の方針に合流した。共産党にとって、ヴァンセンヌは「五月」の運動の「戦果」であり、この大学を破壊しようとする左翼主義的「扇動者」に対抗して、打ち固め守るべきものであった。このときアルチュセール主義は、当然ながら二番目の陣営の理論的武器となり、転覆ではなく、転覆に終止符を打たんとする欲求に惹かれる新兵を陣営に引き入れた。こうした背景のもと、私の講義は当初、イデオロギーについてマルクスが著したテキストを注解する予定であったが、たちまちヴァンセンヌをめぐる情勢についての、またアルチュセール的マルクス主義の名により当時この大学で進行していた秩序回復についての、さらに私自身にとっては彼の企図の核心であると思われたもの――イデオロギーに対する科学の闘争というアルチュセール理論――についての考察を行う機会となった。その学期末、受講者のサウル・カルツから[*1]、講義をもとに論文を書き、アルゼンチンで刊行予定のアルチュセールにかんする論集に寄稿してくれないかという依頼を受けた。できあがった論文を、カルツは論文の利害当事者に見せたかもしれない[*2]。事情はどうあれ、私が書いたテキストは一九七〇年にアルゼンチンで刊行され[*3]、七三年までフランスでは未発表であった。〔フランスでは〕雑誌『人間と社会』の編集長だったセルジュ・ジョナスがテキストの存在を聞きつけ、掲載してもよいかと尋ねてきた[*4]。そのとき私は、論文中、マルクス主義の伝統のなかでもっとも疑問の余地がある点に依拠した部分について、私の留保を明確にして

おく必要があると考えた。すなわち、「プロレタリア・イデオロギー」をプロレタリアートに属するイ

*1　訳注――第Ⅳ章注1参照。

*2　訳注――この一文は原著の英語版（二〇一一年刊）とはかなり違っている。英語版を日本語に訳せば以下のとおりである。「カルツが私の論文をアルチュセールに見せたのはほぼ間違いない。またアルチュセールが国家のイデオロギー装置という概念を彼の思想に導入するにあたっては、私の論文が一定の役割を果たしているだろう」。つまりニュアンスが相当異なるうえ、フランス語原著にはない一文が加えられている。これはありうる誤訳の域を超えていると考えた日本語訳者からの問い合わせに答えた原著者によれば、英語版の元になったテキストのほうが古く、フランス語版出版にあたり、彼自身がこの個所を修正したという。これが思想史的に見て瑣末な問題でないのは、言うまでもなく「国家のイデオロギー装置」というアルチュセールのもっとも有名な概念の出自にかかわっているからである。この点は本書でも問題にされており（一五二頁以降）、それによれば、同概念はアルチュセールの発案によるものではなく、「左翼主義」から彼の「正統教義」に「輸入」された。ただアルチュセールの論文「イデオロギーと国家のイデオロギー装置」の本文は一九六九年の一月から四月にかけて書かれており（同論文による）、ランシエールのこの論文が書かれた時期（同年七月）よりは早い。しかし、翌年四月の日付がある、アルチュセールの同論文「あとがき」には、ランシエールの論文を読んだうえでの反論ないし修正と読める記述が認められる。「労働の技術的分業」や「支配階級のイデオロギー」をめぐってである。

*3　Saül Karsz, Jean Pouillon, Alain Badiou, Emilio de Ipola, Jacques Rancière, *Lectura de Althusser*, Editorial Galerna, Buenos-Aires, 1970.〔未邦訳、サウル・カルツ、ジャン・プイヨン、アラン・バディウ、エミリオ・デ・イポラ、ジャック・ランシエール『アルチュセールを読む』一九七〇年〕

*4　Jacques Rancière, « Sur la théorie de l'idéologie : Politique d'Althusser », in *L'Homme et la Société*, n° 27, 1973, pp. 31-61.

デオロギーとして実体化する点であり、さらに、このイデオロギーとマルクス゠レーニン主義理論とを同一視して、ある理論的゠政治的立場が批判されるや、それを著者が「プチブル」に属すせいだと説明するような点である。その説明によれば、「プチブル」の「階級的立場」はブルジョワ・イデオロギーという過去とプロレタリア科学という未来の間でたえず動揺しているのである。そこで私は、論文がまず『人間と社会』に掲載されるにあたり、次にその一年後に本書初版に「結論」として収録されるにあたり、そうしたレトリックに対する違和感を一連の注釈を付して明示することにした。しかし現時点から見たとき、一九七四年刊の本書は、それ自体がこの補論への十分な批判になっていると思われる。したがってここに収録したテキストは、一九六九年に書いたものそのままである。[*5]

ジャック・ランシエール

間違いなく、ことの眼目は、絶対精神の腐朽過程という実に興味深い出来事にある。

——マルクス『ドイツ・イデオロギー』

「理論を神秘主義へと導くあらゆる神秘は、人間の実践によって、またこの実践を概念的に把握することによって、合理的に解決される」[*6]。長きにわたり、このくだりはわれわれにとって最大の神秘であった。そしてこれには少なからず神秘的な解決策が与えられた。テュービンゲンでのゼミナールに集まった若き神学生たちのように[*7]、われわれは新たな「能力」を発見しようと藪をかきわけ、それぞれ固有の法則を備えた「実践」を順に数え上げていた。先頭にはむろん、理論的実践、己の検証に用いられる基

*5　訳注——以下では、参考のために一九七四年版の注も訳出してある。

*6　訳注——マルクス「フォイエルバッハ・テーゼ」第八より。アルチュセール「唯物弁証法について」（一九六三年、『マルクスのために』所収）の冒頭にも同じ箇所が引用されている。

*7　訳注——ヘーゲル、シェリング、ヘルダーリンの三人を指す。彼らは同時期にテュービンゲン神学校に在籍して親交を結び、カントの観念論哲学の批判に取り組んだ。「新たな『能力』を発見しよう」はこのカント批判の試みへの言及でもある。

準を己に備えた実践がある。理論的実践は、われわれの大義であった。敵対者たちはこの実践に対して、祈りでしかない実践を「プラクシス」と呼んで対置するだけであった。

一九六八年五月、ことはいきなり白日の下に現れた。階級闘争が大学を舞台に公然と勃発するなかで、〈理論的なもの〉の地位が、プラクシスと具体をめぐる果てしないお喋りによってではなく、大衆のイデオロギー的反乱という現実によって問われたのだ。以来、「マルクス主義」的言説はいかなるものであれ、厳密さを主張するだけでは立ちいかなくなってしまった。知のブルジョワ・システムを争点とする階級闘争は、ひとりひとりに対して、この闘争の最終的な政治的意味とはなにか、それは革命的なのか反革命的なのかという問いを突きつけたのだ。

こうした状況のなか、アルチュセール主義の政治的意味はわれわれが考えていたのとはまったく異なる、と明らかになった。アルチュセールの理論的前提に依拠しては、学生反乱の政治的意味がさっぱり理解できないというだけではない。この一年でわれわれが目にしたのは、アルチュセール主義が修正主義のミニ思想家に対し理論的根拠を与えてきたという事実である。彼らが「反左翼主義」の攻撃を行い、官学的知を護持するのを正当化したのである。かくして、われわれがそれまで目を背けようとしてきた事態が明らかになった。アルチュセールのマルクス解釈と修正主義の政治との関係は、たんなる両義的共存関係ではない。それは現実的な理論的‐政治的連携なのだ。

以下の考察のねらいは、この連携がアルチュセール的読解方法のなかで成立する地点を浮き彫りにすることである。その地点とは、イデオロギー論にほかならない。

＊
＊＊

アルチュセールのイデオロギー論の特徴は次の二大テーゼに要約できる。

(一) イデオロギーは、あらゆる社会——階級に分割されていようがいまいが——において共通の一次的機能を果たす。自らの役割に対する諸個人の関係を規制することで社会的全体の結合を保証する、という機能である。

(二) イデオロギーは科学の反対物である。

第一テーゼの批判的機能は明らかである。疎外からの解放というイデオロギーが批判対象になっている。このイデオロギーによれば、資本主義的疎外が終わると、意識の神秘化が終わり、自然に対する人間の関係と人間に対する人間の関係が完全に透明となる世界が訪れる。これは聖パウロの言う移行、つまり鏡に映るおぼろげな像から、顔と顔を合わせて見る像への移行にどこか似ている。[*8] こうした透明性のイデオロギーに対し、アルチュセールは、社会構造の全体が行為主体にとって必然的に不透明なのだ

＊8　訳注——新約聖書の「コリントの信徒への手紙一」第一三章一二節を参照。「われわれは、今は鏡におぼろに映ったものを見ている。だがそのときには、顔と顔を合わせて見ることになる」(新共同訳)。

と主張する。イデオロギーは社会的全体の内部にあまねく存在する。それはこの全体性が全体構造によって決定されていて、構造の全体性のほうは機能の全般性として与えられるからである。その機能こそ、構造により決定される役割を社会的全体の行為主体に果たさせる表象システムを提供することである。

無階級社会でも階級社会と同様に、イデオロギーは、様々に生きる人間どうしの紐帯を、また社会構造によって規定された役割への諸個人の関係を保証する機能を果たす[*9]。

かくしてイデオロギー概念を、階級闘争概念の介在に先立って、一般的に定義することが可能となる。その結果、階級闘争はイデオロギーの一次的機能を「重層決定[*10]」することになる。

この第一テーゼがいかに措定されているか、また第二のテーゼとどのように接続されているか、きわめて明快なテキストを通じて検討してみよう。

イデオロギーは、階級社会では、現実の表象ではあるけれども必然的にゆがんでいる。なぜなら必然的に方向づけられ、傾向的であるからだ。傾向的であるのは、その目的が、人間に対し己が生きる社会システムについて客観的認識を与えることにあるのではなく、反対に、人間を階級的搾取の体系内部で各々が占める「場所」にとめおくために、人間に対して、その社会システムにかんする神秘化された表象を与えることにあるからである。もちろん、無階級社会におけるイデオロギーの役割もまた問われねばならないだろう。そしてこの問題への答えは、イデオロギーのゆがみは社会的全体の本性により必要である、と示すことにより与えられるだろう。精確に言えば、社会的全体がその構造によってゆがみを必要とするよう決定されているのである。この構造は社会的全体を諸個人に対し不透明にする。構造が決定する場所を社会的全体のなかで占める諸個人に対して、である。社会的構造が不透明であるために、社会的凝集性に不可欠の世界表象が必然的に神秘的になるのである。階級社会では、このイデオロギーの一次的機能は存続してはいるが、階級分裂の存在がイデオロギーに課す新たな社会的機能の統制を受ける。階級分裂の存在はイデオロギーの一次的機能だけではすまない事態なのである。漏れがないよう、これら二つの必然的ゆがみの原則を考慮に入れるならば、こう言わねばならない。イデオロギーは階級社会において、必然的にゆがみを生じさせ神秘化を行うが、それはイデオロギーが、社会構造によって決定される不透明性により、ゆがませるものとして生産され、なおかつ階級分裂の存在によっても、ゆがませるものとして生産されるからである。[*11]

---

*9　Louis Althusser, « Théorie, pratique théorique et formation théorique. Idéologie et lutte idéologique ». Texte rénéotypé, p. 29.〔未邦訳、ルイ・アルチュセール「理論、理論的実践、理論形成－教育――イデオロギーとイデオロギー闘争」一九六五年〕

*10　Nicos Poulantzas, *Pouvoir politique et classes sociales*, p. 223.〔ニコス・プーランツァス『資本主義国家の構造――政治権力と社会階級 II』田口富久治、山岸紘一訳、未来社、一九七八年、二三三頁〕

*11　Althusser, « Théorie, pratique théorique et formation théorique » pp. 30-31.

われわれにとって第一の問題は、イデオロギーの一般的機能を説明するために提出された概念の性質を問うことだ。「社会的凝集性」なる観念は、その前の引用にある「様々に生きる人間どうしの紐帯」という定式を反映している。しかし「社会的全体」の「凝集性」や「紐帯」なるものは、ほんとうにマルクス主義的分析の土俵に乗っているのか。マルクス主義的分析が人類のあらゆる歴史は階級闘争の歴史だと宣言した後になって、社会的凝集性一般の保証などという機能に、どのような定義を与えられるだろうか。マルクス主義理論にはここでは語ることがないから、われわれは場所を移動して、社会集団の凝集性を保証ないし解体する表象システムを専門とする、コント派またはデュルケーム派社会学の領域へと移行したのだろうか。この「社会集団」という亡霊こそ、この論文でアルチュセールが行う分析においで、はっきりした姿を見せつつあるのではないか。アルチュセールがこの論文で行った宗教の位置づけに、移動のきざしを見てとることができるだろう。

階級のない原始社会以来、こうした紐帯の存在は確認されているのだから、イデオロギーの一般的原初形態として、宗教に紐帯の現実を見いだしえたのは偶然ではない（「紐帯」とは宗教という語の語源の一つでもあるだろう）。[*12]

分析を反転させて、こう問題を立てることができる。階級闘争を考えるよりも前にイデオロギー一般を考えることは、伝統的な宗教分析、すなわち社会にかんする形而上学的言説を受け継ぐ社会学による分析をモデルにして、イデオロギーを考えることではないのだろうか。[*13] イデオロギーがもつ二つの機能

（社会的凝集性一般の維持と階級支配の実現）を重ね合わせることは、史的唯物論とデュルケーム型ブルジョワ社会学という異質な二つの概念系の共存を意味するだろう。アルチュセールに独特の芸当は、この共存を接合に変えてしまうことである。そこから生じるのは二重の意味での転倒である。

（一）イデオロギーはまず、マルクス主義の土俵ではなく、一般社会学（社会的全体一般についての理論）の土俵のうえで定義される。マルクス主義理論はそのあと、社会学的イデオロギー論のうえに、階級社会に固有の重層的決定を扱う理論として乗る。その結果、階級社会におけるイデオロギーの機能を規定する概念が、一般社会学の概念に依存する。

（二）しかし、この一般社会学の水準がマルクス主義的イデオロギー論の水準である、と主張される。このイデオロギー論にはその点についてなにも言うことがないにもかかわらず。こうして、操作に転倒が生じる。イデオロギーの一般的機能とされるものの分析が、階級社会におけるイデオロギーの機能を考察するためにマルクス主義が用いてきた概念や分析によって行われる。社会一般を規定するために、階級社会を規定するマルクス主義の概念が用いられるのだ。

この転倒のメカニズムは、階級社会におけるイデオロギーの二重決定をアルチュセールが説明する際にはっきり見てとれる。

*12 Althusser, « Théorie, pratique théorique et formation théorique », p. 26.

イデオロギーは階級社会において、必然的にゆがみを生じさせ神秘化を行うが、それはイデオロギーが、社会構造によって決定された不透明性により、ゆがませるものとして生産され、なおかつ階級分裂の存在によっても、ゆがませるものとして生産されるからである。[*14]

階級分裂の水準とは区別された水準に位置づけられる、この構造とはなんだろうか。マルクス主義の用語では、社会的全体が構造によって規定されるとは、生産関係によって規定されるという意味であり、

*13　一九七四年版の注――社会学が後継者であるような「形而上学的言説」に中途半端に依拠すると、そこに含まれる概念（社会的凝集性、人間どうしの紐帯など）の種別性、またこうした概念が歴史的に規定された政治的問題構成に属している点が見逃される。この問題構成により、一九世紀後半に社会学は、資本主義的生産関係の再生産に必要な人間の育成を目的として、ブルジョワジーが当時用いた実践総体の内部に地位と場所を与えられた。資本主義的生産関係が導入され、ブルジョワジーに二度にわたって死を予感させたプロレタリアートの反撃が起きた後のことだった。プロレタリアートの「自然発生的にブルジョワ的な」イデオロギーについて長口舌をふるう「マルクス主義」学者よりも賢明なブルジョワジーは、一八四八年と一八七一年に、自分たちと同じ言葉（秩序、共和国、所有、労働など）を使っていながら労働者は別様に考えていることに気づいた。その結果、独裁を行うためのイデオロギー的武器を確保する必要がブルジョワジーに生じたのだ。この政治目的により、まだ若い人文科学に、体制に必要な規範的人間の育成技術のなかで場所が与えられた。犯罪者探知や自殺予防を通じた育成を、幹部の選別や大衆の議会教育（つまり大衆の自律的政治実践を議会や選挙によって抑圧すること）による育成と並行して行う場所である。これによって、独自の問題構成をもつ科学が成立した。社会的凝集性を強めたり解体したりする現象を扱う科学

である。ある集団の凝集性を保証する原則とはなにか、あるポストにもっとも適切な人物を選ぶ際の基準とはなにか、もっと露骨に言えば、ある群衆のなかから、あるいは人間の頭のサイズから、それが社会秩序にもたらす危険をどのように察知するのか、といった問題を扱う科学である。「社会学的方法」が精緻化される裏にはっきり見てとれるのは、人体測定法の推進者ベルティヨン刑事や、群衆と「首謀者」にかんする理論家である軍医ルボンの関心事である〔ベルティヨン式人体測定法を開発した犯罪学者のアルフォンス・ベルティヨン（一八五三－一九一四）と、『群集心理』（一八九五年）で有名な社会心理学者のギュスターヴ・ルボン（一八四一－一九三一）のこと〕。

　ここで重要なのは、アルチュセールがこうした概念を、ブルジョワ的な警察理性や政治目的、また、こうした概念に基礎を与えて社会的全体一般の機能の一翼を担わせる権力操作とは切り離していることだ。この動きに対応するのは当然、科学が階級よりも上位にあるという考え方である。イデオロギーにかんするこうした抽象的な考え方から「マルクス主義の労働者階級への注入」というカウツキー・テーゼを正当化する線がまっすぐに引かれるのは、おそらくその線が、労働者階級の馴致や労働者の文化的アイデンティティの抹殺というブルジョワジーの試みと社会民主主義が歴史的に共謀する事実を、理論において再生産するからだ。社会民主主義のみじめな失敗が、こうした「意識注入」となんらかの関係があるのは至極当然である。社会民主主義の実践的意味とは、議会政党による労働者階級の囲い込みであった。議会政党は、議会主義的幻想をばらまくと同時にプロレタリアートの政治実践を抑え込み、その自律的な組織形態に変質をもたらす。ブルジョワ・イデオロギーに自然発生的に捉えられた労働者階級に意識注入を行うべしとの命題は、労働者階級をブルジョワ政治に統合せんとする社会民主主義の役割とまさに表裏一体をなすのではないだろうか。労働者大衆は己の実践のうちに、この類の「マルクス主義」に抵抗する手段をすでに見いだしている。知識人はそこに、より一般的なかたちで己の「マルクス主義」理論の言説の本質と規範を見いだすのである。

*14 *Ibid.*, p. 31.

生産関係は支配的生産様式を特徴づける。だが生産関係とは生産手段の社会的領有形態のことであり、この領有形態は階級的領有形態である。資本主義的生産関係では、生産手段の所有者と労働力の売り手との間に階級対立が生じる。要するに二つの水準の区別が、「構造」の水準とは階級関係の水準であるという点を見えなくさせているのである[*15]。

フェティシズムを分析することで、この点はかなりはっきりする。フェティシズムを（私が『資本論を読む』で行ったように）、生産関係の現れ－隠蔽だと述べるだけでは不十分である。フェティシズムが独特の方法で隠蔽するのは、生産関係の敵対的性質である。資本と労働の対立がフェティシズムを通じて収入源の併置へと解消されるのである。構造は、ヘラクレイトスの自然のように隠れたがるから隠されるのではない。構造はその矛盾に満ちた本性を隠すのであり、その矛盾とは階級矛盾である。したがって構造の現れ－隠蔽とは、「社会構造一般」の不透明性ではない。生産関係の、すなわち階級社会全般の特徴である労働者と非労働者の階級対立の効果である。階級社会を超えて拡張されると、構造のこうした効果はまったく未規定な概念になる――あるいは悪霊や理性の狡知といった、形而上学の伝統的形象の代替物として規定される。

このように、イデオロギー的隠蔽の二つの水準を区別することにはきわめて問題が多い。この区別は明らかに、あらゆる生産過程に備わる二重の性格（一般的労働過程と、社会的に規定された生産過程）を扱うマルクス主義的分析と、アナロジーによって結ばれている。だがこのアナロジーは明らかに不当である。最終審級の法則を上部構造に移行させ、結果に原因を再生産させることで、このアナロジーは社会的全体を、どれも同一の法則を表現する複数の水準からなる一つの全体として措定するのである。同一の原理を政治的上部構造の分析に適用することで生まれる不条理は分かりやすい。「社会的全体一般」に政治的上部構造の存在が含まれることになり、階級闘争以前の国家について一般的機能を定義できることになるからである。こうしたアプローチはわれわれにとって少しも愉快ではない。イデオロ

---

*15　もちろんこうした階級関係は、階級闘争が遂行される様々な（政治的・経済的・イデオロギー的）実践形態から慎重に区別されねばならない。階級闘争は階級関係の効果である。しかしそれでもなお、生産関係は階級関係としてしか理解することができない。ただし階級関係を新たな背景世界に変えてしまえば話は別である。この変形は、プーランツァスが『政治権力と社会階級』（邦訳『資本主義国家の構造』）で生産関係と「社会関係」を区別したために生じた。プーランツァスは、生産関係とは「人間どうしの関係」ではないという正しい考えから出発したにもかかわらず、先ほどのジレンマに陥ってしまう。透明性か不透明性かというジレンマである。それゆえに、生産関係は「構造」の彼岸で放棄されるように思われる。アルチュセールとプーランツァスの分析は最終的に、分かりきったことを確認するだけなのである。構造はその効果を通して現れる、固有の不透明性によってのみ定義される、ということ。つまり、構造が不透明であるがゆえに構造は不透明になるというのである。

構造のこうした――ほとんどハイデッガー的な――「後退」が、政治的に潔白であろうはずがない。フランス共産党はすすんでこう述べる。学生の闘争は資本主義的搾取の結果を攻撃しているにすぎない。工場での職階制や作業スピード、新参者いびりに対する草の根の闘争もまた、搾取の結果を攻撃するだけである。本来的な攻撃対象は、搾取の原因そのもの、資本主義的生産関係でなければならない、と。だが原因の次元において、〈科学〉に唯一アクセスできるのは中央委員会の賢者である。構造の後退はさらにカント式の虚焦点、終わりなき未来の逆さまで局所的なイメージへと変わった。社会主義へのフランスの平和的移行である。

ギーがアルチュセールにおいて、古典的な形而上学的省察が国家に対して付与する地位を占めかねないからである。そのときアルチュセールの分析は、国家の本性はイデオロギー的であるという神話を代弁しかねない。その理論的かつ政治的意味を今や解明しなければならない神話を、である。

したがってまず、水準を二分したことの不可逆的な帰結を確定しなければならない。イデオロギーは、最初に闘争の場として措定される、のではない。イデオロギーは敵対する二者にではなく、己が自然な要素としてそこに加わる一つの全体性に関係づけられている。

すべてはまるで、人間社会というものは、イデオロギーという種別的な構成体、表象システム（様々の水準を含む）がなければ存在しえないかのように進行する。人間社会は、己が呼吸をし、歴史的生を営むうえで欠くべからざる要素かつ空気であるかのように、イデオロギーを分泌する。*16

起源（あるいは終末）の神話を「かのように」という限定された形態のもとにおくことは、哲学においては古典的慎み深さの部類に属すやり方であり、その完成形態はカント哲学によって与えられる。実際われわれは一度ならず、アルチュセールのカント主義に遭遇することになるだろう。この「かのように」という形式により、起源の思考は分裂の隠蔽という政治的機能を保持するのだ。この形式により、イデオロギーは分裂の場としてではなく、参照項（社会的全体）への関係によって統一された一つの全体性として措定される。同時に、第二水準にかんする分析は、階級闘争のイデオロギー的形態の分析ではなく、（単数形の）イデオロギーが階級分裂により重層決定される事態の分析となる。議論の対象は階級社会のイデオロギー一般となり、諸階級のイデオロギーではなくなる。たしかに分析の終わりになってようやく、イデオロギーは様々な「傾向」に分裂する。[*17] だが終わりになって分裂をもちだしてみたところで無意味だろう。その間にイデオロギーは、最初に闘争の場として措定されなかったがゆえに、こっそりと闘争の一当事者となってしまうのだ。当初は忘れられていたイデオロギーにおける階級闘争が、空想的でフェティッシュ化されたかたちで再登場する。イデオロギー〔支配階級の武器〕と科学〔被支配階級の武器〕の間の階級闘争として、である。

この忘却の論理を、各段階を列挙して注釈しよう。

〔一〕イデオロギーとは表象システムであり、あらゆる社会において、社会的全体の構造が定める役割への諸個人の関係を保証する。

〔一の二〕したがってこの表象システムは認識システムではない。反対に、歴史的主体に必要な幻想システムである。

〔二〕階級社会では、イデオロギーは追加的機能を獲得する。個人を階級支配が定める場所にとめおくという機能である。

〔三〕したがってこの支配を転覆させる原理は、イデオロギーの反対物である科学に属する。

---

*16 Louis Althusser, *Pour Marx*, p. 238.〔前掲『マルクスのために』四一二頁〕

*17 Althusser, « Théorie, pratique théorique et formation théorique », p. 32.

この証明の戦略上のポイントは、イデオロギーを階級支配と接合するところにある。

イデオロギーは階級社会では、現実の表象ではあるけれども必然的にゆがんでいる。なぜなら必然的に方向づけられ、傾向的であるからだ。傾向的であるのは、その目的が、人間に対し己が生きる社会システムについて客観的認識を与えることにあるのではなく、反対に、人間を階級的搾取の体系内部で各々が占める「場所」にとめおくために、人間に対して、その社会システムにかんする神秘化された表象を与えることにあるからである。[*18]

ここまでのところは併置していただけの二つのテーゼ（イデオロギーは認識の反対物である、イデオロギーはある階級に奉仕する）を結びつけることで、アルチュセールは、より深い地点で両者を結合するメカニズムを示唆する。イデオロギーがゆがんだ表象であるのは、イデオロギーが認識をもたらさないからである。そしてまたイデオロギーが認識をもたらさないのは、支配階級に奉仕するからである。だがどのイデオロギーのことを言っているのか。被支配階級のイデオロギーには、搾取される者を階級的搾取システム内の「己の場所」にとめおく機能があるとでも言うのだろうか。ここでイデオロギーの機能として定義されているものは、支配的イデオロギーである。イデオロギーが果たす一般的機能を検討するために、アルチュセールは一つのイデオロギーの支配をイデオロギーそのものの支配として措定しなければならない。かくて彼一流の芸当が演じられる。イデオロギーの一般的機能は階級支配のために行使されるものとして措定され、階級支配を転覆させる機能は〈イデオロギー〉の〈他者〉、つまり〈科学〉に与えられることになるのである。最初の段階で階級闘争が省かれたことで、きわめて興味深い理論的手品が生じる。イデオロギー／科学という布切れが登場して、階級闘争を再導入する。だが階級闘争のほうも、この科学／イデオロギーの対比を手助けする。イデオロギーはまず、科学ではないものとしてだけ措定されていた。次いで、この科学ではないものは階級支配に、つまり支配階級と被支配階級の根本的な対立に接合されて、〈科学〉の〈他者〉となった。これで差異が矛盾となった。

なにが起きたのだろうか。形而上学が創設された操作そのものでないとすれば。形而上学はその歴史を通してたえずこの操作を繰り返してきた。そしてこの操作は、ソフィストの古典的問題に対応している。〈他者〉という形象を立て、差異を矛盾だと考えよ。[*19] マルクス主義はここで哲学の必然的かつ不可能な任務の遂行を手助けしているが、その点については後述する。さしあたりイデオロギーをめぐる思考のなかで生じた移動の重要性を指摘しておけば十分である。イデオロギーはまず、社会的全体の一審級である。その資格においてイデオロギーは他の審級と接合されるのであって、いかなる反対物とも対立しない。イデオロギーの内部でこそ、イデオロギーが認識すべき対立は規定される。それは原理的に、ある階級のイデオロギーと他の階級のイデオロギーの対立である。ここからどのようにして、イデオロギーと科学の対は、イデオロギーを考えるための対比となりうるのだろうか。イデオロギーを審級システムから切り離し、イデオロギーの場における原理的分裂を消去し、マルクス主義理論内部に科学とイ

＊18 *Ibid.*, p. 30.
＊19 もちろん、現実的矛盾の誤認にもとづく代替矛盾思想である。

デオロギーが共有する空間を作る操作によってである。科学とイデオロギーという対比が機能するには、一つの空間を再建するしかないのだ。形而上学の伝統全体が思考しているのと同質の空間である。形而上学は科学をその他者と対立させ、それにより、真なる言説領域と偽なる言説領域が分有する閉じた言説世界、科学の世界とその他者の世界（臆見、誤謬、幻想など）が分有する閉じた言説世界を置く。イデオロギーが階級闘争としての闘争の場であるという基本的な考え方がなければ、イデオロギーは形而上学の歴史が規定するこの場所、〈科学〉の〈他者〉の場へと滑り落ちていくのだ。

＊
＊＊

以上、この移動の一般的形態のみを明らかにした。以下ではこの移動によって構成される科学とイデオロギーの対が、実際的な政治分析において果たす機能を明らかにしたい。そのためにアルチュセールの二つのテキスト——「学生問題」[*20]と「マルクス主義とヒューマニズム」[*21]——を参照しよう。両論文はともにイデオロギー論から政治的結論を導き出そうとしている。

「学生問題」は、共産党の大学にかんする方針とＵＮＥＦ（フランス学生連合）で当時支配的であった方針との間で高まっていた軋轢に介入したものである。ＵＮＥＦは共産党の単純な「量的」要求路線（寮増設や教員増員など）に、教師と学生の関係を質的に問う路線を対置していた。そしてこの関係は、疎外概念を媒介として階級関係になぞらえて理解されていた。アルチュセールは、学生運動による政治活動と自治会活動の基礎となるべき本当の意味での分割線を引くことを目指して介入した。したがってこの論文で問題となったのは、情勢を論じることではなく、アルチュセールのイデオロギー論の厳密な帰結を示すことである。以来その結論は、大学にかんする修正主義的言説の基準となった。そうした言説にこの論文への言及があろうとなかろうと、である。

論証の原理は、階級的分割線の位置をＵＮＥＦの理論家によって引かれた教師と学生の関係から、知の内容へと移動させることである。分割線は知の伝達をめぐって教師と学生の間を通るのではなく、知の内容をめぐって科学とイデオロギーの間を通るのである。アルチュセールの論証は、取りだしておくのが有益だと思われる一連の含意を梃子にしている。

ベースとなるのは、技術的分業と社会的分業の区別である。

> 大学世界の科学的分析に介入すべき、また介入しうるマルクス主義の理論的原理とはなにか〔…〕。基本的には、労働の技術的分業と社会的分業の区別にかんするマルクス主義の概念である。マルクスはこの原理を資本主義社会の分析に適用した。この原理はあらゆる人間社会（特定の生産様式に基礎を置く社会構成体という意味での）を分析するうえで有効である。もちろん大学のような特定の社会的現実にも有効である。大学は本質的理由により、資本主義、社会主義、共産主義を問

＊20　Louis Althusser, « Problèmes d'étudiants », *La Nouvelle Critique*, n° 152, janvier 1964, pp. 80-111.

＊21　Louis Althusser, « Marxisme et Humanisme », dans *Pour Marx*, pp. 225-258.〔ルイ・アルチュセール「マルクス主義とヒューマニズム」、前掲『マルクスのために』三九一－四四四頁〕

わずあらゆる近代社会につきものである。[*22]

一読しただけで、イデオロギー分析で働いていたのと同じメカニズムが見てとれる。階級闘争が消去され、その代わりに、社会的全体が必然的に果たすべき機能の一般性が据えられる。しかしここでは、概念にことのほか注意しなければならない。アルチュセールは、技術的分業と社会的分業というマルクス主義の概念を適用すると宣言している。だがこれら二概念は、マルクスによる分析においては、そんなかたちでは与えられていないのである。マルクスの分析が明らかにしたのは、あらゆる生産過程がもつ二重の性格である。生産過程は一般的労働過程としても、社会的に規定された生産過程——生産過程を規定する生産関係の再生産を行う——としても捉えることができる。たしかにここから「技術的」分業と「社会的」分業の区別を演繹することは可能である。だがこのとき問題となっているのは、現実的区別ではなく、単一の過程を概念化する際の二つの方法に対応したたんなる様態的区別である。技術的分業と社会的分業は単一の分割の二側面である。生産過程の技術的再生産を保証する機能は、生産過程の社会的再生産を規定する機能と同じなのである。

しかしアルチュセールはこの区別を場所と機能の実在的区別として用い、場所の区別に技術的分業を、機能の区別に社会的分業を対応させる。次の通りである。「労働の技術的分業はあらゆる職務上の『持ち場』に対応しており、その存在はもっぱら、ある社会のある発展段階において生産様式を規定する技術的必然性によって正当化される」のに対し、社会的分業は「当該社会の労働過程を階級分裂の諸形態を通じて、また、ある階級の他の階級への支配の諸形態を通じて保証する機能をもつ[*23]」。

こうした定式化により、区別自体が謎めいてくる。いったいどのようにして、もっぱら技術的である様々な必然性の生産様式など定義できるのだろうか。社会的目的から、つまりその目的を決める生産の社会的関係の再生産から独立した必然性などあるのか。逆に言えば、生産過程が果たす唯一の「技術的」機能とは、生産関係の諸形態、したがって階級分裂と階級支配の諸形態を再生産することではないのか。

謎を解決するために、ここでもまた論証の道筋を逆に辿らねばならない。技術的分業が大学の機能を明らかにすると見なされている点である。実際には逆に、大学に与えられた地位が「労働の技術的分業」なる概念の機能を照らしているのだ。アルチュセールはわれわれに、大学は「本質的理由により、資本主義、社会主義、共産主義を問わずあらゆる近代社会につきものである」と説く[*24]。こうして、一定の生産関係の要請に対応するとまずは思われた技術的分業が、「近代」社会、つまりマルクス主義の言い方では生産力の発展が一定段階に到達した社会の技術的必然性に対応する。すると両者の区別が次のようなものとなるのは明白だろう。技術的分業は生産力の一定の発展段階に対応し、社会的分業は、ある生産様式に属す生産関係の再生産に対応する。

すべてはまるで、近代社会一般に欠かせない一定数の場所と機能が、生産力の発展水準のみを指標として定義できる「かのように」生起するのだ。アルチュセールの読者なら驚かずにはいられない結論で

＊22　Althusser, « Problèmes d'étudiants », p. 83.
＊23　*Ibid.*, p. 84.
＊24　*Ibid.*, p. 83.

ある。これまでアルチュセールはマルクス主義の歴史理論を、直線的進化や発展などの用語で歴史を考えるあらゆるイデオロギーから全力で引き離そうとしてきたのではなかったか。ここで引き合いに出される「近代」は、そうした試みと完全に矛盾するのではないか。この矛盾の意味を明らかにするには、ここにどのような政治的賭金があるのかを考えねばならない。ただしアルチュセールの漸次的移動の意図は明らかである。彼の議論に従えば、科学あるいは「近代」合理性の客観的要請である技術的分業こそ、資本主義的生産様式の社会形態がどうなるかを決めることになるからである。[*25]

このとき技術的分業は、修正主義的スローガンをたんに正当化するものとして現れる。「国民の現実的なニーズ」、「経済の現実的ニーズ」、「近代化」などの観念を根拠とするスローガンである。周知の通り、フランス共産党はマルクス主義的弁証法を、ものごとの良い面と悪い面を区別するというプルードン型折衷主義で置き換えてきた。生産力の解放のためにブルジョワ的生産関係を破壊せよという革命的要請は、党からすれば、結局のところ、良いもの〈あらゆる「近代」社会の要請に対応する「技術的」分業の諸形態〉を保護し改良するために、悪いもの〈独占企業による支配〉を消去する作業のことである。しかしわれわれはマルクス以来、社会の「現実的」ニーズとは一階級の利害関心の隠蔽に役立つものである、ということを知っている。今日における「現実的」ニーズは、共産党が代表の度合いを強める階級、つまり労働貴族とインテリ幹部の利害を隠蔽している。[*26]「技術的分業」概念を用いることは、修正主義イデオロギーを二つの相補的側面によって正当化することだ。「客観的ニーズ」の理論と「能力」によるヒエラルキーの擁護である。

われわれが目を止めた横滑りと矛盾は、煎じつめればこう説明される。アルチュセールはたんにマルクス主義理論の領域からその反対物、修正主義の日和見イデオロギーの領域へと移行したのである。マルクス主義的分析から良いものと悪いものの折衷主義の領域へ、というこうした移動を目にするのは、われわれにとって初めてのことではない。この移動はイデオロギー論を別の二元的関係、〈科学〉とその〈他者〉との間に形而上学が打ち立てる関係へと移動させた運動を反復している。アルチュセール主義の核心は疑いなく、形而上学の自然発生的言説と修正主義イデオロギーを接合するところにあるのだ。この接合は、議論の続きのなかでその完全な姿を現す。すなわち、技術的分業と社会的分業の区別は大学において科学とイデオロギーの区別として表現される、とする点。基礎の疑わしかったイデオロギー論が、二重分業論という基礎をもつにいたるのである。しかしこの二重分業論は修正主義の学的正当化

＊25　ここと同じくだりで、アルチュセールは企業内ヒエラルキー総体の「技術的」必然性を結論づけている。社会主義社会に大学が存在すべき「本質的理由」については、後で論じる。

＊26　一九七四年版の注──こうした簡潔な言い方が修正主義イデオロギーを中間階級の利害に還元してしまうのなら、それは誤りである。ここに根本的に現れているのは、それ自体のうちに次の社会秩序の前駆的姿をはらんだ権力構造のイデオロギーであるからだ。オヴェルネの遺体を前にした共産党やCGTの反応に見てとれるのは、幹部の恐怖や専門家の非難であるよりも、代替国家装置の信奉者たちの感覚である。彼らは国家装置の信奉者として、ブルジョワ国家装置にすでに参画している。党とCGT幹部たちがルノー工場で擁護したのは、中間階級の利害ではなく、経営権力への彼らの参画だった。周知の立場を取ることで、共産党は選挙での支持者の利害ではなく、資本主義権力の工場経営に参加するという執行部自身の利害を代弁している。

にすぎないために、イデオロギー論はここでその政治的基礎を露呈してしまう。マルクス主義理論はまず、形而上学に内的な問題の解決策として機能した。そして今度はその問題設定が、修正主義イデオロギーのために機能する。この動きは知の分析によって明らかになる。

大学で教授される知のなかにこそ、技術的分業と社会的分業とを永久に隔てる分割線、もっとも不変的でありかつ根本的な階級的分割線が走っている。[*27]

ゲームの「手」はこれで完全にできあがった。科学とイデオロギーの区別とは、技術的なものと社会的なものとの区別を階級的分割線として通用させるためのものなのだ。すなわち、アルチュセールの言説にあっては、形而上学が修正主義イデオロギーのマルクス主義イデオロギーへの昇格を取りなしている。こうした仕掛けから、アルチュセールのテーゼはその「明証性」を調達する。このテーゼは実際のところ二重に捩れている。一つめの捩れはすでに指摘したようにイデオロギーの位置づけに、二つめの捩れは科学の有効性にかかわる。このとき科学は、科学であるがゆえに革命の側にあると見なされる。

反動または「テクノクラート型」ブルジョワ政府が、なにごとにつけ生半可な学問を好むのは、また反対に革命の大義が、認識つまり科学とつねに分かちがたく結びついているのは、偶然ではない。[*28]

われわれとしては、アルチュセールのテーゼがここで転倒したかたちで述べられているのは偶然ではない、と言いたいところだ。科学の知それ自体にブルジョワ支配に対する転覆的価値がある、というテーゼを直截に述べることが、アルチュセールの論述には必要であると同時に不可能である。それが可能であるのは、テーゼを支えているものを明らかにするときだけである。このように問題含みのテーゼは、科学的社会主義をめぐるマルクスのテーゼを、その固有の領域のそとで用いるという拡大を行わねば理解できない。マルクスのテーゼは、プロレタリアートの解放は明らかにその解放の条件にかんする理論、すなわち社会構成体についてのマルクス主義科学抜きには実現されえない、と述べる。このテーゼにあっては、革命の企てと科学的認識との結びつきは、共通の対象をもつことで確保されている。し

＊27 *Ibid.*, p. 89.

＊28 *Ibid.*, p. 94. レトリックの次元に限っても、形而上学の「かのように」の思考と共産党の古典的修辞法——「……であるのは偶然ではない」——との共犯関係に言及してみるのも一興だろう。「なんと幸運な巡り合わせだろう〔=偶然からこそものごとは生じる〕」と語る民衆の知恵は、真実を言い当てている。〔以下、一九七四年版の注〕もっと掘り下げて、このイデオロギー論と修正主義的-警察的な陰謀論との関連を指摘するべきだろう。理論の示すところによれば、労働者には反資本主義イデオロギーを生産する力がない。つまり自律的な反資本主義実践を生みだす力がない。したがって、自分の言葉で語り、行動していると主張する労働者は偽労働者であり、ゆえに本物の警察官である、とたちどころに分かるわけだ。こんな話は、もしもシルヴァンの発言の背後にトラモニの武器がなかったなら、笑い飛ばせばすんだことである〔前出のオヴェルネ殺害事件への言及。シルヴァンはルノー・ビヤンクール工場のCGT支部長ロジェ・シルヴァン、トラモニはオヴェルネを殺害したガードマンのジャン・アントワヌ・トラモニを指す〕。

かし、そこから科学一般の革命的効果を演繹するのは無理な話である。このテーゼを科学教育の現実に適用すれば、そのむなしさが分かるだろう。医学部や自然科学関係の大学校〔グランゼコール〕での講義の大半が、科学的に完璧に妥当な内容であることは間違いない。もしこうした授業に明らかに反動的な機能があるとすれば、科学教育が実証主義的であるという理由だけによるものではなく、教育の構造自体に原因がある。学校の性格、入試制度、教えられる者と教える者の関係などである。教える者がある種の知の保持者であると同時に、社会的序列のメンバーシップをもっている（たとえば医学部の大学教授）、といった関係である。ブルジョワジーとブルジョワ・イデオロギーの支配は知の内容にではなく、知の伝達の場の編成に現れる。知の科学的性格は教授される内容になんら影響を与えないのである。科学はイデオロギーに対して、その他者として現れるのではない。科学は制度の内部に、またブルジョワジーのイデオロギー支配が露わになる科学の伝達形態に姿を現すのだ。

　少なくともテーゼの半分はこれでよい、と言えるかもしれない。イデオロギーはブルジョワ権力を強化するという部分である。「人文科学」が果たす役割を見よ、というわけだ。だがこれはよろしくない問題の立て方である。人文科学という学問領域の役割は、階級闘争の激突がもっとも直截に反映される場を知のシステム内に構築するところにある。したがって問題は、人文科学がどれくらい「イデオロギー的」性格をもつかではなく、そこで伝達されるイデオロギーがどのような性格をもつかである。大学で教えられている心理学や社会学、法学、経済学が反動的機能を有するのは、科学性の欠如や不十分さのゆえではない。こうした学問がブルジョワ・イデオロギーを伝播するからである。肝心なのは、こうした学問が「イデオロギーに属す」ことではない。それらがブルジョワ・イデオロギーに属すことだ。

革命家の任務とは、こうした学問に科学性を求めたり、疑似科学状態から数学や物理学のような理想的科学性に移行せよと求めたりすることではない。ブルジョワ・イデオロギーに、マルクス－レーニン主義のプロレタリア・イデオロギーを対置することである。[*29]

大学制度にかんするごく簡単な具体的分析を行いさえすれば、アルチュセールによる分割の形而上学的性格は明らかである。大学を分析するには、科学とイデオロギーという組み合わせは通用しない。問題になるのが「イデオロギー一般」ではなく、支配階級のイデオロギーだからである。そして後者は、あれこれの知の内容に単純なかたちで——本質的なかたちで、と言ってもよいだろう——現れるのではなく、知の分割そのもの、領有形態、大学制度そのものに表現される。ブルジョワ・イデオロギーの実在とは、イデオローグの言説や学生の自然発生的表象システムを指しているのではない。それが指しているのは学問領域の分割、試験制度、学部編成であり、知のブルジョワ的ヒエラルキーを実現させるあらゆるものである。イデオロギーは、たんに言説集合や表象システムではないのである。それはアルチュセールが「雰囲気」という意味深長な言い方で呼んだものではないのだ。支配的イデオロギーとは、制度の集合体（知のシステム、情報システムなど）として組織された一つの権力である。アルチュセールは形而上学の昔ながらの用語、想像的なもの（主体を真理から切り離す表象システムと解されている）の理論の用語で考えているせいで、完全にこの点を見落としている。その結果、イデオロギー闘争に完全な転覆が生じ、この闘争は科学をかつてイデオロギーが占めた場所に据える機能を持つことになる。つまりブルジョワジーの官学的言説に、マルクス主義の官学的言説を対置することになる。またつまり、学生の自然発生的なプチブル・イデオロギーに、中央委員会の英知が体現するマルクス主義の科学的厳密性を対置することになる。イデオロギーに対する科学のこのような闘争は、実際にはブルジョワ・イデオロギーに好都合な闘争でしかないだろう。知のシステムと修正主義イデオロギーという二つの決定的な防塁を強化する闘争である。

　大学には科学の〈他者〉であるようなイデオロギーは存在しない。さらにイデオロギーの〈他者〉であるような科学も存在しない。大学で教授されるのは、神話的純粋状態に保たれた本質をもつ「科学」ではなく、知の対象として分節された科学的認識の一集合体なのだ。科学的認識の伝達は科学の概念か

＊29　一九七四年版の注――本稿を通じて、ブルジョワ・イデオロギーとプロレタリア・イデオロギーという対比は、あるはっきりした必要に応えるために用いられている。アルチュセール主義に抗い、さらに、「五月」の翌日に「自然発生主義」との闘い、要するに大衆反乱との闘いに出発した前衛セールスマンにも抗い、被支配階級には己自身で闘いの武器を作り出す能力がある、と主張するためである。だがこの対比は、その根本的なオリジナリティを覆い隠す伝統的形態のもとに回収されてしまった。本稿におけるこの対比は相反する記号の影響下にある二つの現実を指し示すのではなく、まったく異質な二つの生産様式にかかわっている。ブルジョワ・イデオロギーとは、ブルジョワ国家のイデオロギー装置で日々再生産される権力関係システムである。他方プロレタリア・イデオロギーとは、搾取とブルジョワ支配のあらゆる形態に抗して、プロレタリアートやその他の被支配階級が打ち立てる権力関係システムである。それはブルジョワ的分業によって物質的に生産されるイデオロギー効果に抗う闘争形態であり、反資本主義闘争を体系化する形態、上部構造を大衆が支配する形態である。ただし、権力関係システムはつねに断片的である。つねに過渡的な多くの獲得物を規定するからである。国家装置ではなく闘争の動きから生まれるからである。プロレタリア・イデオロギーは労働者の観念や徳性を要約したものでも、「プロレタリア的」教養の本体

でもない。それは断ち切られた鎖、嘲笑された権威、消滅した職分割システム、搾取の「科学的」刷新に対する大衆的反撃である。それはまた、はだしの医者〔中国語で赤脚医生。基礎的な医学教育を施され、医師不足の農村で医療を担った農民のこと。一九三〇年代から実践としては存在したが、一九六五年に毛沢東が強力に推進したことで全国化し、文化大革命の一つの象徴となった〕、中国の大学への労働者階級の入学〔紅衛兵運動（一九六六－六八年）は大学でもたちまち激化したが、これを押さえ込み秩序回復をはかるため大学に大量の労働者が送り込まれた〕である。闘争によって生みだされる大衆実践のラディカルさは、プロレタリアの哲学や正義や道徳を、ブルジョワの哲学や道徳や正義に対置させようとすると誤認される。

　この異質性を、プロレタリア・イデオロギーにかんする伝統的言説は覆い隠す。そうした言説はわざわざ怪しい往復運動を行って、己の実相を露呈する。テキストの実定性（プロレタリア・イデオロギーとはマルクス－レーニン主義である）を、一階級の構成員を特徴づける性質の実定性（プロレタリア・イデオロギーとは、ブルジョワ的利己主義と対照的で、職場のプチブル的無政府主義や連帯等々とは対立する工場規律である）へと繰り返し連れ戻す往復運動である。あらゆる種類の修正主義者はつねに、この大きな理論的隔たりのなかに、己の実践的ズレの正当化を見つけてきた。プロレタリア理論は労働者の山猫的反撃の「自然発生性」を正常化すべきであるとか、プロレタリア的性質（秩序、労働、規律など）は「プチブル的」反乱の無政府主義に規律を取り戻させるのに役に立つ、とかいった主張である。これは二重の意味での警察《ポリス》であり、プロレタリア・イデオロギーのこうした二重化された表象の基礎をわれわれに思い出させてくれる。そこから生みだされたのは労働者意識でもマルクス主義理論でもなく、スターリン的国家機械であったのだ。そしてこの機械は、（修正主義的）党や「労働者」国家の働きを規定する権力関係によって運ばれてきた。科学としてのプロレタリア・イデオロギーはここにおいて権力の象徴となり、プロレタリア的性質の集合体としてのこのイデオロギーは、労働者に対して「自らの」権力に服すべき理由を大量に定める。それは具体的現実に「精神的面目」を保たせているのだが、その現実たるや、「労働者」民兵がグダニスク造船所の労働者に発砲する現実である〔第V章注4参照〕。

らは出てこず、科学知の領有形態に属す事象であり、この領有形態は階級的領有形態である。科学的認識の伝達は、ブルジョワ・イデオロギーの存在そのものである言説・伝統・制度のシステムによって担われるのである。つまりイデオロギーに対する科学の関係は切断ではなく接合である。支配的イデオロギーとは科学の純粋な光と対照的な暗黒の〈他者〉ではない。科学的認識が書きこまれる空間、社会構成体を構成する知の要素として分節される空間そのものだ。支配的イデオロギーの様々な形態のなかでこそ、科学的認識は知の対象となる。[*30]

知という概念は、単純に、内容が科学であったりイデオロギーであったりするような概念ではない。

---

*30　一九七四年版の注――ここでは問題の定式化がいくぶん御都合主義的であるように思われる。「階級的科学」の問いを、明らかにもっとも手堅い領域である科学的認識の教育という領域に限定する態度が取られているからである。プロレタリア幾何学――あるいはプロレタリア遺伝学――という流砂に引き込まれるわけにはいかなかったからなのだが。とはいえ、問われていることをそのままにしておくという欠点を抱えたあっぱれな慎み深さである。問われていたのは科学的実践の場という問題である。ここでは、それが闘争結果の伝達というレベル――たしかに階級闘争の影響を受ける――に限定されてしまっている。「純粋な」科学的実践という表象の問題点を詳しく検討すべきだろう。

　科学的実践の普遍性という観念の「合理的」核とはなんだろう。それは、検証方法が全階級に、またあらゆる既存の社会体制にとって有効である命題群が存在するということだ。検証方法がこのように普遍性をもつからといって、こうした命題を生みだす実践を階級の上に位置づけることにはならない、ととりあえず指摘しておこう（一九世紀数学のあれほどの発展は普遍的に認識されているが、それでも数学を支える秩序の問題は消滅していない）。だがとりわけ次の点も指摘しておきたい。哲学論文を除けば、いかなる科学も普遍的に検証可能な命題の連結には還元されないし、いかなる科学的実践もその生産手続きには還元されない。「純粋な」科学実践なるものはどこにも存在しないのだ。それは社会関係システムのなかに存在形態をもつ。命題、命題連関、経験が構成要素（それらから科学の理想がつくられる）でしかないシステムである。階級闘争は様々な水準で出現しうる。命題の内容そのもの、連関、適用領域、精緻化の様態や精緻化が行われる場などである。ここから分かるのは、科学的な命題と理論は検証可能性の能力を保ったままブルジョワ科学に属することもできる、ということだ。文化大革命時に自己批判を行った中国人数学者が批判されたのは、誤った公理を生産したからではなく、「象牙の塔」にこもって個人的名声のみを追求する学者のための科学を実践したからだった。いずれにせよ、彼らは「プロレタリア的」公理を「ブルジョワ的」公理の代わりに置いたのではなく、己の実践に含意されていた大衆との関係を変革したのだ。ある科学の社会的資格は基本的に二重の問いに依拠している。誰が科学を、誰のために行うのか。この二重の問いを隠蔽すると、科学的検証方法の普遍性という装いのもと、ブルジョワ的分業の普遍性を基礎づけることになる。

「プロレタリア科学」と「ブルジョワ科学」をめぐる議論の根本的な欠陥とはなんだろうか。それはまさしく、「誰が科学を行うのか」という問いを問わずにすませている点にある。偶然そうなったのではない。この議論が分業システムに立脚しているためだ。分業システムによって、科学は大衆の手の届かないところに置かれ、その性格がブルジョワ的かプロレタリア的かを判断する権限が、権力をもつ官僚と知の専門家の手に委ねられる。もちろん、プロレタリア科学がプロレタリア科学アカデミー発行の証書によって基礎づけられることなどありえない。プロレタリア科学は文化大革命によってその本質的な意味が明らかにされている。それは長期的な大衆闘争の成果である。つまり大衆の手が届かない専門家の問題としての科学を消去することにほかならない。この科学は様々な陳述を生産することによってのみならず、知と権力に対する数世紀にわたる大衆の関係を転倒させることによって、ブルジョワ科学という反対物と区別されるのである。

知とは、その「内容」を領有形態（獲得、伝達、管理、使用）の外部では考えることができない一つのシステムである。そしてこのシステムは、一階級のイデオロギー支配のシステムである。〈科学なるもの〉や〈イデオロギーなるもの〉は存在しない。それらには、科学の階級的領有と支配階級のイデオロギーとが接合されている。科学とイデオロギーという分割は、一階級のイデオロギー支配を端的に表現する結節点を隠してしまうのである。知に階級分割がないのは、国家に階級分割がないのと同じである。実際、知は一階級の支配の道具としてのみ制度的実在性をもつ。知は、階級分割を再生産する分割によって内的に影響を受けるのではなく、一階級の支配によって編成のありようを規定される。そうであるから、知のシステムは国家権力同様に階級闘争の争点であり、国家権力同様に破壊されるべきものである。大学は諸階級が住み分ける場ではなく、プロレタリア闘争の標的なのである。この標的を中立的な分割の場に変えてしまうことは、階級闘争の隠蔽にほかならない。ブルジョワ科学やプロレタリア科学など存在しないとようやく分かったのであるから、科学はそれ自体プロレタリア的であるとか、少なくとも平和共存の場である、と推論するのも無理ないことだろう。だがブルジョワ的であったりプロレタリア的であったりするのは、言表として現れる科学としての科学ではない。科学的認識を知の対象へと構成する過程であり、知の社会的領有形態である。ブルジョワ科学とプロレタリア科学が存在するのではない。存在するのはブルジョワ的知とプロレタリア的知なのだ。

マルクス主義の真髄とは具体的状況の具体的分析である。科学とイデオロギーの対比は明らかに、こうした分析にまったく役に立たない。役に立つ代わりに、形而上学の古典的二分法を孤独に反復するばかりである。この対比は想像上の階級的分割線を引く。階級闘争が存在しているところで階級闘争を忘却することを唯一の目的とする分割線を引くのである。[*31] 知と、知を標的とする闘争とが果たす役割についての誤認は、アルチュセールにあっては、階級闘争がこうしてはじめに省略されることに由来する。本来の席では認知してもらえない政治は、そのそとに再登場するほかないだろう。技術的分業という中立的とされるものに偽装されてか、それとも科学の革命的と想定される役割に移動させられてか。「技術的分業」の意味するところはすでに論じた。以下では、科学の概念が意味するところについて詳しく見ることにしよう。科学の概念に、階級闘争の隠蔽という種別的機能を与えるものはなにか。

そのためにはアルチュセールの議論で中心的な位置を占める第二のテーゼを検討しなければならない。このテーゼは教育の機能を規定している。

教育の機能は、ある特定の知を、その知をまだ有していない主体に伝達することを目的とする。したがって教育的状況は、知と非知のあいだの不平等を絶対条件としてなり立っている。[*32]

このテーゼをその前のテーゼと接合する論理は次のようなものである。第一のテーゼでは真の階級的

＊31　硬直したやり方で把握された現実（制度、社会集団）のなかに階級的分割線を引きたがるのは、形而上学的思考の特質である。修正主義者はそのようにして、社会集団をリストアップし、革命的かそうでないかを判断する。だが弁証法の教えによれば、認識可能な単位や分割は闘争内にしか存在しない。階級的分割線は大学内に引くことができず、大学を争点とする闘争のなかにだけ引くことができる。

＊32　*Ibid.*, p. 90.

分割線（科学とイデオロギー）が指摘された。第二のテーゼでは偽りの分割線（教師と生徒）が批判される。教育的関係の目的は、知を有していないものに知を伝達することであるから、この関係は技術的分業のみに基礎づけられる。二つのテーゼは相補的であるが、根本的に対立もしている。というのは、第一のテーゼが知を科学とイデオロギーの差異によって規定されるものとして措定するのに対し、第二のテーゼは、知と非知、空虚と充溢という対立以外のすべての規定を消去してしまうからである。「科学」概念と「イデオロギー」概念の間に引かれていた分割線が、教育的機能の現実が作動したとたんに消え去るのである。かくてアルチュセールは宣言する。学生は「きわめて頻繁に、教師の好意を遠ざける危険を冒している。教師は教育活動において、また彼らの知の有効性について、不当に疑いの目を向けられている。その知は余計なものと受け取られる」[*33]。だが科学とイデオロギーの区別は、教師の知に対するもっとも妥当かつ根源的な疑義を正しく含んでいないか。アルチュセールにとっては、この疑義を晴らすために、知に科学の身分を与えねばならない。そしてこれは、非科学に対する科学の関係をもう一度介入させることを意味する。ただし介入は、錯誤の指摘を通して（科学とイデオロギーの対を利用して）ではなく、無知を導入することで（知と非知の差異を利用して）行われる。このとき科学の概念がその真実を明かす。科学とイデオロギーの区別は結局のところ、知の純粋な存在を正当化すること、より精確には、知の所有者の卓越した尊厳を正当化することを唯一の機能としているのである。質から量へのこうした転倒を理解しようとすれば、またしても修正主義プロンプターの声が聞きとれる。「質の高い」「高度な文化水準」の教育が必要だ。教師については、学者かつ賃労働者という二重の性格により、労働者階級の客観的同盟者だということになる。ブルジョワジーに仕える扇動者以外に誰が、教師を批判することに益をもつのか？……であるのは偶然ではないだろう、云々。
しかしアルチュセールの言説に、修正主義のための単純な情勢論を見てとるのは誤解というものである。アルチュセールの関心は、反対に、形而上学の自然発生的言説、知に対する哲学の伝統的立場を反復することにあるからである。哲学を次のように定義することで、アルチュセールはこの立場を明らかにし、かつ隠蔽している。

哲学は理論の領域において政治を代表する。より精確に言えば、科学に向かって政治を代表する。そして逆に、哲学は政治において科学性を代表する。階級闘争の渦中にある諸階級に向かって、科学性を代表する。[*34]

アルチュセールのテーゼは、この二重の代表——政治的なものに向かって科学的なものを代表し、科学的なものに向かって政治的なものを代表する——がまさに知のなかにすでに存在することを認識していない。知は、一階級のために科学的認識の領有システムを構成する。哲学が知との一定の関係のもとに置かれ、そこで発展するとされている点は特筆に値するが、知の階級的本性を認識せずにそうしている点もまた特筆に値する。たとえばプラトンがソフィストを攻撃するとき、あるいはデカルトがスコラ

＊33 *Ibid.*, 94.
＊34 Althusser, *Lénine et la philosophie*, p. 55.〔前掲「レーニンと哲学」一七八頁〕

哲学を攻撃するとき、彼らの批判はすぐれて知の批判としてある。つまり、たんに虚偽言説の批判としてあるのではなく、ある種の政治的‐社会的力への批判として機能している。[*35] しかし彼らは、そうした知に固有の政治的次元を把握するときでも（プラトン）、原因の次元、すなわち知が階級支配と接合するところまでは到達できない。知を一階級によるイデオロギー支配のシステムとして認識できないゆえに、彼らはこのシステムの効果を批判するところにとどまってしまうのである。そのとき哲学は、真の知（〈科学〉）の名における偽りの知への批判として、あるいは科学の単一性の名における知の経験的多様性への批判として展開される。知の批判は、知の階級的機能が認知されないとき、〈科学〉の〈理想〉の名において科学の領域と偽りの知の領域（臆見、幻想など）を分離する言説を通じて行われる。〈科学〉とその〈他者〉という対立は、知の階級的性格を誤認させる働きをする。そして形而上学の言説は、己を〈科学〉の言説として、つまり「なにが科学の科学性をなすのか」という問いを立てる言説として差し出すかぎりにおいて、この誤認を促進する。アルチュセールはここで「認識論」の伝統に従っているのだが、この伝統の慎み深い業は、この問いを科学の要請によって生まれたと見なす。そのため彼にとっては、新しい科学（ギリシア数学、ガリレオ物理学など）は、その科学性を説明する言説（プラトン、デカルトなど）を必要とするであろう。しかしこれでは、問いの作ったゲームにただ参加するだけではないのか。実際のところ、この問いは次の問いを立てないためにのみ存在しているのではないだろうか。知の基礎とはどんなものか。この問いは〈科学〉の要請からではなく（実際にその要請が問いに接合している場合ですら）、知の自己隠蔽から生まれるだろう。[*36]

このように、哲学は伝統的に知の批判を行うものの、それは同時に知の（すなわち階級闘争の）否定でもある。哲学の立場は知へのアイロニーと呼べるかもしれない。知を問うても、その基礎には触れないからだ。知を問うことは、哲学においてはつねに知の復興として完結する。大哲学者たちがつねに他の哲学者のなかに見いだす身振りである。たとえば、デカルト的懐疑を批判するヘーゲルは、最終的には、却下すると見せかけていた当のものの権威をすべて復活させる。同じ見せかけを、フォイエルバッハはヘーゲル的絶望の道に見いだすことになる。「理念の非知はアイロニカルな非知にすぎなかった」。われわれがアルチュセールに見いだすのも同じ見せかけである。分割線は、ほとんど引かれてもいないうちにすでに消えてしまっているのだ。知への懐疑は、最終的に科学の地位に上った知の権威を、もっと固めるためだけに存在している。

*35 精確には「ある種のタイプの言説と権力実践との接合に対する批判として」。

*36 アルチュセールは『科学者のための哲学講義』（一九六七―六八年度に高等師範学校で実施）で、哲学は〈科学〉――イデオロギー的観念――とかかわるのではなく、諸科学とかかわるという考えを展開した。バリバールは一九六九年二月一四日付の『ユマニテ』で、科学を、様々な科学に受肉した「思弁的聖霊」のように語る人々を嘲笑した。だが、この「諸科学」なる奇妙な概念とはなんのことかと問うてみてもよいだろう。科学の概念を経由しないなんらかの科学について語ることはできるのだろうか。概念を複数形にしたところで概念の性質が変わるわけではない。その性質を隠してしまうのが関の山である。まさに問題となっているのはこの点である。科学を諸科学で置き換えることは、哲学に固有の対象（科学）を隠すことなのだ。この対象が知の否定によって生産される、という点を。アルチュセールとバリバールの反思弁性を僭称する操作には、ただ〈知〉の哲学的否定を強化する効果があるばかりである。

アルチュセールはこの身振りを反復し、その賭金を明らかにしてその政治的意味を露呈させる。知の保有者の地位やいかに、という問題である。知の内容に影響を与える根源的懐疑は、アルチュセールにあっては、知の主体という問題が提起されるや晴れる。知の保有者の集団が存在すること自体が問題とされるや晴れるのだ。ここでもまた、デカルト的コギトが典型的に例証している古典哲学的な形象との相同性は明らかである。知の対象を問うことのねらいは、知の主体の保証にあるのだ。対象に対する懐疑は、主体への確信の裏面にすぎない。この矛盾は哲学に固有の地位を与える矛盾そのものである。哲学は知の保有者を騙る者の権力、精確には偽りの知の保有者(ソフィスト、神学者など)の権力に抗して立ち上がる。しかし哲学は、階級的道具である知の存在そのものまでは疑わない。偽りの知の対象に反対し、真の知の主体に訴えるのだ。それが最終審級において意味するのは、(真の)知の保有者による支配こそ妥当であると保証すること、またそれによって、階級支配を正当化することである。偽りの知の対象から真の知の主体へと向きを変えるこの身振りは、権力から排除された一階級の政治的要請に呼応していることもあるだろう。この要請に普遍的なかたち(デカルト的良識)を与えることもあるだろう。しかしこの身振りは最終的には、知の保有者の特権——階級支配の形態——をよりいっそう保証すること以外の目的をもたない[*37]。

アルチュセールのイデオロギー論がなぞるのはこの身振りである。してみるとわれわれは、形而上学の自然発生的言説が、彼の理論のうちでどのように修正主義イデオロギーと接合しているのかも理解できるだろう。接合がなされるためには、アルチュセールの官学イデオロギーというもう一つの媒介があればよい。形而上学の自然発生的言説はそこで、教師すなわちブルジョワ的知(マルクス主義もその一部である知）を保有し分配する者を正当化する機能を受け取る。アルチュセールは、知の保有者の名で語りその権威を擁護することで、修正主義イデオロギーに表現される階級的立場、労働貴族と職制の立場にごく自然に合流する。形而上学の自然発生的言説は、アルチュセールが己の階級的立場を、修正主義に表現される階級的立場のなかに認めるために必要な媒介なのである。この収束点が知の問いであり、官学の権威の防衛である。この収束点において、アルチュセールのイデオロギー論は空想的階級闘争の理論として機能する。階級協力を現実的に推進する理論、修正主義の階級協力を推進する理論として。マルクス主義の日和見主義への転倒が完了する。

*37 一九七四年版の注――哲学史にかんするこうしたおおざっぱな考察は「浅薄」と映るかもしれない。以下、簡単に述べておきたい。

（一）この考察は、アルチュセールが哲学史をどう解釈するかを、彼の参照項から出発して問題としている。彼の解釈ははるかにぞんざいである。

（二）しかし、われわれはアルチュセールをぞんざいだと責めているのではない。きまじめな哲学史家にわれわれはアルチュセールが哲学史をぞんざいだと責めているのではない。哲学史家が大衆の発言を解釈するためにわれわれのぞんざいさを許してもらうつもりがないのと同様である。哲学史家が大衆の発言を解釈するために、プラトンの細かい字句の意味を確定するために払うのと同じくらいのきまじめさを発揮する日が来れば、偉大な哲学者に対する哲学史家の尊敬には、大家へのたんなる尊敬とは違うものを見ることになるだろう。われわれからすれば、アルチュセールのプラトンなりデカルトに対するぞんざいさは、彼が公認労働運動史（社会民主主義的かつ修正主義的な）を軽々しく承認することに比べればはるかに罪が軽いように思える。この公認の歴史は、ブルジョワジーによる労働者の銃殺や強制労働の歴史に、嘘の歴史を加味したものである。

* * *

階級闘争のこうした隠蔽は、ヒューマニズム・イデオロギーの分析においてもっとも激烈な効果を発揮する。[*38] この分析は「ソ連で現在提唱されているヒューマニズム・イデオロギーの機能とはなにか」という問いに答えるために生まれた。答えるために、つまりは、問いを立てないために。というのも、立てるためには一つのやり方しかないはずであろうから。ヒューマニズム・イデオロギーの階級的意味を問うこと、である。ここではその代わりに、問いはより一般的な別の問いに包摂されており、しかもこの問いには答えが最初から用意されている。ソ連は現に無階級社会であるのだから、この社会には、階級支配の行使を扱った部分を差し引いたイデオロギー論を適用しさえすればよいのである。残るのは周知のことがらである。すなわち、イデオロギーは科学ではなく、人間がその生存条件に対する関係を生きるうえで有用なものである。言い換えれば、「社会主義ヒューマニズム」は新たな一連の問題を示しているが、それについての認識を与えない。しかしどのような問題なのだろうか。まさしく無階級社会をめぐる問題である。

実際、社会主義ヒューマニズムの諸テーゼは、現実的な問題が存在していることを示している。歴史的、経済的、政治的、イデオロギー的な新しい問題である。それらはスターリン時代には暗い影に覆われて見えなくなっていたものの、それでもこの時代に社会主義が生みだされたからこそ生まれた。社会主義の生産力によって達成された発展段階に照応する、経済・政治・文化の組織形態の問題である。歴史の新時代における個人の発展の新しい形態の問題である。この新時代には、国家はもはや強制によっては各人の運命の指導や統制を行わず、すべての人間が自分の力で現在の自分になる選択を客観的に行う。社会主義ヒューマニズムの主題〔個人の自由な発展、社会主義的合法性の尊重、人格の尊厳など〕とは、ソ連の人間や他の社会主義者が、こうした問題への関係を生きるやり方である。つまりこうした問題が提起される諸条件への関係をどう生きるか、ということだ。[*39]

このテキストには三つの要素がある。まず、階級社会から無階級社会への移行にかんするきわめて一般的な一連の主張。この移行によって政治的、経済的、イデオロギー的な問題がいくつか提起されている云々、というくだりである。次に、イデオロギーの機能にかんするわれわれにはお馴染の一般性。最後に、これら二つの一般性の手品を通じて不在となる対象である。分析するはずであったのに不在となったその対象が、ソ連の現実だ。現実の不在とはイメージの集塊の存在にほかならない。実際のところ、古いイデオロギーの新たな援用を説明するはずだとアルチュセールが考える「新しい」現実とはなんなのか。ソ連社会の自己イメージである。より精確には、その指導階級が与えるソ連社会のイメージである。「この新時代には、国家はもはや強制によっては各人の運命の指導や統制を行わず……」である。

＊38 Louis Althusser, « Marxisme et humanisme », dans *Pour Marx*, pp. 225-258.〔前掲「マルクス主義とヒューマニズム」〕

＊39 *Ibid.*, pp. 245-246.〔同前、四二四－四二五頁〕

るとか、「経済的搾取も暴力も差別もない世界」、といったイメージである。ソ連のヒューマニズム・イデオロギーの「説明」なるものは、その実、このイメージの複製にすぎない。イデオロギー論の狡知は、あらゆるイデオロギー分析を根底から破壊する素朴さに到達したのである。イデオロギー的言説を、それが説明していると称するものについての適切な表現だと受け取る。無階級社会の言説を自称する言説を字義通りに受け取る。これが無害な操作でないのは明らかだろう。期待される言説効果を高めるからである。階級闘争を乗り越えたと主張して、階級闘争を隠蔽する効果である。

分析が循環に陥ることでアルチュセールのイデオロギー論の円環は閉じられ、理論はここで振り出しに戻る。これは二重の意味に理解すべきことがらである。まず、無階級社会におけるイデオロギーの「具体的」分析は、われわれの目をイデオロギー一般の機能がもつ一般性に向けさせる。理論は己を反復して対象の分析に向かうのである。しかし次に、理論の政治的意味は対象と出会うことで明らかになるものの、理論がそれを対象とするのは、それを考えないためである。修正主義という対象はたんに、アルチュセール的言説が考えの及ばない、あるいは考えるのをためらう対象であるのではない。それは適切な意味において、アルチュセール的言説の無思考にほかならず、この言説が理論的に働くための政治的条件なのである。アルチュセールがソ連のイデオロギーを説明しているつもりになっている箇所を見ると、むしろ修正主義のほうが、アルチュセールのイデオロギー論を説明し、基礎づけているように見える。イデオロギーの機能的必然性を階級の存在の手前に措定する理論は、己が階級の彼方にあると主張する政治体制の表現、解釈ではないのか。

アルチュセールのイデオロギー論がこうした理論的自死にいたるのは、まさに禁止のなせる業である。

イデオロギー的言説を階級闘争の言説として考えることの禁止、イデオロギー的言説をその「社会的機能」や非科学性と関連づけることしか許さない禁止。その結果、ヒューマニズム批判は対象をそのまま放置する。対象を考察する際の唯一の基準が、その対象がそこからは排除されている科学性だというのだから。ヒューマニズム批判にとって、人間概念とは歴史の偽りの主体、古い観念論的主体〈精神、意識、コギト、絶対知〉の新しい形象である。こうした批判は主要な問題を脇に置く。「ヒューマニズムは政治的になにを代表しているか」、「人間概念はなにを指示しているか」である。われわれはこれらの問いに対し、経験をもとにこう答えることができる。ヒューマニズム理論はこれまでつねに普遍性の仮面をかぶって、あるカテゴリーの人間の特権を肯定することを目的としてきた。人間とは、〈君主〉や〈ブルジョワジー〉のことだったのである。それは党の幹部や指導部のことでもありうるだろう。しかし、イデオロギーの基本法則によれば、それは権力に反旗をひるがえす人々の抗議や意志が込められた概念でもありうる。ヒューマニズムはつねに、闘う階級の言説として機能するのである。ヒューマニズム・イデオロギーがソ連において取ってきた様々な形態についても、事情は同じであるはずだ。この点については、スターリンがわれわれを手引きしてくれるかもしれない。「人間、もっとも貴重な資本」という有名な定式は、「幹部がすべてを決定する」というスローガンと表裏一体であった[*40]。そして現在の人格ヒューマニズム[*41]は、資本主義の復活過程と関連づけてのみ考察されうるだろう。ヒューマニズムとは、政治領域における名高い「全人民国家論」[*42]のイデオロギーにおける等価物ではないのだろうか。ソ連と「人民民主義諸国」の近年の歴史がわれわれに示しているのは、ヒューマニズムが、それら諸国における階級の存在を否定する新たな支配階級の言説としても、修正主義によって抑圧される階級や人民の反乱の言説としても機能しうる、ということである。だが特筆すべきことに、アルチュセールはヒューマニズムのイデオロギー的諸様態の問題を、闘争や階級分裂の現実にではなく、ある集団の単一性に対し立てられた問題の単一性に帰着させている。

ソ連の人々はどうして、人間の観念、つまり自分たちの歴史を生きる手助けをしてくれる自分たちについての観念を、かくも必要としているのか。[*43]

この問いに対する答えは、達成すべき任務(共産主義への移行という任務)と、そうした任務が達成される諸条件(「個人崇拝」に由来する困難、「一国における社会主義建設」に固有の射程の長い困難、まして経済的にも文化的にも遅れた国にそれを建設する困難[*44])との関係によって与えられる。人々が解決すべき問題、客観的条件、遅れ、病理的現象――ゲームの駒はこうしたものによって構成される。しかしアルチュセールがなんとしても考えまいとすることがある。矛盾だ。それを考えないゆえに、アルチュセールはマルクス主義の領域から、ブルジョワ社会学の領域へと完全に移動する。この移動については本論の冒頭で指摘したとおりであるが、いまやその政治的機能をわれわれは認識している。政治的素朴さの相関物としての理論的陳腐。階級闘争を原理としないあらゆるイデオロギー論の必然的完成形である。

階級闘争を原理的に忘れるという点を理解するには、アルチュセール理論の目的に立ち返る必要がある。目的は透明性の理論、疎外からの解放理論を批判することであった。これらの理論に対抗するために、アルチュセールは世界が意識に対して透明ではなく、無階級社会にも「若干のイデオロギー」が存在すると示さねばならなかった。そしてこの点に、われわれは疑念を抱いた。彼の論証にはまったく別の目的があるのではないか、批判の相手はその目的に沿って選ばれたにすぎないのではないか。だが実を言えば、関係には二重の意味がある。イデオロギーにかんするアルチュセールの言説が修正主義の正当化を動機とするにしても、アルチュセールは古典哲学の問題構成にとどまっているから修正主義イデ

＊40 訳注――この二つは、一九三五年五月四日にクレムリン宮で開かれた赤軍大学卒業式でスターリンが行った演説の文言。最初のものは、それまでの「技術がすべてを決定する」に代わるスローガンとして打ち出され、当該演説の表題としても知られる。関連箇所は次の通り。「世界に存在するあらゆる貴重な資本のうちで、もっとも貴重でもっとも決定的なもの、それは人間であり、幹部であることを理解しなければならない。わが国においては、現状を鑑みるなら、『幹部がすべてを決定する』ことを理解しなければならない。工業、農業、交通部門、軍隊に多くの優秀な幹部がいるならば、わが国は無敵である」（フランス語版からの翻訳）。

＊41 訳注――「ソ連では、人間は階級上の区別なしに、すなわち人格として、すでにもう扱われている。いまやイデオロギーにおいて、階級的ヒューマニズムという課題のあとに人格の社会主義ヒューマニズムという課題が生起しているのだ」（前掲「マルクス主義とヒューマニズム」三九四頁）。

＊42 訳注――ソ連で一九六一年に導入されたスローガンと国家理論。無階級社会に移行したソ連ではプロレタリア独裁は不要となったと宣言。

＊43 *Ibid.*, p. 245.〔同前、四二三頁〕

＊44 訳注――以下を参照。同前、四二四頁。

オロギーの立場を取っている、と言うこともできる。現に、疎外イデオロギーと一戦を交え、透明性（観念論の）かそれとも不透明性（唯物論の）かというジレンマの内部に身を置いたために、アルチュセールは敵の領域で闘いを繰り広げることになった。彼が批判する準マルクス主義理論（ルカーチ主義や実存主義など）の特徴は、マルクス主義のイデオロギー論を主体の理論と見なすところにある。だがアルチュセールは、マルクス主義理論と観念論哲学のこの結び目をほどいてしまったわけではない。彼はそのなかの特定の側面、意識論によってマルクス主義理論を解釈する点だけを批判しているにすぎない。彼の批判は二つの根本規定によってイデオロギーの地位を確定している。一つは、イデオロギー論が意識の錯覚の理論であるということ、もう一つは、イデオロギーはたんなる「虚偽意識」ではなく、客観的な地位をもっているはずだ、ということ。後者によれば、イデオロギーは意識の領域を超え、客観的社会的現実を備えた表象システム（イメージ、記号、文化的対象など）である。しかしこの修正は、マルクス主義のイデオロギー論がもっていたある種別的性格を無視している。「経済学批判序説」の序文で論じられた「イデオロギー形態」は、たんなる表象の社会的形態ではない。それは闘争の存在形態なのである。[*45] イデオロギーの領域は主体の錯覚一般の領域ではないし、人間が己の実践について抱く必然的に不十分な表象の領域でもない。イデオロギーに客観的な地位を与えることができるのは、ただ階級闘争との関連でイデオロギーを考察するときだけだ。それが意味するのは、イデオロギーがただ言説のなかにだけ、システムやイメージ、記号等々のなかにだけ存在するのではないということである。大学にかんする分析で示されたように、一階級のイデオロギーは主として制度に、マルクス主義理論が国家装置を語るときの意味におけるイデオロギー装置と呼べるものに内在する。アルチュセールはじめから、イデオロギーの諸形態に「記号」や「文化的対象」等々のシステムの軽い客観性しか与えることができない。彼は、形而上学的な主体の理論（錯覚理論というかたちを取った）を「表象システム」の社会学と結びつけている。両者がどこまでも形而上学的なイデオロギー論のなかで接合されていることはすでに見た。形而上学的、とは厳密に言って、この理論では矛盾を考えることができないという意味だ。矛盾を敵の領域、形而上学の領域から脱出させることができないのである。

それにより、「イデオロギーの終焉」という問題設定によって指示されていた政治問題が回避される。アルチュセールはこう説いている。「イデオロギー的世界観だけが、イデオロギーなき社会を思い描くことができ、イデオロギー（なんらかのイデオロギーの歴史的形態ではなく）が痕跡を残さず消滅して〈科学〉に取って代わられる世界、というユートピア的観念を受け入れることができた[*46]」。ここで問題は

*45 「社会の物質的生産諸力は発展のある段階で、それらがこれまでその内部で運動してきた既存の生産諸関係と、あるいはその法律的表現にすぎない所有諸関係と矛盾するようになる。これらの諸関係はこのとき、生産諸力の発展諸形態からその桎梏に一変する。そのとき、社会革命の時期がはじまる。経済的基礎の変化とともに、巨大な上部構造全体が徐々に、あるいは急激にくつがえる。このような諸変革の考察にあたっては、経済的生産諸条件における物質的で、自然科学的に精確に確認できる変革と、法律的、政治的、宗教的、芸術的または哲学的な諸形態、つまり人間がこの衝突を意識するようになり、衝突をその果てまでもっていくイデオロギー諸形態とをつねに区別しなければならない」（Karl Marx, *Contribution à la critique de l'économie politique*, éd. Sociales, pp. 4-5.〔マルクス「経済学批判」『マルクス＝エンゲルス全集』第一三巻、一九六四年、六－七頁。強調は引用者〕）。

隅々まで、批判対象であるイデオロギーの用語で立てられている。イデオロギーの終焉が、科学の支配、主体的錯覚一般の消滅と同一視されているのだ。こう同一視してしまえば、透明な世界は存在しえないだとか、無階級社会になってもこうした意味でのイデオロギーがつねに存在する、と示すのは容易である。われわれは、こうしたユートピア批判が実践においてはとてつもない素朴さとして現れることをすでに見た。それは驚くべきことではないだろう。問題の立て方自体が、まさに考察対象であったはずのものを隠蔽しているのである。イデオロギー領域における階級闘争の追求と終焉である。イデオロギーに錯覚の地位を与えているかぎり、錯覚の「社会的」必要性を強調したところで、イデオロギー問題を理解することはできない。そしてその結果、イデオロギーについていかなる具体的な分析も生みだせない。問題の理解のためには、階級利害の表象と階級闘争の実践とからなるシステムとして様々なイデオロギーを考えねばならないのである。そこから出発するかぎり、イデオロギーの終焉が終末論的概念として措定されることはない。イデオロギーの終焉は国家の消滅と同じ用語系のなか、すなわち階級闘争の終焉との関連で措定されるのである。この終焉は、われわれが今日知るところでは、プロレタリア独裁が確立されてもまだずっと遠い先にある。文化大革命の経験がわれわれに教えてくれたものは、そこにかかわる。無階級社会におけるイデオロギーの存在形態とされるものの正体である。それは社会主義社会内部で展開される、激烈な階級闘争の遂行形態なのだ。イデオロギーの終焉という「イデオロギー的」テーマを拒否すると、社会主義社会における階級闘争の諸形態やいかに、という基本的問題を考えられなくなる。中国の経験がわれわれに見せてくれたのは、この闘争のイデオロギー諸形態の決定的重要性である。社会主義革命は、ブルジョワ・イデオロギー諸形態との、政治権力を獲得した後にも続く闘争を経由して行われるのである。個人主義や従順といった伝統的イデオロギー、能力と技術力の「近代的」イデオロギーとの闘争である。こうした問題はすべて階級分裂のイデオロギー的効果にかかわっている。主体的錯覚の消失という問いとはなんの関係もない。そうした問いが立てられるべきではないというのではない。だがそうした問いはマルクス主義のイデオロギー論の問題構成には属さないのである。この理論が主体の理論でないのは、それが科学の理論でないのと同じである。そしてこの理論は「社会」の理論でもない。アルチュセールは社会の理論を主体の理論にする人間学的イデオロギーに闘いを挑む。だが彼の言説は、二項間の関係を調整するために科学の理論による媒介を復活させるという破壊的効果をもっているのだ。

　科学の理論は自分が闘っているつもりの相手、イデオロギーと同じ土俵にいる。つまり、独自の仕方ではあれプチブル知識人の階級的立場を反映している。[*47] この立場はブルジョワジーの陣営とプロレタリアートの陣営の間を揺れ動く。プチブル知識人はブルジョワ陣営に、自己の存在の階級的性格によってのみならず、その労働領域そのものによっても結びつけられている。すなわち、ブルジョワ・イデオロギー装置内での知識人の機能を反映した理論的問題構成によっても、である。プチブル知識人はプロレタリア陣営に合流しようとはするものの、そのためにどうしてもプロレタリアートの利害を「科学」の客観性や普遍性と同一視してしまう。これは次のことを意味するだろう。プチブル知識人は、プチブル知識人であるかぎりプロレタリアの闘争に物質的に参加することがなく、革命の目的を科学の理想と一

＊46　*Pour Marx*, p. 238.〔前掲「マルクス主義とヒューマニズム」四一二頁〕

致させることによってようやく、プロレタリアの利害に神話的に追いつくにすぎない。この理想を目指していることが、プチブル知識人にとっては知識人としての実践を正当化してくれる。つまりプチブル知識人は「プロレタリア的立場」に、己の階級的実践を否認する地点で合流するのだ。この地点で合流するかぎり、それはプロレタリア政治を偽装したブルジョワ政治の陣営、すなわち修正主義陣営への合流である。こうした観念的な合流は、フランスのような国においてははっきりした現実に対応している。労働者階級への接近がプチブル知識人には二重に阻まれているのである。彼がブルジョワ・イデオロギーの支配体制に組み込まれていることにより、さらに、プロレタリアートと彼の間に労働者階級の「代表者」として修正主義的装置が介在していることにより。プチブル知識人は、たとえ「マルクス主義者」であっても、プロレタリア闘争への参加を二方向から阻まれている。己の言説のマルクス主義的厳密さを最終的に保証してくれる唯一のものへの参加を、二方向から。マルクス主義理論を科学の言説に変換する操作には二重の制約が反映されている。一つは、大衆から切り離されてブルジョワ・イデオロギー体制に組み込まれた知識人の立場に由来する一般的な制約、もう一つは、プロレタリア闘争が修正主義に包囲されていることに由来する特殊な制約である。この言説の「科学的」厳密性は、この言説が厳密な意味におけるマルクス主義としては、つまり革命の理論としては機能しえないことの裏面にほかならないだろう。「科学的」厳密性は、二重の制約を打破する力をこの言説にまったく与えない。反

＊47　一九七四年版の注──階級闘争とそのイデオロギー的構成要素についての分析は、プチブルの動揺──中間階級のよく分からない「動揺気質」を指すのだが──にかんする機械論的表象を追い払ったあかつきに、

いくばくかの進展を遂げるだろう。一般的に言って、プチ・ブルジョワジーという観念をめぐる概念のすべてが、多くの「マルクス主義」知識人にあっては自己満足的な無知の逃げ場となっている。プチブルの動揺はなにを説明しないか。ド・ゴール主義、ファシズム、左翼主義といったすぐに思いつくものや、その他のものについて。説明がないために、あれこれの非プロレタリア層のブルジョワ・イデオロギーへの部分的支持や抵抗を生む固有の要素を分析しなくていいことになっている。所有の有無、肉体労働との距離、集団闘争の伝統の有無、社会的未来、国家権力との関係、権威関係に占める位置といった要素が分析されないままになっている。学生と小売商、破産した農民と技術顧問、教師とプリシュニック〔当時フランス全土に展開していた小規模の大衆向けスーパー〕の女性店員を同じように移動させる「動揺」においては、すべての規定が消滅している。このときプチ・ブルジョワジーという概念は、階級または階級の部分に固有の矛盾を分析する能力がないことを隠す——ただし不十分に——空疎な語である。

疑いなく、プチ・ブルジョワジー概念はその内部にある種の隠蔽力をつねにもってきた。すでにマルクスにこの力が認められる。それはとりわけ、プロレタリアート内部の諸矛盾を隠すことに役立っている。それら諸矛盾について、職人的夢想や破産した小地主の農民的激怒が近代青年プロレタリアートに感染した、と考えるときなどである。だがこの点について、他の多くの点についてと同様に、マルクスを官学的に読むことが「労働者」国家装置の実践によって——なによりもスターリン的国家装置の実践によって——強力に支えられてきた。この国家装置における対「プチブル」闘争は、人民内部の矛盾を認識して解決する力がないという事実を隠蔽すると同時に、計画策定者、監察官、検察官といった新しいブルジョワジーを構成する際の「プロレタリア的」正当化に貢献している。

対「プチブル」闘争は人民内部の矛盾の誤認、新たな階級矛盾の隠匿である。プチ・ブルジョワジー概念とは、国家権力が知りたくないことを隠蔽するために国家権力を用いてきた者たちの概念だ。この概念は「理論的」実験室なのである。考えないために概念を用いるための。その機能の効果のほどは、職業革命家の言説にもマルクス主義学者の言説にも同じように見いだすことができる。

対に、プチブル・イデオロギーはその固有の非一貫性によって、状況次第では進歩的な機能を獲得することができる。プチブル・イデオロギーがその根本的な厳密性に到達したとき、この厳密性の正体が明らかになる。それはブルジョワ的厳密性なのである。科学についてのマルクス主義的言説は最終的に、官学的知と中央委員会の権威による二重の正当化へと解消される。〈科学〉はイデオロギー的反革命のスローガンになるのである。[*48]

革命理論なくして革命運動なし。[*49] われわれはこれを飽きるほど繰り返し、心を落ち着かせてきた。だがいまや、文化大革命と学生によるイデオロギー的反乱がわれわれに想起させてくれたことを、経験となすべきときが来ている。革命の実践から切り離されてその反対物に姿を変えることのない革命理論など、存在しないのである。

一九六九年七月

*48　必要ならはっきりさせておこう。ここでは、アルチュセールが然々《しかじか》の状況で取った個人的態度を問題にしているのではなく、彼のイデオロギー論が含意する政治路線を問題にしている。ある理論が、それに関心をもつ人々にこれほど素早く消化されることは滅多にない。科学の名において、賃金ヒエラルキーに反対する労働者の闘争が批判されている。各人はその労働力の価値に応じて賃金を受けるべしという科学法則を、この闘争が誤認しているとでも言うのだろうか。それなら同様に、大学での反ヒエラルキー闘争は「教える‐教えられるという関係の合目的性は、人間の認識が高みに向かっていく運動と合致しており、この運動の基礎そのものである」ことを誤認している（J. Pesenti, Problèmes de méthode et questions théoriques liées à la refonte des carrières, *Bulletin du S. N. E. Sup*, juillet 1969.〔未邦訳、J・プサンティ「職業改革にかかわる方法の問題と理論的問い」一九六九年〕）。科学の理論の「基礎」とはなにかをこれほど無邪気に告白するのは難しいだろう。

アルチュセール自身が陥った袋小路は、『パンセ』に最近掲載された論文「ミシェル・ヴェレ『学生の五月』論文について」（一九六九年六月）にはっきり現れている。アルチュセールはこの論文で「五月」の学生運動の根本的に進歩的な性格を認めており、あまりに熱心な「科学」擁護者による、運動の反動的解釈を批判してはいる。だがアルチュセールはヴェレの論文に、反動政策の単純な正当化を認めることができない。あるいは認めたがらない。そこに欠陥を認めるだけである。いわく、党は学生運動を分析することと、教育を受けた青年と接触を保つこと、彼らに労働者階級の闘争形態を説明することが「できなかった」。論文の結論は、アルチュセールが科学と党装置に二重に頼る限界をけっして踏み越えない、と示す。「若者を含むあらゆる人々が自分の経験してきた出来事を見抜くことができるよう、また彼らが真に望むのであれば、正しい見通しを示して、さらに、正しい行動のための政治的・イデオロギー的方法を提供して、彼らが正しい土台にもとづいて階級闘争のなかを進んでいけるよう、あらゆる科学的説明を与える」仕事は党に属すのである。

*49　訳注――アルチュセールがたびたび引用した、レーニン『なにをなすべきか』の有名な言い回し。

解題

〈無知な教師〉はいかにして〈僭主〉に教えたか

市田良彦

1.

本書はJacques Rancière, *La leçon d'Althusser*, La fabrique, 2012の翻訳である。ただしこの原著そのものが、一九七四年に刊行された同名著作の再版であり、両版の異同およびほぼ四〇年を経てこのきわめて限定された文脈をもつ論争的書物を再版するにあたっての著者の所感と意図については、彼自身の「新版へのまえがき」を参照されたい。一九七四年版同書は著者ジャック・ランシエール（一九四〇年生まれ）にとって最初の単著であり、『資本論を読む』（一九六五年）の共著者の一人としてすでにマルクス主義哲学の理論家としての歩みを踏みだしていた彼の最初の単著が、活動家としての政治文書となった——それも自分のデビュー作（『資本論を読む』）の編者でありかつ師であったアルチュセールを告発する文書となった——歴史的経緯については「第一版序文」に詳しい。ここでは、すでに数冊の訳書と拙著[*1]を含むいくつもの邦語関連文献[*2]があるとはいえ、日本ではこれまであまり語られてこなかった「六八年五月」との関係におけるランシエール「哲学」について、さらにそこから今日引き出しうる「教え」

について、本書への導入としていくつか記してみたい。*3

まずその「教え」なる語である。本訳書タイトル中の「教え」と各章タイトル中の「教訓」は原語としては同じleçonである。それを訳し分けたのは理由のないことではない。「教え」は与えるものでも引き出すものでもありうるだろうが、両方同時ということは基本的にありえず、二つの動作の主体は別であって、つまるところその一語に「教える／教えられる」という非対称な関係を含んでいる。それに対し「教訓」はもっぱら引き出すべきものであるだろう。アルチュセールをいわば反面教師として――その意味において「教訓」を引き出しながら――ランシエールが自らの政治観や歴史観を展開する各章のleçonは、アイロニーを込めて「教訓」と訳すのがふさわしいと思えた。「教訓」はおおむね失敗や苦い経験と不可分であるだろうから。とすれば、そうした各章から構成される全体についても「教訓」の語が適当であるはずなのだが、あえて非対称な関係を含意する「教え」を訳書タイトルに選んだのは、ランシエールのその後の仕事とのつながりを示唆したいためである。

たとえば邦訳のある『無知な教師』の読者には周知のことながら、ランシエールにとって「教える／教えられる」の関係は単なる教育問題ではなく、そこでこそ権力関係が生まれ、かつ転覆‐解体される場そのものである。『哲学者とその貧者たち』（未邦訳、一九八三年）では、プラトンにおける「教える」哲学者と「教えられる」政治家の関係に、「民《デモス》」を無力化して支配を永続化する概念的仕組みが見いだされ、この論点は『不和』を通じてさらに発展させられていく。そこでは哲学としての哲学――プラトンが誕生させたもの――は「不和」としての政治を抹消する「原‐政治」であり、本質的に哲学教育である哲学――哲学とは哲学の「教え」である――は「政治哲学」ならずとも政治的であるとされる。学位論文『プロレタリアの夜』（未邦訳、一九八一年）は逆に、知的に無力でひたすら「教えられる」側にとどまるはずであった無教養な労働者たちが、「教えられた」ことを自らの言説実践により「教える／教えられる」関係の解消に転用する様子を丹念に辿っている。

つまり本書『アルチュセールの教え』以降のランシエールの仕事は、もはやアルチュセールのものでも誰のものでもない純化された問題としての「教え」にかかわっていると言うことができ、その点は実のところ本書においてもすでに充分見て取れるのである。本書のランシエールがまだその圏内にいたマルクス主義の用語系を尊重して言えば、「教え」の解体は本書において「国家の解体」と同等の意味と重みをもち、プロレタリアートが国家権力を掌握するや即座に日程に上せるべき次の課題であるのだった。そしてそれを行ったのが文化大革命である、と「教え」解体論者ランシエールは見なす（はだしの

＊1　ランシエールの既邦訳の単著を原著の刊行順に挙げると、以下のとおりである。
『無知な教師』（原著一九八七年）、梶田裕、堀容子訳、法政大学出版局、二〇一一年
『不和あるいは了解なき了解』（原著一九九五年）、松葉祥一、大森秀臣、藤江成夫訳、インスクリプト、二〇〇五年
『感性的なもののパルタージュ』（原著二〇〇〇年）、梶田裕訳、法政大学出版局、二〇〇九年
『イメージの運命』（原著二〇〇三年）、堀潤之訳、平凡社、二〇一〇年
『民主主義への憎悪』（原著二〇〇五年）、松葉祥一訳、インスクリプト、二〇〇八年

＊2　市田良彦『ランシエール――新〈音楽の哲学〉』平凡社、二〇〇七年。

＊3　六八年五月後の思想状況については、そこにおいてランシエールが占めた位置を含め、近刊のクリスティン・ロス『六八年五月とその事後の生』（箱田徹訳、インスクリプト、二〇一三年秋刊行予定）がみごとな地勢図を提供してくれる。またランシエールが自らの過去を振り返る自伝的インタビュー、『平等の方法』も邦訳が予定されている（航思社、二〇一四年春）。

医者やインテリの農村下放)。アルチュセールから「教訓」を引き出した後には、「教えられる」者の無知と無力を含意する「教え」そのものの解体に向かうべし、これが文革派政治文書としての本書の端的な主張である。「どんな革命思想も(…)被支配者たちの能力という前提にもとづくべきである」(「新版まえがき」)。「すべての者に共通する能力を前提にすることだけが、思考の力と解放のダイナミズムを基礎づける」(同)。その後のランシエールがこの主張を様々なかたちで発展させていることはもはや言うまでもない。本書とその後の間のそうした連続性を見えるようにするため、邦訳タイトルには「教え」の語を選択した。本書は言わば、「教え」をめぐる思想としてのランシエール思想全体の出発点を画している。

2.

思想史的に見て興味深いのは、文化大革命と六八年の学生――による教師への――反乱を結びつけることで生まれたこの独自の「教え」解体論に、その成立の重要な契機としてフーコーが深くかかわっていた点であるだろう。本書においてランシエールは、「科学かイデオロギーか」を問題にするアルチュセールに対抗し、六八年五月が提起した問題はむしろ「知」である、という議論を組み立てている。フーコーがかかわるのはこの「むしろ」の意味をめぐってである。さしあたって学者的 savant 言説の総体と定義しうる「知」は、その内容にかんしてはアルチュセールが行ったように「科学」と「イデオロギー」を区別することができるだろう。科学=真なる知、イデオロギー=偽なる知、である。ただし、各言説がそのどちらかに分類されるわけではなく、学者の言説はそれぞれ、固有に科学的な命題に加えて、科学的（唯物論的）要素とイデオロギー的（観念論的）要素が混然一体となった「学者の自然発生的哲学」を二つの層としてもっている（アルチュセール『科学者のための哲学講義』一九六七年）。これに対しランシエールは問題としての「知」に、別の要素ないし視点を加えるよう求める。文革と学生反乱が問題にした「知」の伝達であり、そこに働く「権力」である。「支配は知の内容にではなく、知の伝達の場の編成に現れる」（本書補遺）。

テーゼ風にまとめれば、「知」はその内容について真偽を判定される以前に、「知」として編成される必要がある。狭義の学問分野、より大きな言説領域、そこにおける課題と真偽基準、主題と価値基準等々が設定されて、個々の「知」がなにをめぐるどういう「知」であるかを前もって定められる必要がある。そして、この編成には「知」を伝える、言い換えれば「教える」物的装置が本質的な関与をしている。「教え」られない「知」はなく、「教える」ためには「教える／教えられる」人間関係を空間的に安定させる必要があるからだ。「教える」装置は学校だけではなく、「病」を「教えられる」患者が病院に来てはじめて医学は「知」として成立するだろう。装置との相補的で不可分の関係のなかに、言説としての「知」は存在しており、むしろ両者の相互関係を統制し、諸「学 science」と諸装置を文字通り分節するものこそを「知」と呼ぶべきだろう。このように要約できる本書における「知」をめぐる議論は、今日ではすぐに分かるように、『狂気の歴史』（一九六一年）以降のフーコーの仕事の「応用」であり、ランシエールは「知」の内容よりもむしろ「伝達の場の編成」のなかに、階級支配を現実化するイデオロギーの作用を認めることで、フーコーとマルクス主義の接合を図ろうとする。

煎じ詰めれば「知」が「学」と「装置」の両方をその中間地帯から同時に生むのであり、マルクス主義が問題にしてきた「支配的イデオロギー」は「知」を通して作用する。「支配的イデオロギー」は支配階級に属す人間が観念《イデー》として（あるいは特有の思考パターンとして）もっているのではなく、中間地帯としての「知」に内在している。あるいは、装置に体現されて諸「学」を統制する「知」こそ「支配的イデオロギー」である。ランシエールにとっては、「知」と「学」と「装置」の全体からなるものこそ「国家のイデオロギー装置」にほかならず、アルチュセールは、六〇年代後半に「左翼主義」がフーコーを摂取しつつ練り上げてきたこの「国家のイデオロギー装置」概念を「輸入」したにすぎない（本書一五四－一五七頁および、二〇一〇年に書かれた「補遺前書き」への注2を参照）。偽なる観念としてのイデオロギーを自然なものとして受容する「主体」を構成する装置へと、意味を捻じ曲げて。ランシエールにとっては、アルチュセールの言うように「呼びかける」だけで人が「主体＝臣下」となってイデオロギーを真と誤認してくれるのであれば、「教える」必要などないだろう。そう簡単には行かないから強制力をともなう「権力」が必要であり、大規模な権力「装置」が現に存在しているはずだ。

　ランシエールにとって「イデオロギー装置」概念の根本的な意味は、「教え」概念と同じように、あくまで「知」と権力関係の一体性を示すところにあった。「国家のイデオロギー装置」とは、具体的諸装置の編成の仕方に「知」が体現されて人々に「支配的イデオロギー」を伝達し、そのことで人々を長い時間をかけて育てる場であった。その意味では労働者に規律を教える「工場」もまた「国家のイデオロギー装置」であるだろう。ゆえに労働運動は直接的に――すなわち「議会」を経由することなく――政治闘争であるだろう。これがランシエール的に把握されたポスト六八年的「左翼主義」である。今日ではこれもすぐに分かるとおり、この着想にはフーコーが一九七五年の『監獄の誕生』と翌七六年の『知への意志』で展開し、今日では「フーコー権力論」としてよく知られた図式が「応用」されている。「権力」は「禁止」するのではなく、言説を「生産」して「装置」に体現させ、「装置」を通して人々を訓育する、という権力論である。もちろん本書の刊行はフーコーのこの二書よりも早く、「応用」は奇妙とも見えるものの、本書第I章が示唆するように、フーコーは七〇年代初頭のコレージュ・ド・フランス講義（一九七二－七三年度『刑罰社会』、一九七三－七四年度『精神医学の権力』）においてすでにベンサムのパノプティコンをモデルとする権力論を展開しており、ランシエールもそれら一連の講義への理論的負債を認めている（第I章の注4を参照）。フーコーの理論圏内で定義し直された「ブルジョワ・イデオロギー」は、「ヒューマニズム」であるよりは「慈善」であり「ベンサム」である。

実際の政治的人間関係においても、同時期のランシエールはフーコーに近いところにいた。ランシエールの妻ダニエルは、フーコーの私生活上のパートナーであったダニエル・ドゥフェールとともに、フーコーも活動に深く関与したことで知られる監獄情報グループGIPの中心的メンバーであり、妻ダニエルをドゥフェールに紹介したのは夫のランシエールであり、彼とドゥフェールはともに「プロレタリア左派」の活動家であった（ランシエールの同派在籍期間は六九年から七二年まで）。毛沢東主義とラカン派精神分析の人的結びつきは比較的よく知られているものの、同時期のフランスには毛沢東主義とフーコーの結びつきもまた人的かつ理論的に存在していた。ランシエールはフーコー的な「知」の概念を非対称な関係概念としての「教え（る／られる）」と読みかえることで、この理論的な結びつきを代表していたわけである。

3.

「教え」と読みかえられた「知」は、いわばフーコー理論に毛沢東主義を加味することによって、その後八〇年代にフーコーについてしばしば語られるようになった「抵抗の不可能性」問題――彼の権力論の「陥穽」とされる――を最初から免れている。「教え」にあっては、「教えられる」側が「教える」側の意図通りには「教え」を身につけず、使わないことが前提されているからである。それが「被支配者たちの能力」であり、『プロレタリアの夜』はそれを出発点に労働運動史を書き変えようとした。本書においてもすでに同じ試みが「ヒューマニズム」について行われている。アルチュセールにとってはほぼブルジョワ・イデオロギーそのものにほかならず、プロレタリアートに「教えられ」て、彼らに階級支配の現実を誤認させる観念であった「人間」という観念が、いかに階級闘争においてプロレタリアートの役に立ったか、ブルジョワジーに向けられる武器となったかを、本書のランシエールは力説している（特に第Ⅳ章）。「抑圧の必要性と解放の希望」は「教え」のなかで同居しているのだ（本書二四一頁）。「教え」はそれ自体が階級闘争、イデオロギー闘争の場であり、「抵抗」があるからこそ「教える」必要性自体が生まれる。六八年とはまさに「教え」をめぐるそうしたせめぎあいであった。とにかく、晩年のフーコーがしばしば語っていた、「自由」と「抵抗」があるから「権力」はある、という着想を、ランシエール的なフーコー理解は最初からもっていた。ＧＩＰの理念（囚人に代わって語るのではなく、囚人に語らせる）からして、フーコーその人に同じ「抵抗」の必然性が当時から共有されていなかった、と考えることのほうにこそ史実上の無理があるだろう。

しかし「抵抗」可能かどうかにはない「陥穽」も、別のところにはあると言えるかもしれない。「抑圧の必要性と解放の希望」がともに「発話の連鎖」のなかで同時に析出されてくるとすれば、また、「教え」の終わるところには「平等」の政治、各人の普遍的に同じ「能力」から出発する政治が開けてくるのだとすれば、政治の現場としての「発話の連鎖」のなかには、「支配者と被支配者が現に闘っている」という以上の原理ないし「理 raison」は存在しているのだろうか。「平等」の政治には闘いの帰趨を経験、偶然、非決定、等々に委ねる以外のことが可能なのであろうか。可能でないとすれば、それは大衆の無力化ならぬ全員の無力化とどこが違うのであろうか。すべては神の意のままに、と言うに等しいのだから。このとき勝利するのは知性において平等であっても、物理力と経済力に勝る支配階級であるだろう。彼らはしかし、その勝る力をどこから手に入れたのか。毛沢東主義の基本理念たる「階級闘争の一次性」（はじめに闘争ありき）と「知性」の存在論的平等性からすれば、闘いの現場において狡知を駆使するたまたま備わった優秀さではないのか。かくて話は振り出しに戻るだろう。本書のランシエールもそうした点を自覚しているようである。「本書の言説は、己がそのなかに捕らえられている循環を否定するつもりはなく、ただ、教条主義が不断に消そうとするこの循環の閉鎖性を知覚可能にしたいだけである」（本書二四一頁）。「陥穽」はしたがって、政治的合理性、あるいは単なる経験的政治とは異なるべき合理的政治は可能か、可能とすればいかにしてか、というところにある。

ランシエールによるアルチュセール批判の論点の一つも、そこにかかわっていた。彼によれば、アルチュセールは「科学」の名において「経験的政治を抑圧しつつ、経験的政治において戦術的狡知を駆使する姿勢」（本書一二〇頁）を示した。つまり一種の二枚舌を駆使した。マルクス、レーニン、毛沢東から「政治実践」の理論を取りだすふりをしつつ、その「ふり」を理論以前の経験的狡知として用いた。党から離れようとする「左翼主義者」たちを党に引き戻すために。中国派の「マルクス‐レーニン主義」こそ科学的‐合理的‐戦略的‐正統的であると匂わせつつ、同時に、党を割ることは戦術的に間違った経験主義であると彼らに説いた。合理的政治が命じる経験的政治は「理」に反して党にとどまることである、と。アルチュセールにあって、合理的政治と経験的政治の区別は、「合理的政治」なるものをこのように逆向きに経験的に利用可能にするための分割にほかならない。「彼の論理からすると、経験的政治における敵対関係は哲学に結論を下す機会をけっして与えず、合理的政治と経験的政治を接合させる機会もけっして訪れないのである」（本書一二四頁）。すなわち精確に言えば、合理的政治はそれ自体が「陥穽」なのである。合理的政治が不可能になるという「陥穽」ではなく、合理的政治そのものが非合理であるという「陥穽」である。もちろん、ランシエールはそこにとどまってはいない。アルチュセールが「訪れ」させないことにより自らの経験的政治に利用した二つの政治の接合を、彼はまさに「教え」の解体によって訪れさせようとする。「訪れさせるためには、分離を支えている立場を破壊せねばならない。教育者という立場を、である。そこに手をつけないかぎり、機は永久に熟さないだろう」（同――強調原著者）。合理的なもの／経験的なものの区分は「教える」／「教えられる」のそれと、ランシエールにあっては概念的に重なり合っている。区分を破壊したあとには、すでに見たように、平等な知性の「闘争」だけが残るのである。

より精確には、「陥穽」は「陥穽」を退けようとするところにあると言うべきだろう。合理的政治なるものはない、したがって経験的政治なるものもまたない、ということを「問題」にしなければならない必要性そのものをランシエールは認めないのだ。それが彼の毛沢東主義的でもあればフーコー的でもある平等の政治である。フーコーの「戦略」としての「権力」という権力観にしても、ランシエールの「感性的なもののパルタージュ（分割／分有）」をめぐる「不和」（たとえば「人間」といった同じ「語」をめぐる意味＝感覚 sens の相克、とさしあたり理解してかまわない）としての政治という政治観にしても、この点を前提に把握され、論じられるべきだろう。だとすればしかし、今日にあっては、この前提から出発するかぎり、それを共有していないというアルチュセール批判はさして意味をもたなくなったと言うこともできる。たとえ「政治実践の合理性」がかつてある種の「左翼主義者」たちを幻惑し、彼らを党の「修正主義」につなぎ止めるという効果をもったとしても（「アルチュセールは最初、魔術師であった。人々の目を眩ませ人々を盲目にした後、やがて闇に転落した閃光であった」[*4]）、そのことと、アルチュセールが経験的政治とは区別された合理的政治を素朴に信じていた、あるいは信じるふりさえほんとうにしていたかどうかは別問題である。それを思い知らせてくれたのが、死後出版により読めるようになった彼の二つのマキァヴェッリ論であった[*5]。そこでは、「天才的経験主義者」にすぎず、「政治という対象を構成し、定義する諸概念をもっていなかった」マキァヴェッリが同時に、まさにその「理論的無能力」により、政治をめぐる「純粋状態の問題」として「新しい国家のはじまり」を「証言」することができた

---

*4　ランシエールによる、本書とは異なるもう一つのアルチュセール論「アルチュセール、ドン・キホーテ、テキストの舞台」より引用。この論考はアルチュセールの死の直後（一九九一年）に開催されたコロックのために書かれ、邦訳もある（篠原洋治訳、『現代思想』一九九八年一二月号）。しかし単行本（『語の肉』Jacques Rancière, « Althusser, Don Quichotte et la scène du texte », *La chair des mots*, Galilée, 1998.）に収録されるにあたって、引用箇所を含む最初の数段落が削除された。ここでの引用はコロックの報告集（Sylvain Lazarus éd. *Politique et philosophie dans l'œuvre de Louis Althusser*, PUF, 1993.）による。

*5　一九六二年の「マキァヴェッリ講義」と、一九七〇年代後半に断続的に書き継がれた「マキァヴェッリと私たち」。前者は邦訳予定のアルチュセール講義録『政治と歴史』（市田良彦、王寺賢太訳、平凡社）に、後者は『哲学・政治著作集Ⅱ』（藤原書店、一九九九年）に、それぞれ収録されている。アルチュセールには八〇年代にもう一つ小さなマキァヴェッリ論が存在するが（「哲学者マキァヴェッリ」と題されている）、現在までのところ刊行されていない。

ばかりか、彼こそが「もっとも鋭い」唯物論哲学者である、とされている。経験的政治と合理的政治の「接合」はマキァヴェッリにあって、アリストテレス流の古典政治学の「教え」とホッブス流の近代政治学の「教え」の両方が消滅する地点——「理論的無能力」——において、「訪れている」。

4.

マキァヴェッリをこの文脈において想起することは、「教え」についても有益なことを教えてくれる。彼が「理論家」として「無能」であったとすれば、はっきりした名宛人（ウルビーノ公ロレンツォ）をもっていた『君主論』は、「無知な教師」ジョゼフ・ジャコトの実践とある意味において通じあう。ジャコトがフェヌロンの小説『テレマックの冒険』を生徒たちに教科書として与えたように、マキァヴェッリは同書を書くことでチェーザレ・ボルジアの「経験」をロレンツォに「教えた」。「無知な教師」が「教え」の破壊にとって重要であるのは、この破壊が「教師」と「生徒」の権力闘争によってはけっして訪れず、なにも教えないという逆説的な「教え」の実践によってのみ果たされる、という点だろう。それに対しマキァヴェッリは一見したところ、様々なこと、いわゆるマキァヴェリズムの諸要素を読者に教えている。しかし「フォルトゥナ」（運）と「ヴィルトゥ」（力量＝徳）という『君主論』の「概念ならぬ概念」（アルチュセール）が「教える」のは、アルチュセールがそこから「偶然性唯物論」を抽出したこと（「マキァヴェッリと私たち」）からも分かるとおり、「ヴィルトゥ」があればうまく行くかもしれないしいかないかもしれないという「理論的空虚」にすぎなかった。おまけにルソーがそう疑ったように、同書は君主に捧げるふりをしながら、実は民衆に向かって君主の統治術を暴露しているのかもしれないのであった。

『君主論』もまた逆説的な教育実践であることは間違いない。

さらに言えば、マキァヴェッリとジャコトの「教え」は、アルチュセールやランシエールはおろか「左翼」全体にとって敵陣営の哲学者でしかないレオ・シュトラウスが詳細に注解した、僭主ヒエロンに相対する賢者シモニデスの「教え」ときわめて似ていないか？ それはこうはじまっていたのである。「ヒエロン様、あなたがおそらくわたくしよりもよく知っていらっしゃることをどうか説明してもらえないでしょうか」[*6]。シモニデス–クセノフォンは、プラトン哲学の徒として、哲学と政治は相いれない（哲学者と政治家は別の生を生きる）ということ以外を教えず、政治を前にした哲学の「無能力」、「無知」によって政治家を「教育」しようとしたのでは？ 彼らにとって「哲人王」を戴く目的は、哲学を世に君臨させることにあるのではなく、王に哲学者を保護させる——哲学と政治を安全に切り離す——ことにあったのでは？ ジャコトの教育実践が、「教え」を「教える」者の権力から切り離す「解放の政治」であったことにも似て。マキァヴェッリが「政治哲学」をつくらなかったことにも似て。いずれにしても、一九七〇年代初頭の歴史的文脈を離れてみれば、ランシエールの毛沢東主義、アルチュセールのマキァヴェリズムは、プラトン／クセノフォンとともに「哲学と政治」——の「と」——を未開の問題圏へと連れていく。哲学が政治との距離のなかに、特有の無力を曝け出して姿を消す圏域へと。

さらになお言えば、マキァヴェッリ／ジャコト／シモニデス–クセノフォンの「教え」は、精神分析の主体（患者）analysant を前にした精神分析家 analyste の実践とも似ていないか。分析家は主体の無意

＊6 クセノフォン「ヒエロンまたは僭主的な人」、レオ・シュトラウス『僭主政治について』上巻（石崎嘉彦他訳、現代思潮新社、二〇〇六年）所収、六三頁。

識について「知っていると想定される主体 sujet supposé savoir」であるのだが、実はなにも知らないまま患者主体に発話を促すだけであり、分析を行うのはこの主体自身である。ゆえに患者は、というか患者こそが「分析する者 analysant」と呼ばれる。分析家は自分と分析主体の二つの無意識が交差しつつ「働く」――主体の無意識を「動かす」――うえで、無意識という「無」を発話の場に不断に導き入れる触媒にすぎず、分析終了後には消え去る媒介者である。ランシエール自身、『無知な教師』執筆後に、この類似に気づいたという（本稿注3の『平等の方法』による）。同書に対し最初に反応したのが、精神分析家たちであったためである。同時に彼は、「無意識」という「無知」を「教える」のが分析家の役割であるなら、どうして精神分析は、現代社会全般の分析にさえ適用可能な包括的理論の資格を主張しうるのか、と疑問に思わずにはいられなかったと語っている。

ここにも、「哲学と政治」の「と」が示唆するのと同じ、開拓されているとは言い難い「無」をめぐる問題圏が広がっているように思える。精神分析理論と精神分析実践が発話の連鎖のなかで特殊な「無」としての無意識により結ばれ／結ばれずに奇妙に交差する出来事――それが「治癒」と呼ばれる――は、現状では分析理論による一般的「解釈」の次元からこぼれ落ち、個別の症例分析や分析家育成の現場――そこでは件の出来事は「パス」と呼ばれる――に分析家を差し向けて精神分析全体を一種の秘儀にしているだろう。しかし、分析家ならぬ「分析主体 analysant」による「分析」は、政治を前にした哲学の「無能力」やジャコトの「無知」と同型の問題に、理論家でもある分析家を直面させているはずである。分析家は分析主体に無意識の「教え」＝「支配」からの解放をただ促すしかないのであるから。「あなたがおそらくわたくしよりもよく知っていらっしゃることをどうか説明してもらえないでしょうか」――これは分析主体を前にした分析家の語りでもあるだろう。一つの「政治」として精神分析を見る視点は、精神分析を実践のブラックボックスから「解放」してくれるかもしれない。アルチュセールはまるで精神分析と政治の同型性を示唆するためであるかのように、一九八〇年三月、ラカンによるラカン派（パリ・フロイト派）解散宣言の場に姿を現して発言し、解散に精神分析的必然性などなく、ラカンの宣言はみごとにたんなる政治だ、と言い放った。まさに「分析主体の名において」[*7]。これこそアルチュセールによる「教えられる」者としての発話であるだろう。あるいは精神分析に「無知な教師」としての教育実践であるだろう。精神分析「と」政治が互いの臨界点で触れあう様子を「教える」ための。

5.

解題の範囲を逸脱したかもしれない。ならば、本書によってかつての弟子から批判されたアルチュセールが本書をどう見ていたか、というところに視点を限定してみよう。そのとき見えてくるのはしかし、右の示唆を補強してくれる事実であるように思える。彼の自伝『未来は長く続く』によれば、アルチュセールは実のところ、本書によるランシエールからの批判をほぼ全面的に受け入れているのである。「『アルチュセールの教え』で私を激烈に批判したとき、ランシエールは私がまるで『ヌーヴェル・クリ

---

*7　そのときの発言はルイ・アルチュセール『フロイトとラカン——精神分析論集』（石田靖夫・菅野賢治・小倉孝誠訳、人文書院、二〇〇一年）に「被分析者の名において」というタイトルで収録されている。

ティック』の論文〔本書の第Ⅱ章と補遺において論じられる「学生問題」というアルチュセールのテキスト――引用者補〕を『マルクスのために』に収録したかのように、彼の論証の最重点部を組み立てているのだが、根本的にはこの一点だけが私が彼に向けた確たる非難であった」[*8]。つまり「自分ですぐに嫌になった」[*9]テキストを、嫌にならずに単行本に収めたテキストと同列に扱ったことだけが、アルチュセールには気に食わない。「彼の批判の要点は、明らかな反対意見を述べておきながら私が共産党にとどまったこと、その結果、フランスの内外を問わず多くの若い知識人を党と断絶させず、そこにとどまらせたことにある」[*10]。それについては反批判を行うどころか、「共産党に残るために自伝そのものを繰り返した」[*11]ことを捕虜収容所体験や父子関係に遡って「精神分析」する、つまり弁明するために共産党批判を書いたと読者に思わせるほど、アルチュセールはランシエールを「非常に鋭い」[*12]と見なしている(ちなみにこの言葉はアルチュセールも引いている、スピノザによるマキァヴェッリ評価と同じである)。

もちろん、この誠実さは政治的には一種の韜晦的欺瞞でもあるだろう。というのも、アルチュセールは最後にこう付け加えることを忘れていないからである。「『左翼主義者』たちは、彼らを嫌った党とのつながりを断つことで、(…)歴史の流れに対し政治的に、つまり現実的に働きかける当時としては唯一の手段を自ら捨ててしまった。歴史の流れは当時党内闘争を経由していたのである。今日ではもちろん、事態は変わってしまった。(…)こうした点を子細に検討してみれば、はじめは立派に見えたランシエールと彼の友人たちの議論も私にはひどく浅薄なものに見えてくる」[*13]。あちらもこちらも破綻したではないか(「今日ではもちろん、事態は変わってしまった」)という公平な認定が、「当時」行われたこちらへの批判を最終的に封じ込めるために使われている。現在の引き分けによって、過去のこちらが間違っていたとは言えないようにしている。しかしそのことによって同時に、哲学には経験的政治を基礎づけえないこと、哲学が行うと称する「基礎づけ」はむしろ哲学の経験的利用であること、哲学はなにかを「教える」のではないことを、つまり「私」と「ランシエール」はともに「偶然性唯物論的に」正しかったということを語っている。実際、本書の最大の標的で、本書執筆のきっかけともなったアルチュセールの『ジョン・ルイスへの回答』はすでに、「正統教義」の「教え」をジョン・ルイスに垂れつつ、その「教え」のすべてを台無しにするかのようなことを同時に語っていた。「一つの、カテゴリーは観念論的であるか、それとも唯物論的であるか。多くの場合、この問いにはマルクスの言葉でもって答える必要がある。すなわち『ことと次第による』[*14]。「人間」の観念が観念論的か唯物論的か、「抑圧の必要性」に奉仕するか「解放の希望」をもたらすか、それは「ことと次第による」。「発話の連鎖」のなかで進行する「階級闘争」の帰趨次第による。『ジョン・ルイスへの回答』がもった効果についてはランシエールと彼の友人たち」の言う通りだろう。しかしそれは「私」が、あるいは「私」もまた、

＊8　ルイ・アルチュセール『未来は長く続く』（宮林寛訳、河出書房新社、二〇〇二年）二六五頁。以下、同書からの引用については、訳文を若干変更している。
＊9　同前。
＊10　同書、三〇七頁。
＊11　同書、一三六頁。
＊12　同書、三〇七頁。
＊13　同書、三二三頁。
＊14　ルイ・アルチュセール『歴史・階級・人間』（西川長夫訳、福村書店、一九七四年）、九五頁。訳文は変更している。

正しかったということではないのか？

6.

こうした政治的論争のレベルでは、ランシエール的「平等の政治」は〈語の意味とはその使用である〉という語用論に、アルチュセール的「偶然性唯物論」は〈すべては偶然である〉というたんなる世界観に、それぞれ還元されてしまうように見える。そしてマルクス主義の正統と異端は、このように相まみえ、交差－交錯することによって、マルクス主義の用語系そのものを政治的言語世界において古臭いと感じられるものにしてしまうように。さらに、それが歴史の働きである、と読者に向かって説くように。あらゆる歴史的証言がそうした効果をもつことは間違いない。しかしその効果は、正統派アルチュセールと異端派ランシエールが当時すでに、自ら望んだことではなかったろうか。正統派は自らの生涯の最後に「マルクス主義哲学はない」と言明することにより、異端派は党的指導のいっさいを政治世界から追放することにより。ランシエールの「理想的」政治体制は、彼が繰り返し述べるところによれば、「くじ引き」による管理業務の輪番制なのである。史的唯物論とはなんの関係もない特殊なアリストテレス主義である。

　そうしたマルクス主義消滅後のヴィジョンの是非はさておき、わたしたちとしては、ランシエールを含む「アルチュセール主義」の「教訓」として、ただ一つのことに注意を促しておきたい。「終わり」を他者や歴史という、なんの「責任」も負わない存在の力――自然の大いなる働き――に帰して、それにより「知識人」としての自らの「責任」を同時に棚上げにする――いっさいは「仕方がない」――政治哲学とは異なり、「アルチュセール主義」は自身にも失敗、敗北、終わりを宣告することができる「教義」であった。それにより論敵を道連れにするやり方を知っている「教え」であった。アルチュセールがマキァヴェッリの「無能力」に見て取った「能力」、ランシエールにあって「循環の閉鎖性を知覚可能にする」被支配者の「能力」は、そこにこそかかわっているだろう。合理的政治と経験的政治が入れ替わる不分明地帯あるいは特異な一瞬に、彼らは目を止めている。そこにおいて有効な「演出」を、わが身を「演出」する思考錯誤によって探ろうとしている。

ランシエールはかつて、彼にしてはめずらしくアルチュセールへの負債を強調してこう語っていた。「私にとって政治は演劇的で人為的な空間の構成なのです[*15]」。法が語る「人民」とデモ隊が叫ぶ「人民 peuple」は、互いを映しあって街頭を政治の舞台に変える。政治を、両者の同一性と差異性が見分けられないドラマ――どちらがどちらの代理＝表象なのか？――にする。こうした特殊な演劇について、アルチュセールもまたかつて、こんなことを記していた。「芝居の中心にこの無限の鏡を置くのか。それともそれを移動させ、隅に打ち捨て、捉まえては失くし、そこを立ち去り、そこへ戻り、最後には、異質かつ張りつめた諸力に遠くから従わせ、あたかも離れたところからコップを粉々にする物理的共鳴によるかのごとく、突然、もはや砕け散って地面に散乱した破片でしかないものにしてしまうのか[*16]」。彼

*15 『ディソナンス』誌インタビュー。次のサイトに採録されている。http://multitudes.samizdat.net/Entretien-avec-Jacques-Ranciere
*16 ルイ・アルチュセール「『ピッコロ』、ベルトラッチーとブレヒト」『マルクスのために』（河野健二他訳、平凡社ライブラリー、一九九四年）、二六〇－二六一頁。訳文は変更している。

らにとって演劇とは登場人物と役者、さらに観客までもが区別を失い同一化する——それがカタルシスとしての演劇の「成功」である——空間であると同時に、「成功」に向かいうる程度にすでに「失敗」しているゲーム、完璧に「成功」してしまっては、つまり舞台と客席の区別が想像的に消滅してしまっては、そもそも成立しないゲームであるのだった。またつまり、劇的空間の構成と解体が同じである演劇、この「同じ」を通じてことがらを決定する力を入れ替える仕掛けであるのだった。「知覚された」その閉鎖性はすでに閉鎖的ではないのだ。

＊＊＊

本書の翻訳作業は共訳者が各章を次のように分担して進められた。「新版へのまえがき」、「第一版序文」、第Ⅰ章——伊吹浩一、第Ⅱ章——松本潤一郎、第Ⅲ章——箱田徹、第Ⅳ章、第Ⅴ章——山家歩、補遺——箱田徹。そのうえで市田良彦が監訳者として全体に手を入れ、訳語と文体の統一をはかった。ありうべき誤訳や不統一については、したがって市田の責任である。本書に引用されている文献のうち、既訳のあるものについてはそれを参考にしつつ、訳文を適宜変更している。また訳注については箱田徹の手を煩わせた。そのうちの一部については英訳本の訳注を参考にしている。版元である航思社の大村智氏には最初から最後まで大きな世話になった。記して謝意としたい。なお本稿注3にあるとおり、ランシエールの最近刊インタビュー『平等の方法』は同じ航思社から二〇一四年春に刊行予定である。

末尾ながら、原著者であるジャック・ランシエール氏には格別の謝意を表したい。アルチュセールに対する氏ほどではないとはいえ、もはや忠実なるランシエール派とはとうてい言えなくなってしまった氏の元弟子からの細かな質問に、氏は丁寧に答えてくださった。そして監訳者の分を弁えないこの解題を氏には深くお詫びしたいと思う。

【組織・党派名索引】

※数字のイタリック体は注釈のページ数を示す。

アルファベット

ア

カ

ワ

マ

ラ

タ

ナ

ハ

【人名索引】

※数字のイタリック体は注釈のページ数を示す。

ア

カ

サ

【著者略歴】

ジャック・ランシエール
(Jacques Rancière)

1940年、アルジェ生まれ。パリ第8大学名誉教授（哲学、政治思想、美学）。
翻訳された著書に『不和あるいは了解なき了解』『民主主義への憎悪』（ともにインスクリプト）、『無知な教師』『感性的なもののパルタージュ』（ともに法政大学出版局）、『イメージの運命』（平凡社）など。

【訳者略歴】

市田良彦
（いちだ・よしひこ）

1957年生まれ。神戸大学大学院国際文化学研究科教授。
著書に、『ランシエール 新〈音楽の哲学〉』（白水社）、『革命論』『アルチュセール ある連結の哲学』『闘争の思考』（以上、平凡社）、訳書にルイ・アルチュセール『哲学・政治著作集』全2巻（共訳、藤原書店）、ポール・ヴィリリオ『速度と政治』（平凡社）など。

伊吹浩一
（いぶき・ひろかず）

1967年生まれ。専修大学・愛知大学非常勤講師。
訳書にルイ・アルチュセール『再生産について』（共訳、平凡社）、アントニオ・ネグリ『革命の秋』（共訳、世界書院）など。

箱田　徹
（はこだ・てつ）

1976年生まれ。立命館大学衣笠総合研究機構専門研究員。
著書に『フーコー統治論（仮）』（慶應義塾大学出版会、近刊）、訳書にクリスティン・ロス『六八年五月とその事後の生』（インスクリプト、近刊）など。

松本潤一郎
（まつもと・じゅんいちろう）

1974年生まれ。立教大学非常勤講師。
著書に『ドゥルーズ　千の文学』（共著、せりか書房）、訳書にドゥズィーナス／ジジェク編『共産主義の理念』（共訳、水声社）など。

山家　歩
（やまか・あゆむ）

1969年生まれ。大学非常勤講師。
訳書にルイ・アルチュセール『再生産について』（共訳、平凡社）、ギャビン・ケンダール＆ゲイリー・ウィッカム『フーコーを使う』（共訳、論創社）など。

革命のアルケオロジー

2010年代の今こそ読まれるべき、読み直されるべき、マルクス主義、民主主義、大衆反乱、蜂起、革命に関する文献。
洋の東西を問わず、戦後から80年代に発表された、未刊行、未邦訳、絶版品切れとなったまま埋もれている必読文献を叢書として刊行していきます。

革命のアルケオロジー 1

アルチュセールの教え

著　者　ジャック・ランシエール
訳　者　市田良彦、伊吹浩一、松本潤一郎、箱田 徹、山家 歩
発行者　大村 智
発行所　株式会社 航思社
〒113-0033 東京都文京区本郷1-25-28-201
TEL. 03 (6801) 6383 ／ FAX. 03 (3818) 1905
http://www.koshisha.co.jp
振替口座　00100-9-504724
装　丁　前田晃伸
印刷・製本　シナノ書籍印刷株式会社

2013年7月7日　初版第1刷発行

ISBN978-4-906738-04-5　C0010